CORPORATE TRANSFORMATION

コーポレート・トランスフォーメーション

日本の会社をつくり変える

冨山和彦 著
（IGPI代表取締役CEO）

文藝春秋

コーポレート・トランスフォーメーション
日本の会社をつくり変える

目次

第4章

CX＝「日本の会社を根こそぎ変える」を進める方法論

まずは長期CXゴールの設定／CXゴールの設定方法／「実践のCX」と「CXの実践」／仕掛けどころ（1）ガバナンスと社長指名のセット改革／（2）将来リーダー層の採用・選抜・育成・配置・評価・処遇体系の改革／（3）リバウンドなき固定費改革／（4）事業×機能（組織能力）ポートフォリオ経営改革／（5）オープンイノベーション（アーキテクチャ「脳」取り合戦）改革／（6）M＆A組織能力改革／（7）経営危機からのターンアラウンド局面／よくある戦略立案物は意外と役に立たない／「CXは一日にしてならず」、短期決戦の罠／真のゴールは持続的なCX力の獲得

第5章

装丁　関口聖司

オムロン元会長　立石義雄さんの足跡と思い出に感謝を込めて

はじめに　会社を、生き方を、日本を、そして世界を変えよう

新型コロナウイルスによるパンデミック（世界的大流行）は、社会的、経済的にも今まであった色々なものを破壊しつつある。今後この流行が、医療体制が脆弱《ぜいじゃく》で経済的にも貧困者が多い開発途上国に広がった場合、より多くの悲劇が起きるかもしれない。

我が国に関して言えば、5月11日現在、この感染症による死者は643人、人口100万人当たりで4.9人と、大流行で深刻な事態に陥った欧州のイタリア、スペインあるいは米国などと比べて、幸い桁違いに少ない被害で推移している。もちろん我が国の状況もまだまだ予断を許さないが、国内の感染拡大が当面収まっても、本書の前編にあたる『コロナショック・サバイバル』（文藝春秋刊）で詳しく述べた深刻な経済的ダメージは避けられないし、そのシビアさは感染被害においてもっと厳しい状況だった国々と大きく異なるこ

とはないだろう。感染流行からの回復期において経済的なリカバリーに手間取ると、困窮に起因した多くの人生の悲劇や関連死を招く危険性がある。また、深刻な経済不振が、政治的な不安定やポピュリズム、さらには戦争の誘惑を生むことも人類史の教訓である。せっかく新型コロナウイルスによる感染死者数を低い数字に抑え込むことに成功しても、それを上回る「不幸」を「経済的パンデミック」で作り出してしまう可能性があるのだ。すなわちコロナショックからの真の復興は、日本経済の復興を成し遂げてはじめて成るのである。

現在の状況は、ちょうど私が生まれた1960年頃からの高度成長とともに形成、確立された日本的な経営モデル、日本的なカイシャモデル、それを軸とした経済社会モデルが、このような経済危機に対しても脆弱であることを改めて証明しつつある。もとよりバブルが崩壊した1990年頃からこのモデルは有効性を失いつつあり、グローバル化とデジタル・トランスフォーメーション（DX）が起こす破壊的なイノベーション、産業アーキテクチャ（基本構造）の劇的な転換に適応できなくなっていた。そこにこの30年間に何度か訪れた危機と比べてもおそらく最大級のコロナショックが襲った今、我が国の経済社会の弱みと強みはさらに際立って鮮明化している。『コロナショック・サバイバル』で述べた通り、DXはコロナショックでさらに加速するだろうし、グローバル化はサイバー空間では加速しながら、リアル空間ではローカル化が進む「グローカルモデル」化しつつ進んでいく可能性が高い。古いモデルは、いずれにしてもますます有効性を失うのである。

他方、1990年代以降、それまで『覇者の驕り』（戦後の自動車産業の興亡を描いた1986年刊の米国におけるベストセラー）と呼ばれた長期凋落傾向から、デジタル技術とベンチャー型キャピタリズムを軸にグローバル化とイノベーションの波に乗り、経済的覇権国の地位を取り戻した米国の経済社会モデルも、ここに来て格差問題などで政治的不安定化が増していたところに、そのモデルの脆弱性についても今回のパンデミックによってさらに浮き彫りになった。このことはEUというある意味でのグローバリズムの採用で成長を指向してきた欧州にも当てはまる。

中国を含む新興国の成長も、1960年代からの日本型の成長モデルと1990年代からのグローバル化とデジタル革命の両方を巧みに取り込むことでドライブされてきたことは事実であり、そのいずれもが曲がり角に遭遇しつつあるなかで、今回のコロナショックによって経済社会モデル、成長モデルの大きな転換期に入らざるを得ないだろう。

日本も、世界も、コロナショックを契機にさらなる大きな変容、すなわちモア・トランスフォーメーションの時代に入る可能性が高いのである。もちろん、企業も、個人も。

経営のあり方、会社のあり方、私たちの働き方、人生のあり方……そのすべてにおいて、日本社会は過去の成功の呪縛、それも30年以上も前の成功の呪縛で、世界に比べて一周遅れとなっていた。その一方で先を走っていると思われた世界の先進的モデル、より厳密には米国型モデルも大きくて厚い壁にぶつかっている。コロナウイルスによる破壊的なショックは、まずは日本自身が、過去の呪縛をいよいよ断ち切り、その先に単なる米国モデル追随ではない新しいモデル、新しい経済社会アーキテクチャを創造する好機なのだ。

本書では、私を含む経営共創基盤（ＩＧＰＩ）のプロフェッショナル２００名の経験をベースに、日本企業のあり方の根幹にかかわる大変容、すなわちコーポレート・トランスフォーメーション（ＣＸ）をテーマに、目指すべき新しいモデル、新しいアーキテクチャとそこに到達するためのリアルな道筋について考えていく。

ＣＸを微分すれば、それはすなわち個人としての働き方、生き方のトランスフォーメーションとなり、ＣＸを積分すれば、それは社会や国家としてのトランスフォーメーションとなる。本書の後半はそこにも射程を広げていく。なぜなら、会社のあり方に関する新たなアーキテクチャへの転換は、そこに関わる個々の人間の生き方およびその集合体としての社会のあり方と整合しない限り、持続性を持ちえないからである。

先日、私は60回目の誕生日を迎えた。いわゆる還暦である。経済人としての前半は日本経済躍進の30年、後半は停滞の30年だった。今年は干支では60年に一回の庚子《かのえね》に当たり、歴史的な変化の起きる年だそうである。４２０年前の庚申の年には天下分け目の関ヶ原の戦いがあり、60年前は池田内閣の「所得倍増計画」の年、すなわち高度成長期元年となった。天皇陛下も同じ年齢で、まさに本格的に令和時代が始まるこの年を、会社を、生き方を、日本を、そして世界をより良く変える、新しい時代の始まりの年としたい。それが出来れば、私たちは真の日本経済復興へと踏み出せると確信する。

読者の皆さんには、本書を通じてこの思いと方法論を共有していただけること、その手始めとして、まずは破壊的イノベーションの時代を生き残るＣＸ経営を始動されることを切望している。

第１章

今こそ「日本的経営モデル」から完全決別せよ

新しい時代のあるべき会社の姿、経営のモデルを展望し、それに向かってトランスフォーメーションを進める方法論を考察していく最初のステップとして、かつて高度成長を支え、その時期に確立した旧来の日本的経営モデル、日本的「カイシャ」モデル、日本的経済社会モデルに対して私が激しく否定的である理由、あえて「決別」という言葉まで使ってその呪縛を断ち切るべきと考えている真意を述べたい。

もちろん、私は経営実務家なので、日本の企業、産業、社会が持っている強みや素晴らしさについては百も承知である。そんなことは分かったうえで、私は旧来のモデルとの決別こそが、日本と日本人の良さを21世紀において生かすことになると確信している。未来指向でその良さを活かす新しいモデルやアーキテクチャを作り直すことこそが、CXが目指すべきものであり、そこに進むためには、まずは古いモデルがかつてどう機能し、やがてどう機能しなくなったかを、詳細かつ具体的に明らかにする必要があるのだ。

かつての日本企業の強さは、同質的で連続的な組織モデルにあった

米国ハーバード大学のエズラ・ヴォーゲル教授が『ジャパン アズ ナンバーワン』を上梓したのが１９７９年。その約10年後、私が米国のスタンフォード大学のＭＢＡコースに入学した１９９０年頃は、まさにヴォーゲル教授の予言通り、日本経済と日本企業がジャパン・アズ・ナンバーワンの最盛期を迎えていた時代である。国内はバブル経済を謳歌《おうか》し、世界的には時価総額トップテンのうち７社を日本企業が占め、日本のＧＤＰは米国の約三分の二にまで迫り、一人当たりＧＤＰでは毎年、世界トップを争っていた。

ビジネススクールの授業でも、日本企業がどんなことをしているか、周囲から興味津々で問われたのを覚えている。

政治的にも日米貿易摩擦が大きなニュースになっていたが、折しも米中貿易摩擦が起きている状況を考えると、今の中国と日本を置き換えるだけで当時の状況がわかりやすい。アメリカは、今の中国のような脅威を日本に感じていたのである。

実際に日本は自動車や鉄鋼でアメリカ企業に代わって存在感を示し始め、さらに後には

半導体市場に日本の電機メーカーが参入し、半導体DRAM事業でもインテルなどを駆逐していく。

戦後の経済復興から高度成長にかけて、かつての日本はローコストと現場力の国だった。低賃金と高い現場力、オペレーション力をテコにして「安かろう、良かろう」を実現していった。安いだけなら「安かろう、悪かろう」で終わってしまうが、品質改善の努力を押し進め、安くていいものを大量に輸出するというモデルで、世界の工場にのし上がることに成功したのである。

ただ、冷静に見てみると、日本企業が行っていたのは、それまで世界最大の工業国であったアメリカの既存産業をリプレイスして洗練させていただけに過ぎないとも言える。日本が勝ってきたモデルは、オペレーショナル・エクセレンスともいうべき、オペレーションの世界、大量生産型産業における連続的な改善・改良の世界での戦いだった。

例えば流れ作業の大量生産システムを基盤にした自動車産業のビジネスモデルの原形は、ヘンリー・フォードが作ったものである。彼が作って、GMが主にマーケティング面と組織管理面で洗練させたモデルを、日本の自動車メーカーは加速度的に改善・改良し、さらに洗練させていった。もちろん、ホンダのＣＶＣＣエンジンのように時代を画するような大発明もあった。製品レベルでは大きなイノベーションであり、ホンダが世界の四輪車メーカーとして確固たる地位を築く契機とはなったが、産業としての自動車産業の基本的なアーキテクチャ、ビジネスモデルを根本から転換したわけではない。従来からの競争のルールの中で、格段に燃費が良くて安くて高品質の製品開発に成功したという物語である。

これは自動車に限らない。半導体のようないわゆるハイテクと呼ばれている分野でも同様である。ＡＴ＆Ｔ（ベル研）やＩＢＭ（ワトソン研）、あるいはテキサスインスツルメンツといった米国の先行企業が作り上げた半導体集積回路に関する技術の骨格、アーキテクチャ、さらにはビジネスモデルとしての半導体産業の基本アーキテクチャを前提にして、キャッチアップ型で産業化を図るのが日本のモデルだった。幸い、我が国には電機メーカーに加えて半導体を産業化することに必要な光学技術、写真技術など幅広い産業的なクラスターがあったので、そうした力をコンソシアム（異種企業連合）的に結集することで、驚くべきスピードで先行する米国の半導体産業に追いついていったのである。

私自身は１９８０年代、ちょうど半導体メモリー（ＤＲＡＭ）の集積レベルが２５６Ｋから１Ｍに移行する頃に、リソグラフィー（露光）光源の用途開発や真空技術メーカーの生産コスト改善の仕事に携わっていたのでよく覚えているが、当時はまさにＮＨＫが「電子立国日本の自叙伝」で紹介した「株式会社ニッポン」「エコノミックアニマルニッポン」の成功物語の全盛期だった。半導体メモリー産業において、日本の企業群が当時の通産省の音頭取りでキャッチアップ型のコンソシアムを結成して産業基盤を急速に立ち上げ、そこで良質かつ比較的安い労働力が、ＴＱＣ（全社的品質改善運動）に代表される自発的な集団的改善・改良力を武器にフル駆動するモデルは本当に無敵に思えた。

しかし、半導体を含め、多くの産業で、日本企業がすでにあったビジネスモデルやプロダクトモデルの基本的なかたち＝アーキテクチャを変えたわけではない。既存のアーキテクチャの枠の中で、連続的な改良型イノベーションによって、日本は世界を席巻していったのである。

なぜ日本があそこまで強くなれたのか。それは、この時代、改良型イノベーション力によるキャッチアップ型の競争モデルがかなり長期にわたって有効であり、かつこれに日本企業の組織モデル、日本的経営モデルがとても適していたからである。要は、新卒一括採用、終身年功制といった同質的で連続的、固定的メンバーで構成される組織集団、しかも欧米先進国よりは安い賃金で勤勉かつ互いに協力的に働いてくれる組織集団だったことが、この奇跡を可能にしたのだ。

日本を追い込んでいった歴史的な変化（1）――グローバル化

1990年、日本は戦後経済のピークを迎える。しかし同時期、世界では歴史的な大事件、時代を画すような不連続な大イベントが起きていた。ひとつはベルリンの壁の崩壊、天安門事件である。

ベルリンの壁崩壊は、言うまでもなく東西冷戦という戦後のパラダイムの大きな転換を意味していた。そして同時に、東欧圏が「東側」から解き放たれることになった。

また、天安門事件にはさまざまな評価があり、政治的にはネガティブなものがほとんどだが、振り返ってみれば、中国はこの事件によって、彼らの言う「社会主義市場経済」、要はステート・キャピタリズムへと鮮明に舵を切っていった。国家資本主義とはいえ、資本主義国家になり、市場経済に本格的に入っていくということを選択したのだ。鄧小平は、まずは物質的に豊かになることを選んだのである。

この2つの事件によって、東欧圏と中国圏という巨大な人口と巨大な人的資源を持っている経済圏が世界の市場経済圏に入ってきた。とりわけ日本にとっては、戦後ずっと眠っていた人口10数億人の隣国・中国が目を覚ましてしまったことの意味は大きい。日本の戦後の繁栄が極めて長く続いたのは、中国が共産化し、眠っていてくれていたことに大きく助けられている。だから長い間、特に人件費について相対的なローコストを維持でき、日本は欧米の大量生産型工業生産品のリプレイスを独占できたのだ。

それ以前も、韓国、台湾といった比較的小さな国（当時、NIESと呼ばれた）が日本型のキャッチアップ型モデルのチャレンジャーとして登場していた。だが、最終製品ブランドで勝負するほどの経済基盤を持たず、労働人口も限られていて、また国内の政治経済基盤も不安定だったこれらの国々の新興企業は、むしろ日本の有名グローバルメーカーの下請け的な形で協働するケースの方が多かった。しかし中国は国のサイズも人口規模も桁が違う。この時期を境に中国が「アジアの工場」いや「世界の工場」として、急速に日本に取って代わっていくことになる。そしてその後には、やはり若くて豊富な労働力を持つベトナムなどのインドシナ地域、インドネシア、そしてインドなどの国々が続いている。

日本を追い込んでいった歴史的な変化（2）――デジタル革命

もうひとつの産業史の大事件は、デジタル革命、今風に言えばデジタル・トランスフォーメーション（ＤＸ）の進展である。

デジタル革命の第一章は、１９８０年代、まさに0と1で動くデジタル計算機であるコンピュータ産業から幕を開ける。それまでのコンピュータ産業のアーキテクチャは、ハードとソフト（システムインテグレーション）も、完成品だけでなく主要部品の半導体についても同じ企業（及びその系列代理店）が手掛ける、垂直統合で擦り合わせ型デリバリーモデルだった。その世界で圧倒的な巨人として君臨していたのがＩＢＭである。当時のＩＢＭは市場シェア、利益率、財務体力、技術力、研究開発力の全てにおいて、競争相手を完全に圧倒していた。さすがの日本企業もこの世界では得意の大量生産型日本的経営モデルは通用せず、かろうじてＩＢＭのコンピュータと互換性を持つ機械を割安で販売するという、ＩＢＭの縮小コピーとも言えるビジネスモデルで何とか戦っていた。１９８２年、日立と三菱電機の社員が、米国においてＩＢＭに対する産業スパイ容疑で逮捕されるという衝撃的事件が起き、テレビや新聞で日本人の容疑者が手錠をかけられて米当局に連行される様子が報道された。互換機戦略にとって重要な最新製品に関する技術文書を不法に入手した容疑である。あの頃のＩＢＭと日本企業との力関係を象徴する事件である。

このＩＢＭの足元を侵食していったのが、同じ80年代に進展した、半導体の集積度と動作速度の向上に伴って始まったダウンサイジングと標準汎用ＯＳ化である。従来から小型コンピュータ指向のニッチプレーヤーだったデジタルエクイップメント（デック）がシェアを伸ばし、ＵＮＩＸのようにＯＳの標準化、汎用化の流れが生まれ、そこにサンマイクロシステムズのようなダウンサイジング指向のプレーヤーが登場する。その流れを決定的にしたのが、皮肉にもＩＢＭ自身がダウンサイジングの未来を予見して立ち上げた「パーソナルコンピュータ」事業である。

１９８０年代初頭、ＩＢＭがパーソナルコンピュータの基本ＯＳベンダーとして採用したのがベンチャー企業のマイクロソフトであり、同じくＣＰＵ（演算用半導体）のベンダーとして採用したのが創業10年余りの中堅半導体メーカー、インテルである。後にこの二社が、80年代の終わりに猛烈な勢いで進んだダウンサイジングと水平分業化（半導体メーカー、ソフトウェアメーカー、最終ＰＣメーカーがそれぞれに専門特化し水平的に分業する産業アーキテクチャ）の覇者となり、既存のビジネスモデルを破壊されたＩＢＭはあっという間に倒産の淵に追い込まれていった。私がスタンフォード大で学んでいた1990年代初め、目の前で進行した革命的な覇者交代劇である。

デジタル技術の発達を契機にビジネスゲームの基本ルールが変わり、産業のアーキテクチャが変わり、まさに野球からサッカーに代わるほどの破壊的イノベーションが既存プレーヤーに襲い掛かり、若くて小さいプレーヤーが取ってかわる……今から振り返ればこの後、何度も繰り返される物語の始まりだった。

ただ、あの時点では、劇的な変化はコンピュータ産業の中にとどまっており、デジタル革命が日本の産業社会に与える影響はそれほど大きなものではなかった。そもそもコンピュータ産業においては、日本企業は世界的な覇者ではなく、DRAMが主力だった半導体産業にとっても主たる供給先が、別のコンピュータメーカーに変わるだけの話だった。私自身、不明にも破壊的イノベーションの本質を理解していなかったので、「IBMは大企業病で環境変化についていけなかったんだ」程度にしか受け止めていなかった。

ところが、1990年代に入り、インターネット革命が本格化し、さらにはデジタル方式の携帯電話の普及でモバイル革命も始まると、幅広い世界に不連続な変化が起きるようになっていく。従来のAV機器や通信機器周りを中心に、それまで日本企業の金城湯池だった産業領域が、改善・改良型イノベーションの時代から、破壊的イノベーションの時代に移り変わっていったのである。

その象徴的な産業レベルの破壊的イノベーターが、GAFA（グーグル、アップル、フェイスブック、アマゾン）である。さらに、新興国、特に中国からもBAT（バイドゥ、アリババ、テンセント）やTMD（トウティアオ、メイチュアン、ディディ）のようなデジタルモデルの破壊的な競争相手が出てくるようになった。

こうした新興勢力が仕掛けてくる競争のルールを変える戦い、いわばゲーム・チェンジング・ゲーム、ビジネスモデルの転換スピードを競う戦い、アジャイル・チェンジング・ゲーム、そして新しく作り出される産業構造、ビジネスモデルの頂点を取りに行く戦い、いわばアーキテクチャ・コントロール・ゲームの時代において、従来の日本的経営モデル、日本的カイシャモデルがいかに不適合だったかは、現場の目撃者、敗者と勝者の両方でその戦いに携わった者として、後で生々しく詳述する。

いずれにせよ日本がピークを迎えてからのこの30年というのは、グローバルなマーケットが一気に広がり、プレーヤーが増えるという大きな環境変化に加え、デジタル革命で破壊的な変化が起きたのである。そこでは長い歴史のある事業、例えばテレビ事業が、ものの数年でビジネスとしては事実上、消滅するような大変動が起きてしまう。そして手持ちの組織能力や事業ポートフォリオを大幅に入れ替えるような激しい戦略的ピボット（方向転換）をかけないと、企業全体が破壊されてしまうような事態が頻発する。

こうした大きな破壊的な変化が起きた環境下で、改良・改善を旨とした、同質的、連続的な日本の会社――裏返して言えば事業と組織の何割かを短い時間で入れ替えるような不連続で大きな方向転換が苦手な、いわゆる日本の「カイシャ」モデルは完全に行き詰まってしまう。この30年にわたる停滞は、実はこうした根深い本質を持っていたのである。

「日本的経営」モデル、日本的「カイシャ」モデルとは何だったのか？

そもそも「日本的経営」「日本的労使慣行」「カイシャ」なるものはどう形成され、どんなものだったのか？　その本質、特性、強みと弱みを把握することは、それをいかに改造、トランスフォーメーションすべきかを考える出発点となる。決別すると言っても、現在でも多くの日本企業がその強烈な慣性のなかにいる以上、その沿革と現状を理解せずに改造計画は作れない。しつこいようだが、ここでさらに掘り下げようと思う。

実は日本的経営という言葉、その主要な構成要素である「終身雇用」「年功制」「企業別組合」という言葉は日本人の発明、発見ではない。これは太平洋戦争において海兵隊員としてガダルカナル島、硫黄島で日本軍と戦い、終戦直後は広島に滞在、さらに1955年にフォード財団の研究員として来日して日本の企業と経済社会システムについて研究したジェームズ・アベグレン氏が生み出した言葉である。

戦前、今でいう日本的経営なるものはけっして日本の経済社会の主流ではなかった。今よりもはるかにむき出しの資本主義というか、ガバナンスも株主主導であり、いわゆる財閥は三菱合資、三井合名、住友合資などの無限責任の持ち株会社を頂点に資本の論理でグループ企業を支配、統括する体制だった。現場においても労働者酷使がかなり広範囲に行われ、紡績産業は「女工哀史」、石炭は囚人労働、食品加工業は「蟹工船」の世界だった。だから敗戦直後、GHQ指令によって労働組合結成が公的に認められると、多くの組合は労使対立的、戦闘的な組合になっていく。

私自身、産業再生機構時代にかつての繊維産業の覇者カネボウと石炭産業の覇者三井鉱山の再生に携わったので、戦前戦後の生々しい産業史とその（正と負の）遺産と向き合う立場になり嫌というほど思い知らされたが、明治期に列強の植民地化を回避すべく急速な産業化、工業化を進めた歴史も、戦時の強制徴用などの凄まじい出来事も、戦後復興が軌道に乗るまでの艱難辛苦《かんなんしんく》も、絵空事のヒューマニズムで語れるような生易しいものではない。もちろんあの時代にも啓蒙主義的な経営者、産業人はいた。明治期にカネボウ発展の基礎を築いた武藤山治氏などはその一人だが、それが語り継がれるのは彼らが例外的な存在だったからである。

明治から大正期の日本の産業組織に関する欠陥として、当時の多くの経済学者が指摘していたのは、労働者の定着率の低さで、それが技術の継承や持続的な生産性の向上を妨げている、という、今から見るとまるで正反対の問題点が嘆かれていたのである。

それが戦争を境に大きく様相が変わっていく。財閥解体が行われ、資本の論理で支配し、支配されるというガバナンスから多くの企業が解放される。朝鮮戦争（1950～53年）景気などで米国の後押しもあって工業生産力を急速に高める過程で深刻な労働力不足が起き、やがて労働者を囲い込むために長期雇用を実質的に保障し、景気循環的な不況期も解雇権は行使しない終身雇用的な慣行が広がっていく。そこで雇用保障と生活保障が融合していくことでライフステージに合わせた生活保障給として年功賃金体系が形成される。要は若い従業員がやがて結婚し、子供ができ、持ち家を取得し、子供たちは成長して上の学校へ行く……長く働き年を取れば生活コストは増えるのでそれに合わせて給料は増える。能力や成果からみると給料が少な過ぎる時期ともらい過ぎの時期があるが、ライフタイムで見ると概ねトントン。子供たちがすべて学校を卒業して経済的に自立する頃には、間もなく定年でめでたしめでたし。当時の定年はなんと55歳！というわけだ。

個々の従業員の職業人生と家庭人生が生涯にわたってシンクロする「終身雇用制」と「年功制」がセットで一般化していったのは1950年代半ばからの話。企業別組合の沿革については、諸説あってはっきりしないが、このように個別企業が従業員の人生を保障する労使慣行下においては、企業横断的な外部労働市場と企業横断的な産業別組合が労働者の利益を守る仕組みよりも、企業ごとの内部労働市場と企業別組合の方が有効に機能することは明らかである。

アベグレン氏は終身雇用（lifetime commitment）、年功制（seniority-based wage system）、企業別組合（enterprise union）を戦後の日本的経営の特徴（のちに日本的経営の「三種の神器」と呼ばれる基本3要素）と位置づけ、その合理性、有効性を1958年の著書『日本の経営（原題“The Japanese Factory”）』において世に問うたのである。1958年と言えば、まだ日本が本格的な高度成長軌道に乗る前、日本製品も「安かろう悪かろう」と世界から見下されていた時代である。後に加工貿易立国モデルで世界を席巻していく日本企業、特に日本の製造業の潜在力を見抜いた先見性には驚くばかりである。ちなみに、この著書の原題が“The Japanese **Factory**”と言うところから分かるように、三種の神器の有用性は、あくまでも大量生産を行う「工場」での話という限定付きだったことは、高度成長期の成功と同時に1990年代以降の日本的経営の運命をも暗示している。

1960年代以降、我が国の労働市場はほぼ一貫して若年層労働力不足であり、企業にとって大量の若者をまとめて採用できる最大のチャンスは、彼らが学校を卒業して就職するタイミングである。高校、大学の新卒一括採用に力を注ぐのは当然で、三種の神器に新卒一括採用がセットになった労使慣行、人事組織運営が日本企業のカタチとして定着していく。会社に入ったら家族と同じ、（男性正社員は）一生涯そこにいる仲間と働き、人生を共有していく。会社人生こそが自分の人生であり、その共同体に忠誠を尽くし、共同体と協調していくことが、同時に個人として、家庭人としての幸福を実現するもっとも確実な道となっている仕組み。既に述べたように、主に大量生産型の製造業を舞台として、集団共同作業を効率的にこなし、長期持続的な改良・改善を延々と積み重ねる基本戦略モデルと、こうした組織人事経営モデルとの相性が抜群であることは言うまでもない。当然、経済的な整合性、持続性を持つこととなり、超長期にわたる終身雇用と年功賃金の約束事は果たされ、日本企業のカタチ（私はあえてこれを「カイシャ」という表記を使うことにしている）が、個々人の人生のカタチまでをも規定する力を持っていったのである。

そして、コーポレートガバナンスについても、取締役会に異質なものが入り込むのを忌避する、すなわちサラリーマンの延長線上の社内取締役（社長とその部下）だけで取締役会を構成し、外部の株主による経営介入を極力抑止するために持ち合いを進める、サラリーマン共同体至上主義型の統治形態が一般的になっていく。

もちろん日本社会が従来から持っていた年長者を敬う気風や農耕村落的な共同体主義的価値観、要は仲間内に不和、不協和を起こさないことを重視する「ムラ社会」文化や共同体重視の伝統と相性が良かったことが、こうした仕組みが急速に確立、強化される上でプラスに作用したことは否定しない。しかし、この仕組みが生まれ、強化され、持続力を持ち、さらに発展していったのには、その時代の経済社会環境において合理性、有用性があったことの方がどう考えても効いている。なぜならより文化や伝統においては日本社会が過去からの高い連続性を持っていた戦前の日本において、いわゆる日本的経営モデルは主流にならなかったのだから。

様々な意味でエポックの年だった１９６０年

ありのままの資本主義と対立的労使関係から日本的経営（日本的資本主義）と協調的労使関係への転換過程において、戦後、ＧＨＱ指令で労働組合結成が公認されると、一時期、多くの企業が激しい労働争議に晒された。１９５０年代のトヨタ、ソニー、ホンダも例外ではない。その頂点とも言いうるのが１９５９年から60年にかけて三井鉱山で起きたいわゆる三井三池争議である。

企業再生にあたっては、当然、私たちはその歴史、沿革を深く勉強し、理解したうえで再建に取り組む。当該企業の今日の姿は過去からの歴史の反映であり、過去を知ることは現在を知ること、すなわちその生理と病理を知ることになるからである。三井鉱山の再建においては、三井三池争議は当然ながら同社の経営のあり方を規定する大事件であり、私たちにとっても必須科目であった。

当時、この労働争議は「総資本対総労働」という全国的スケールの大事件となっていった。ことの発端は1959年、石油革命の進展で石炭需要が落ち込み経営不振に陥っていた三井鉱山が、希望退職者6000人を含む大規模な経営合理化案を提示し、さらに退職勧告に応じない労働者の一部を解雇したことだった。これに対し組合側は無期限ストライキを打ち、会社側はロックアウトを行って全面対決の姿勢をみせた。そこに全国の労働組合組織が組合側を、経済界が会社側を、それぞれ応援したために、争議は全国レベルの注目を集める大事件へと発展していったのである。

ここでも事件の根っこには「石油革命」というエネルギー産業における破壊的なイノベーションがあり、そのために国内の石炭鉱山業の多くが事業として存続し得なくなるという大きな構造変化が起きてしまったことがある。本質的に分配の問題ではなく、その原資の喪失にあるために会社側は譲れないし、いくら対立を続けてもその先に本質的な解決はない。第二組合の結成とストライキからの離脱、それに伴う地域住民（その多くが三井三池鉱山関係者）の分断、さらには死者が出るなどの悲劇を経て、結局、実質的に会社側のリストラ案を組合が受け入れる形で１９６０年11月に争議は収束する。この事件を境に民間企業の労使関係の大宗は労使協調路線が主流になっていく。アベグレン氏の三種の神器モデルはいよいよ日本の経済社会全体を包摂するモデルへと広がっていくのである。

この時期、政治の世界では日米安保闘争がピークを迎えており、いわゆる左右対立的な構図が、政治的にも経済的にも最も激しくぶつかり合ったのが１９６０年という年だった。同時に岸内閣が日米安保条約の改定に伴い退陣して池田内閣が成立し、「所得倍増計画」すなわち高度経済成長を国家政策の中軸とする政策方針が固まったのも１９６０年であった。健康保険、年金保険の両方で国民皆保険制度がスタートしたのもこの翌年であり、経済成長を梃子に国と企業の両方で生活と人生を保障するモデルがこの頃から本格的にスタートしたのである。

私が生まれた１９６０年は、まさに日本的経営、日本的カイシャモデルが、我が国の経済社会の背骨にビルトインされ、主軸となってフル稼働し始める大きなエポックの年だったのだ。実際、1960年以降、日本はほぼ一貫して10%以上の実質成長率を10年以上にわたって実現するという驚異的な経済成長を謳歌するのである。

産業政策と経験曲線戦略とBCG東京オフィス

アベグレン氏は1963年にボストンコンサルティンググループ（BCG）の設立に参画し、66年に同社の最初の海外オフィスである東京支社の初代代表として再び日本を訪れ、その後は日本に住み、日本国籍も取得して2007年にこの世を去った。私がBCG東京オフィスで働き始めた1984年頃、アベグレン氏とよくオフィスで顔を合わせたのを今でも思い出す。

私は、彼が日本的経営の可能性に着目していたことが、当時、まだまだ先進国とは言い難かった日本に、BCGが最初の海外オフィスを置いた背景の一つだったと想像する。BCGは名前通り、米国の東海岸、ボストンを本拠とするコンサルティング会社である。海外オフィス第一号の自然な選択は欧州の大都市、同じ英語圏のロンドンあたりが順当なように日本人の私でも思うが、BCGの中心的な創業者であるブルース・ヘンダーソン氏も含めて、彼らは次代の「世界の工場」ニッポンに大きな可能性を見出していたのだと思う。

他方、日本の成功モデルを語るとき、かつては通産省をはじめとする官主導の産業政策の役割が強調されることが多かった。前述のヴォーゲル教授も『ジャパン アズ ナンバーワン』の中で通産省の果たした役割の大きさを強調している。1960年代からの約30年間、日本の経済成長を牽引《けんいん》した「基幹産業」は紡績から始まり、鉄鋼、電機、自動車へと主役を交代しながら続いていった。その多くが量産型ビジネスで規模の経済性と安い要素コスト（特に人件費）を梃子に価格勝負を挑むタイプのビジネスだった。こうした基幹産業群においてキャッチアップ型で欧米先進国に対抗するうえで、戦略的に有望分野を選択し、そこに優先的に資金や労働力を集中していくターゲティング型の産業政策は一定程度有効であり、特に戦争による荒廃で資本蓄積のなかった日本の経済社会にとっては必要性も高かった。

ＢＣＧが初期において「売り」にしていた戦略コンセプトは「経験曲線」と「プロダクトポートフォリオ経営（ＰＰＭ）」であり、これは基本的に量とコストが連関することを前提にした戦略フレームだった。そしてこの戦略フレームをもっとも忠実に実践したのが、欧米を追いかけていた日本の製造業であり、日本の産業政策だったのである。積極的価格

プロダクトポートフォリオマトリックス（ＰＰＭ）の一例

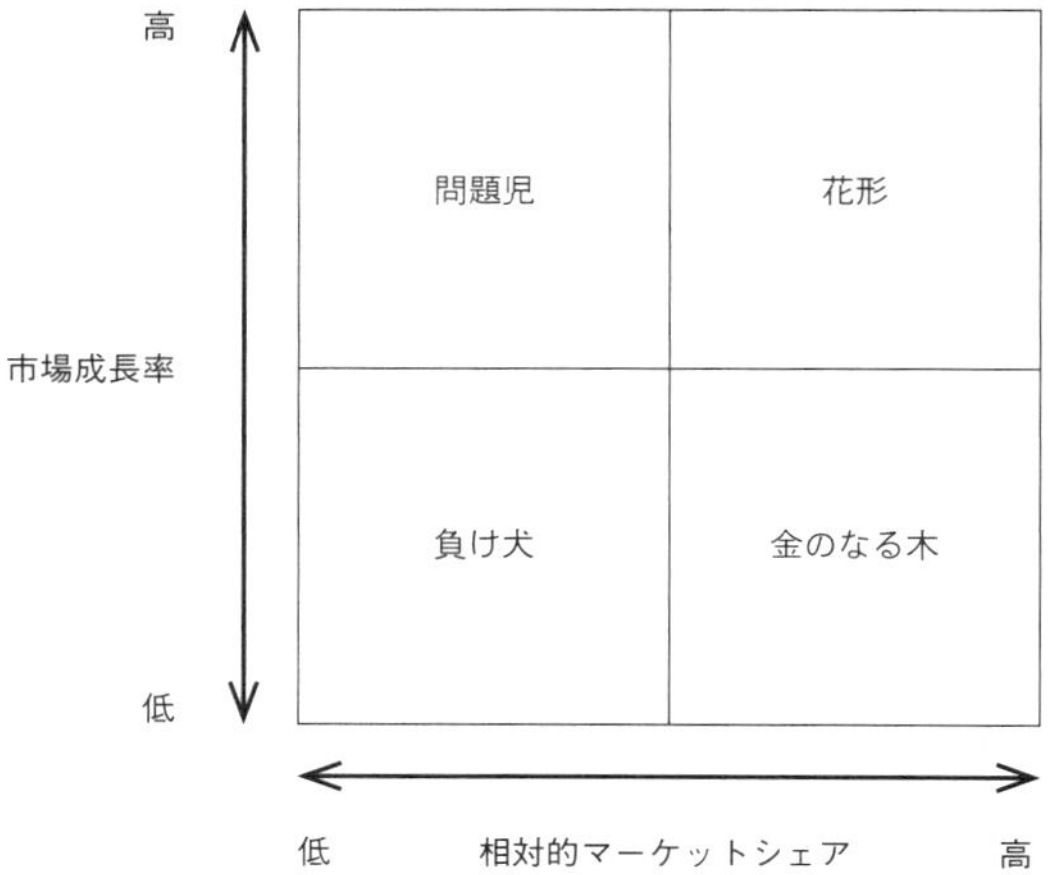

戦略でシェアを高めて生産量を増やし、その量産効果と経験効果でコストを下げてさらに価格競争力を高めシェアを高めさらなるコスト優位を確立する……これが経験曲線戦略だ。市場の成長とシェアを軸にした有名な４象限のマトリックス、花形（スター）、問題児、負け犬、金のなる木（キャッシュカウ）で表現されるＰＰＭも基本は量がモノを言うビジネスであることを前提に複数の製品を戦略的に関連付けて経営することを指向している。

　最盛期において「集中豪雨的な輸出」「ニッポン株式会社得意のダンピング」などと批判された日本の加工貿易立国モデルは、皮肉なことにここでも事業経済性に関する米国の経営理論によって裏打ちされていたのである。

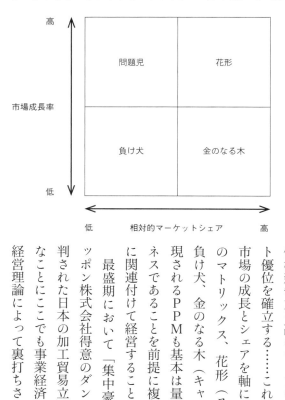

単なるダンピングで30年もの長期間にわたり持続的な成功を収めることはできない。なかでも経験曲線、すなわち累積生産量の蓄積によって、単なる規模の経済性以上にコストが下がることこそ、「カイシャ」という組織モデル、お互いに気心が知れ、協力的な関係性で結ばれている同質的で連続的な集団が得意とした持続的な改善・改良によるコストダウンそのものなのである。先述した半導体ＤＲＡＭ事業も、生産性をもっとも大きく規定する歩留まり向上においてこの戦略枠組みと相性が良いビジネスであり、１９７０年代になってもコーディネーションという形での産業政策が機能したのである（おそらくターゲティング型の産業政策が華々しい成果を上げた最後の事例）。

要は日本的経営の成功の本質は、「三種の神器」のような組織経営論においても、経験曲線戦略のような事業経済性論においても、その合理性にこそある。日本人の文化であるとか精神性であるとかは、あくまでも辺縁的な要素に過ぎない。

もう一人の偉大な米国人

日本的経営の隆盛を語る上で、もう一人忘れてはいけない米国人がいる。あのウィリアム・エドワーズ・デミング博士である。

デミング博士は米国の統計学者であり、戦時において米国の生産現場に統計的品質管理手法を導入して工業生産性の向上に大いに貢献した。戦後、1950年に日本を訪れ、日科技連の依頼を受けて統計的品質管理の手法と、品質管理によって生産性が向上し、競争力が高まるという経営概念を日本の経営者たちに伝えた。統計的品質管理手法は、本来、高度な統計的知識を必要とするもので、基本的に高学歴のマネジメント層が現場のブルーカラーを管理するアプローチだった。これを日本においては、京大の西堀榮三郎教授や東大の石川馨教授らの努力で、より現場主導的、より集団活動的（その典型が「QCサークル」）なボトムアップ型の品質管理手法へと進化させ、日本の生産現場に広く普及させていったのである。

いわゆる全社的品質管理運動（TQC）やトヨタの現場改善運動で有名になったカイゼンは、難しい統計的技法は使わず、四則演算の域を出ない簡便な手法（その典型が「QC七つ道具」）で構成されており、それが高い水準でコストと品質を両立させることを可能にし、世界中をメイド・イン・ジャパン製品が席巻する基礎となっていった。まさに同質的・連続的な組織集団が長期持続的な改良・改善を積み重ねる戦い方に、日本化された品質管理手法はドンピシャはまったのだ。

そして1955年には日本生産性本部が設立され、日本を代表する経営者たちが米国に研修に行き、そこで先進的な生産性向上技法を学び、夏の軽井沢セミナーにおいて経済界全体で労使を交えて共有するという生産性運動が開始される。ちなみに軽井沢セミナーは形を変えて現在も続いており、この10年ほどは、私自身が総合コーディネーターをつとめている。

当時の日本のリーダーたちは謙虚に米国の先進的経営手法から学び、かつそれを日本企業の土壌に合うように科学的に改造、トランスフォーメーションして自社の経営に実践活用する器量と合理的精神を持っていたのである。

日本的経営から日本的経済システムへ——青木昌彦先生の洞察

ジャパン・アズ・ナンバーワンが最も輝きを放っていた時代、1980年代後半は日米貿易摩擦が極めて厳しかった時代でもある。当時、やり玉に挙がった「不公正な取引慣行」の一つにいわゆる系列取引があった。自動車メーカーや電機メーカーが特定のサプライヤーや販売店と排他的な協働関係を作り、米国企業を含めて新規参入者を排除しているのはけしからん、という話である。

学問的に言えば、オープンで競争的な市場取引とクローズで相互継続的な市場取引と、どちらが効率的な資源配分と公正な競争を促し、最終的に消費者の利益に資するか？ という問いである。

ナイーブな市場モデルでは当然、前者の方が効率的な価格形成と資源配分がなされるので、系列取引はけしからん！ となる。実際、私がスタンフォードで学んでいた1990年頃の米国ではそういう議論が盛んだった。しかし、その米国でも今でいう情報の経済学やゲーム理論系の学者は、クローズな継続的な取引を行うことにより、情報の共有によるイノベーションや生産性向上における全体最適化が行われやすい可能性を指摘していた。この問題は、ある意味、市場経済の根本モデル、さらには資本市場や企業統治に関わるモデルや労働市場モデルの優劣に関わる広範な射程の議論に広がっていた。いわゆる「日本異質論」である。最近の「中国異質論」みたいな議論を30年前には日本を俎上に載せてやっていたのである。

そこに圧倒的な洞察力と科学的分析で切り込んでいったのが、あの青木昌彦スタンフォード大教授である。経済学におけるいわゆる比較制度論の創始者のひとりである青木先生は、フォーマル、インフォーマルな社会制度がそこでの経済活動の効率や生産性を規定することを社会科学的に実証し、当時の経済社会環境において、日本的経営（日本的なガバナンスシステムを含む）と日本的経済システムの合理性、有効性について名著『日本経済の制度分析─情報・インセンティブ・交渉ゲーム』（原著は１９８８年刊）などで解き明かして見せた。要は日本的なシステムの成功はミステリアスでも不公正でもなく、合理的、科学的に説明できることを立証したのである。実際、自動車メーカーとサプライヤーが設計情報、生産技術、コストデータなどを共有して協働的にコストダウンや品質改善を進める手法（当時、コンカレントエンジニアリングなどと呼ばれた）は大きな効果を上げており、米国の自動車メーカーの車と比べ、日本車は安くて高品質でしかも日本の自動車メーカーはしっかり利益を出し続けていた。人件費についても、80年代後半においては日本の一人当たりＧＤＰは世界トップクラスとなっており、当時の日本の自動車産業の成功は、安い賃金では説明できない。やはりトータルシステムとしての優位性を持っていたのだ。

すなわち１９８０年代のジャパン・アズ・ナンバーワンの時代の頃には、日本的経営モデルは個別の企業のレベルを超えて、大きな社会システム、日本的経済システムにまで拡張していたのである。

実は青木先生は、日本自身と世界の社会環境、経済環境が変化していくと、そのシステムが必ずしもうまく機能しなくなることも予見していた。経済学で言う経路依存性の罠である。特に日本経済と日本企業が世界の先頭に立ち、成長ドライバーの中心がイノベーションに移ったときの脆弱性を懸念され、早い段階からガバナンスシステムや組織人事制度をはじめとする制度的な根幹部分の改造、まさにＣＸに取り組むべきだと主張されていた。加えて、伝統的なターゲティング型の産業政策がいよいよまったく有効性を喪失することも。

青木先生は、私が産業再生機構のＣＯＯに就任した頃から公私にわたり親しくお付き合い頂き、色々な叱咤激励を下さった恩師である。産業再生機構はある意味、それまでの金融機関のプラクティスや企業のガバナンスシステムといった「制度」に挑戦していたので、先生の応援は本当に心強いものであった。

青木先生は、非常に残念ながら、確実視されていたノーベル経済学賞の受賞を待たずに２０１５年に77歳で逝去された。スタンフォード大学で行われたメモリアルカンファレンスに招かれ、コーディネーター役だった星岳雄スタンフォード大教授（当時）とご家族の御厚意により、ケネス・アロー教授など名だたる知の巨人たちの末席で友人の一人としてスピーチをする機会を頂いたことは、私の人生における最大の名誉の一つである。

日本的経営の神格化と自己目的化、社会的固定化の進行
――「もう欧米に学ぶべきことはない」

試験偏差値の均質な学歴競争を経て、新卒一括採用で終身年功制のサラリーマンとなり、同質的、連続的、固定的なメンバーで一つの会社で集団的な改良的イノベーション力、オペレーショナルエクセレンスで延々と戦い続ける……これが「日本的経営」モデル、日本的「カイシャ」モデルによる戦い方であり、これが１９６０年代からの30年近くにわたり極めてうまく機能したことは既に述べた。ここで、このモデルの構成要素をもう一度整理してみよう。

①人事組織管理（コア人材について）――同質性、閉鎖性、固定性、新陳代謝サイクルは40年、制度の一元性

・終身雇用

・年功制（賃金、昇進）
・企業別組合（労使協調）
・新卒一括採用（潜在力採用）
・大卒日本人男性が暗黙の前提
・終身年功制の裏返しとしての定年制（勤続40年モデル）
・メンバーシップ型雇用（特定のジョブと個人の能力適性と報酬をあまり紐づけない）
・フルタイム・フルライフ型雇用
－アフター5も週末もカイシャ共同体が第一の「一社懸命」
－工場も事務所も、毎日、同じ場所に集まって長時間仕事をする「一所懸命」
・40歳くらいまでは年次ベースの昇給昇格が基本で明確な処遇格差、コース格差は付けない（実際はエリートコースか否かの差を付けるが、あくまでも暗黙の了解事項）
・一般的スキルよりも組織固有スキルによる評価処遇
・組織固有スキルの中核は社内業務知識、社内事情知識、人望、協調性、調整力
・忠誠心のあて先はカイシャ＞事業＞ジョブ
・オペレーショナルマネジャーとしての適性が出世の必要条件

・転職は基本的に悪↓転職して出て行った人物は出入り禁止
・人員整理は最悪（終身年功制による人生保障を反故にする重大な約束違反）
・中途入社組は例外的な存在で基本的に外様
・人材育成は長期指向、内部指向（既存の事業、業務をより良くこなせるように育成）
・期待される能力要件は既存事業、既存業務の改良・改善的な延長線の範囲
・中核人材ほど頻繁なローテーションで日本的ジェネラリスト管理職に育成
・制度は一元的（正規以外はすべて「非」正規）

②組織構造と運営——年功階層性、ボトムアップ、集団主義、コンセンサス重視
・階層構造（年功ベースの世代別階層）
・事業単位、機能単位のミニ共同体分権構造（部分最適モデル、ムラ社会モデル）
・ボトムアップ型意思決定×コンセンサス型意思決定↓稟議モデル
・日常業務は現場主義指向
・組織管理は年功的身分制と人事権に基づくヒエラルキー指向
・意思決定も実行も全員参加型指向（成功も失敗も上下左右全員で共有）

・無数のしかも長い会議を繰り返し、夜の部まで時間を共有して「空気」の一体感を醸成して全員参加感を生むことで集団的組織能力を最大化する
・組織単位、機能単位、構成員単位間の責任権限の分担はすり合わせ的で曖昧

③事業戦略経営——連続的改良・改善型競争、自前主義競争
・共同作業による規模と経験蓄積が効果を上げる生産活動（典型が量産型組み立て製造業）が付加価値のコアを構成する事業を選択
・生産、開発、営業の全てにおいて、同質的な集団による持続的な改良・改善を延々と積み重ねていく組織能力、コアコンピタンスを軸にした戦い方、競争モデル
・既存事業の成熟による成長力低下に対しては手持ちの組織能力で戦える事業領域の探索、転地で対応↓自前主義が基本
・追求する基本ビジネスモデル、基本戦略モデルは、コスト訴求型、大量生産大量販売型、漸進的な改善・改良型イノベーション力勝負
・意思決定力・ストラテジックエクセレンス・スピード＜実行力・現場力・オペレーショナルエクセレンス・精緻性

④財務経営――財務経営は財務経営、事業経営は事業経営
・財務は全社としての資金の調達と使途の帳尻を合わせることが基本業務
・事業サイドの業績管理についてはＰ／Ｌ数字を基本にした経理的な管理で関与
・財経責任者「経理屋」がトップ経営者になることはまれ

⑤コーポレートガバナンス――サラリーマン共同体主義ガバナンス
・取締役会は社内取締役中心（現場の一般社員まで同質的、連続的なサラリーマン秩序のなかに組み込む）
・株主のガバナンス機能は最小化（持ち合い、株主総会対策）
・取締役会も株主総会も成功のＫＰＩはシャンシャン度合い（いかに形式的に短時間で終わらせるか）
・社長人事は前任者（たち）の専権事項（ＯＢガバナンス）
・社長を含む幹部経営陣の選抜は、生え抜きの内部昇格が原則（要は、そこそこ高学歴で転職をせずに一つのカイシャで勤め上げた日本人のおっさんから選ぶ）

・社長の平均年齢は60歳代半ば、40歳代は若手
・社長は新卒入社生え抜きの日本人男性
・いざという時のガバナンス機能の担い手は半ばインサイダーであるメインバンク（メインバンクガバナンス）

言うなれば、外壁は極めて厚くて排他的な作りになっているが、内部構造は曖昧な柔構造になっているのが、日本のカイシャのカタチなのである。外部と隔絶された家の中では同質的で固定的、連続的なメンバーで運営されているので、曖昧さ柔軟さのままでもあまり大きな不都合はない。むしろ小さな環境変化に対しては迅速で柔軟な対応を可能にする。個々人の評価や処遇に関する不満も「そんな目の前の細かいことでぐちゃぐちゃ言うな。サラリーマン人生は長いんだ。悪いようにしないからここは我慢しろ」で済んだのである（こんな言い分、欧米はもちろん中国でも絶対に通用しない。下手をするとこの言い方だけでいい加減な評価・処遇を認めたことになり訴訟ものである）。

始まりは特定の誰かが発明したわけでもなく、その時代の社会経済的な事情と沿革的、

文化的な背景とが絡み合いながら、事業の成功を実現するため合目的的に形成されていった色々な仕組みや工夫が、企業経営の幅広い領域にわたり、相互連関的、相互依存的に確立していった。しかも30年、すなわちひと世代にわたって。するとこうした仕組み自体が強固な社内環境になっていき、さらにはそれを守ることが自己目的化していく。本来は手段原理の集合体だったものが目的化するという、ありがちな展開になる。

私が留学した１９９０年頃、ある有名経営者が、「もう欧米から学ぶことはない」とうそぶいていたことを鮮明に覚えている。これからは日本的経営、日本的カイシャモデルが世界のスタンダードになるとでも思ったのだろう。確かに、当時の米国では日本研究が盛んで、先述の青木先生だけでなく、色々な立場の人々が、日本的経営システムを科学的に解析、分析し、そこから学べるもの、使えるものを探っていた。当然、反転攻勢を狙って米国で『覇者の驕り』が書かれた１９８６年頃、時ならぬ日本ブームに有頂天となり驕り始めていたのは日本の経営者たちだったのかもしれない。

あの頃、日本でさかんに言われていたのは、「日本の従業員中心主義経営は哲学的、倫理的に米国の株主中心主義経営よりも優れている」「人間を大事にする日本企業の優位性はますます強まる」「株主の目を気にして短期利益にこだわりすぐレイオフをやる米国企業に比べ、長期指向で人を育てる日本企業の方が強い」という類の話だ。いつのまにか日本的経営は、それ自体が哲学的、倫理的にすぐれたものとして、ある種の神格化が私たちの中で進んでいったのである。

そして、社会制度的にも社会保障や税制は、世帯主すなわちカイシャにつとめる男性の終身年功型サラリーマン世帯を前提にした仕組みで整備と強化が進む。例えば退職金の税制優遇も、明確に長年にわたり同じ会社で定年まで勤めあげることをエンカレッジする体系で整備される。中でも決定的だったのは、終身雇用制を前提とする解雇権濫用法理が、1979年の東京高裁判決などで判例的に確立したことである。我が国の民法の建前は「期限の定めのない雇用契約」については自由に解雇できる原則だったが、この判例理論を機に法理論的にも解雇は原則不可となった。日本的経営の大きな構成要素である終身年功制は法的にも裏書きされたのである。青木先生の言葉を借りれば、社会的レベルで固定化された強固な制度となっていったのである。

組織能力内に収まる変異対応には強いが

──メイド・イン・ジャパンからデザインド・イン・ジャパンに転換できない硬直性

しかし、ここで整理した日本的経営、日本的カイシャの構成要素群を観察すると、要素が広範化して数も多くなり、それらの相互連関性が強まるほど、実は大きな改造が難しくなるという欠陥がみえてくる。

例えば③の事業戦略モデルで通用する事業ドメインが小さくなる、あるいは消失した場合、新しい事業ドメインで、新しい戦い方を採用して、新しい組織能力で戦えるようにするには、大変な時間と労力を要することになる。新しい成長領域はたいてい戦略展開のスピードが重要な競争要因になるので、それではほとんど戦いにならない。そこで「時間を買う」とか言ってM＆Aをやってみても、異質なモデルの会社を経営する組織能力を持っていないので、結局、うまく経営できずに金をどぶに捨てる結果となる。

また年功的階層構造は、年長者よりも若年層が多くいなければ維持できなくなり、結果的に名ばかり管理職が増え、企業は常に過剰な間接固定費を抱えることになる。そして意思決定関与者が増えると、意思決定にはさらに時間がかかり、中身は曖昧で妥協的なものになり、戦略行動はエッジを失うことになる。日本社会の少子高齢化、経済成長の鈍化を考えると、こうした矛盾は、まさに日本的経営の社会システムたる日本経済全体が抱え込む欠陥となる。

環境変化が要求する組織能力の変異幅が一定範囲に収まっていれば、日本的経営モデルは、気心の知れた仲間同士、「あ、うん」の呼吸で、現場主導、事業サイド主導で迅速に改良的アプローチによって対応できる。組織の内部構造の曖昧さ、柔軟性、すり合わせ型の調整能力が極めて有効に機能するので、このモデルは強い。一時期、日本企業のスピード感、変化対応力が称賛されていたが、たとえて言えば野球からソフトボールくらいの変異幅であれば、むしろ日本的経営モデルは強いのである。それを超える大きな組織能力の変異を求められたとき、複雑にすり合わされ、匠の技で緻密に作りこまれ、分かっている者同士で運営される会社のカタチは脆さを露呈する。

後で半導体DRAM事業の例が出てくるが、「メイド・イン・ジャパン」モデルの枠のなかでの変異対応力は高いが、ファブレス化の波が起きた時に「デザインド・イン・ジャパン」モデルに転換するような変容力は乏しいのである。

しかし、信仰の対象となり、ジャパン・アズ・ナンバーワンとおだてられ、倫理的な優位性まで背負わされた日本的経営、日本的カイシャのカタチは、「人を大事にする」「長期的視点」といった美辞麗句を重ね合わせられながら、いつしかそれを守ることが経営の目的となっていき、固定化、硬直化が進んでいったのである。

その一方で、米国の研究者や経営コンサルタントによって科学的に研究された日本的経営からは、言わばTQCのグローバル版、普遍化版であるシックスシグマ、さらにはビジネスプロセスリエンジニアリングに代表される手法が切り出され、欧米企業の逆襲ツール、新興国企業のキャッチアップツールとして活用されるような状況が進展していった。

ジャパン・アズ・ナンバーワンの時代は、日本においてマッキンゼー社の大前研一氏を筆頭に経営・戦略コンサルタントが注目を集め始めた時代でもあり、私が就職活動をしていた1980年代前半には主要各社の東京オフィスが本格的に採用を拡大していた（そのおかげで私がBCG東京オフィスに入社する道が開かれた）。大前氏の名著『企業参謀』の名が表す通り、戦略的アプローチは基本的にトップダウン型で戦い方を転換する経営スタイルを想定している。

大前氏が大活躍をし、日本企業が米国のMBAプログラムへ大量の留学生を送り始めたということは、当時の経営者たちが戦略レベルの転換が重要になっていくことを理解し始めていたことを示している。しかし、皮肉なことにこの時期は、戦略的アプローチと相性の悪い日本的経営、日本的カイシャモデルが神格化、固定化の頂点を迎える時期と重なっていたのである。

あの頃、私が関わったコンサルティング案件で充実感を持てた仕事のほとんどは、後述する三住商事（現ミスミ）や横川四兄弟が現役バリバリだったすかいらーくグループなど、創業経営者がトップダウン型の経営スタイルを取っている企業のプロジェクトだった。振り返ってみると、こうした会社のカタチは戦略コンサルティングと適合的だったということだろう。

他方、一般的なサラリーマン大企業においては、頭で戦略経営の重要性を理解しつつ、組織能力の側では硬直化が進んでいく、アンビバレンスが進んでいったのが「ジャパン・アズ・ナンバーワン」の時代だったのかもしれない。

黄金期の時価総額ランキングから垣間見える「ニッポン株式会社」成功モデルの特性

もう一歩踏み出してシビアな目で見つめてみる。1989年、日本のバブル絶頂期は日本企業が世界から高い評価を受けていたわけだが、当時の世界時価総額ランキングを見てみると興味深いことがわかる。

1位　NTT
2位　日本興業銀行
3位　住友銀行
4位　富士銀行
5位　第一勧業銀行
6位　IBM
7位　三菱銀行
8位　エクソン
9位　東京電力
10位　ロイヤル・ダッチ・シェル

時価総額世界10位の中の7社が日本企業というのは、今から考えると本当に隔世の感があるわけだが、よくよく眺めてみると、その7社はすべて日本の規制業種なのである。通信、金融、エネルギー。まさに規制業種なのだ。

日本は高度成長期以降、いわゆる加工貿易立国で世界を席巻したというが、輸出型の日本のグローバル企業はトップテンには入っていなかった。投資家がより高く評価したのは、規制業種だったのだ。言い換えればグローバル企業が世界で稼いできた富が、規制業種においてて過剰収益（経済学でいうレント）という形で集積することに、国内外の投資家は期待していたのかもしれない。言い換えれば個別企業の戦略的卓越性ではなく、トータルのシステムとしての日本的経営、日本的経済システムを評価していたということだ。

だから、本当にジャパン・アズ・ナンバーワンと言われるほどの成功だったのか、そこで「ニッポン株式会社」のかじ取りをやっていた大企業のリーダーたちが、個別企業のトップとして戦略リーダー、大きな戦略的ピボットや組織能力の大変容をリードするリーダーとして「アズ・ナンバーワン」と言われるほど素晴らしかったのか、ということは冷静に考えてみる必要がある。

戦前、カナダ、バンクーバーに生まれた日系移民2世である私の父 Arthur H. Toyama は、トッパン・ムーア（現トッパン・フォームズ）の創業期メンバーで、経営者としても活躍した人物であるが、彼はよく「和彦なあ、日本の会社の強さは現場の高卒の人たちの強さやで。東大出ているようなインテリ連中は全然大した仕事しとらん。上の方の人間は欧米の連中のほうがよう働くし優秀や」と語っていた。やや客観的に日本企業をみていた父の見方は的を射ていたのかもしれない。

「技術で勝ってビジネスで負ける」という話の嘘――野球では勝てるがサッカーでは？

さて、この辺から、甚だしく固定化され、自己目的化してしまった日本的経営モデル、カイシャモデルが、グローバル化とデジタル革命による破壊的イノベーションの時代にいかに苦戦を強いられていったかについて生々しく見ていこう。

１９９０年代前半、ネットスケープコミュニケーションズ社によるインターネットブラウザの一般商用展開を嚆矢とするインターネット革命の初期の頃は、前にも述べたように日本のエレクトロニクス産業はまだ隆盛を誇っていた。あの時点での技術力、資金力、生産力、マーケットプレゼンスのあらゆる点で、日本の電機メーカー、通信機器メーカー、通信サービス会社は、シリコンバレーのベンチャー企業を桁違いに上回っていたはずだ。私自身、当時、スタンフォード大学在学中でシリコンバレーのど真ん中にいたので、現地の空気感としてもそんな雰囲気だった。

92年に帰国した後は、大阪でデジタル方式の携帯電話キャリアの新規参入の仕事をしていたが、インターネットであれモバイルであれ、ネットワークの基盤となる通信技術において、NTTを中心とする「電電ファミリー」と言われる日本勢の技術力は間違いなく世界のトップを走っていたと思う。NTTが中心になって開発したデジタルモバイル通信規格、PDC方式についても、技術的には先行していた欧州のGSMを色々な意味で凌駕していた。だから私自身も「これからは通信機器メーカーの時代がやってくるのだなあ、米国ならモトローラやルーセントの株、日本なら旧電電ファミリーに名を連ねる大手メーカーの株が買いなんだろうなあ」と漠然と思っていた。

しかし、新しく生まれたデジタル型ビジネスモデルの領域では、圧倒的優勢に見えた日本のエレクトロニクス産業は歯が立たなかった。

その本質的な原因は、スポーツでたとえるなら、日本企業は長年野球をやっていたのだが、デジタル革命で新しく主役になった種目はサッカーみたいなものだったということ。日本企業は、野球の中では世界クラスの名人を揃え、高い技術を誇り、経験量も豊富、そして一糸乱れぬチームワークを誇っていたが、新しく生まれてきたビジネスモデルは、同じ球技でもサッカーくらい異なる種目だったのである。

古くて大きいカイシャモデルで経営されている日本のエレクトロニクスメーカーがやってきたゲームは、生真面目に自前でコツコツと技術開発をし、モノづくりにしてもシステムづくりにしても、万が一にも不良が出ないように集団共同作業で徹底的に作りこんでいく。「とりあえず市場投入しちゃえ」などという乱暴なことは絶対にしない。戦略的意思決定もボトムアップで慎重に問題点を洗い出し、実行可能性が担保されてから決定し行動に移すスタイルである。稟議のハンコは下っ端から押していく。そして下から上まで関連部署の責任者が全員ハンコを押してから、コンセンサス方式でトップ経営者に上がっていく。人材育成も技術蓄積もこうした仕組みの中で長期的に内部育成、内部蓄積される「自前主義」「生え抜き主義」が基本となる。

これに対し、当時、次から次へと興隆していったネットビジネスで何よりも大事なことは、丁寧にものづくりを仕上げる、作りこむことよりも、とにかく高速でＰＤＣＡを回すこと。未完成で構わないから面白いものはどんどん顧客にぶつけてみる。そこから生じるクレームも含めて顧客からの様々な反応、データを材料としてさっさと次の手を打つ。意思決定も実行も階層的な指揮命令系統ではなく、ネットワーク的な関係性のなかでフラットに行われる。こんな乱暴でカジュアルな経営スタイルから数多くのメガベンチャーが生まれていった。技術についても自前主義には無頓着。何せ非常に高い人材流動性の中でゲームをしているので、どこからどこまでが自前技術なのか判別不能である。欲しい技術は人間ごと、あるいは会社ごと手に入れる。そしてダメだったらさっさと捨てる。シリコンバレーには「技術を買うな、人を買え」という技術経営に関する格言があるが、技術進歩が爆発的、不連続に加速する時代においては、今、この瞬間において傑出した個人を世の中から集める力、言い換えれば組織の新陳代謝力が、競争に勝ち抜く組織能力の有無を規定する。

片や堅くて階層的で重厚な種目を戦っていて、此方《こなた》ユルくてフラットでアジャイルな種目を戦っている、ほぼ正反対の種目と言ってもいい。本当に野球とサッカーくらいの違いがあったのだ。

野球では試合の進め方も攻守にちゃんとした区切りがあり、打順が定められ、守るポジションが決まっていて、監督からこと細かに指示が出てくる。ベースの近くにはコーチがいて、そこでも指示をくれる。プレーヤーは、それぞれの役割の中で技量を磨き、試合では決められたフォーメーションやベンチの指示に従うことが、いいゲームを展開する基本となる。しかし、ダイナミックで不定形な連続的チームゲームであるサッカーではそうはいかない。ずっと野球しかやってこなかった人が、次々と攻守が入れ替わり、役割が変化し、圧倒的に個々人の瞬間的、自律的な判断力やそれに必要な高度な専門技能が求められるサッカーに適応できるはずがない。野球の監督やコーチに、サッカーの監督やコーチが務まるはずもない。

終身年功型の組織で構成員の迅速な入れ替えができない日本企業（基本的な新陳代謝のサイクル、すなわち社員全員が入れ替わるサイクルは約40年）の多くは、ここで野球を長年やってきたメンバーを中心にサッカーをやらせる戦い方に出る。プロ野球選手になるような人材は普通の人よりは運動神経もいいし体力もあるのだから、頑張って練習すればそここまでは行く。当時、よく聞かれた「日本企業（大企業）には素晴らしい技術力がある、それを新しい事業領域でも上手に活かせば、ぽっと出のベンチャー企業に負けるわけがない」という大見得である。

しかし、相手は世界の中でもサッカーが得意な連中が集まり、サッカーの練習を積み重ね、サッカー向きのフォーメーション、会社のアーキテクチャになっているチームである。いくら運動神経がいいと言ったって、ジャイアンツの坂本やホークスの柳田が今からサッカーの練習を必死にやっても、欧州チャンピオンズリーグでメッシやロナウドと対峙したら全く勝負にならない。いざ、ピッチに上がるとボコボコにされてしまう。結果、世界ではGAFAやBAT、国内では楽天やDeNA、ソフトバンクなど、90年代初めの時点では小さくて若いベンチャー企業たちが新しい種目の勝者となっていった。

これが、私が間近で見てきた敗北の景色である。

1990年代以降、このような展開を前に「技術で勝ってビジネスで負ける日本企業」という形容がよくされたが、私はこの形容は間違っていると思う。もし本当に技術で勝っているのであれば、経営者さえ的確なビジネス上の戦略選択をしていれば、インターネット革命×モバイル革命フェーズにおける破壊的イノベーションの覇者はGAFAではなく、日本の大手通信会社やエレクトロニクスメーカーになっていたはずだが、私にはまったくそんな感じを持てない。ここで起きていた種目の転換は、日本企業の同質的、連続的、固定的な組織が持ちうる能力では対応しきれないくらいの変異幅だったのである。それを迅速に埋められなければ、どんな名指揮官にチームを委ねても、少なくとも新しいサッカー的な事業ドメインで勝ち目はなかったはずだ。その意味で従来型の日本的経営モデルは重大な欠陥を抱えていたのである。

半導体DRAM産業、EMS、ファブレス、スマイルカーブ化は分かっていたのに……

デジタル革命の波が押し寄せた産業には顕著にスマイルカーブ現象が起きることは1990年頃から認識され、経営学の世界でも論文などで取り上げられていた。次ページの図のようにバリューチェーン上で川上と川下のレイヤーは付加価値を生み、そこに特化できるプレーヤーは多くの付加価値を取り込めるが、その間に挟まるレイヤーの付加価値率は

スマイルカーブ

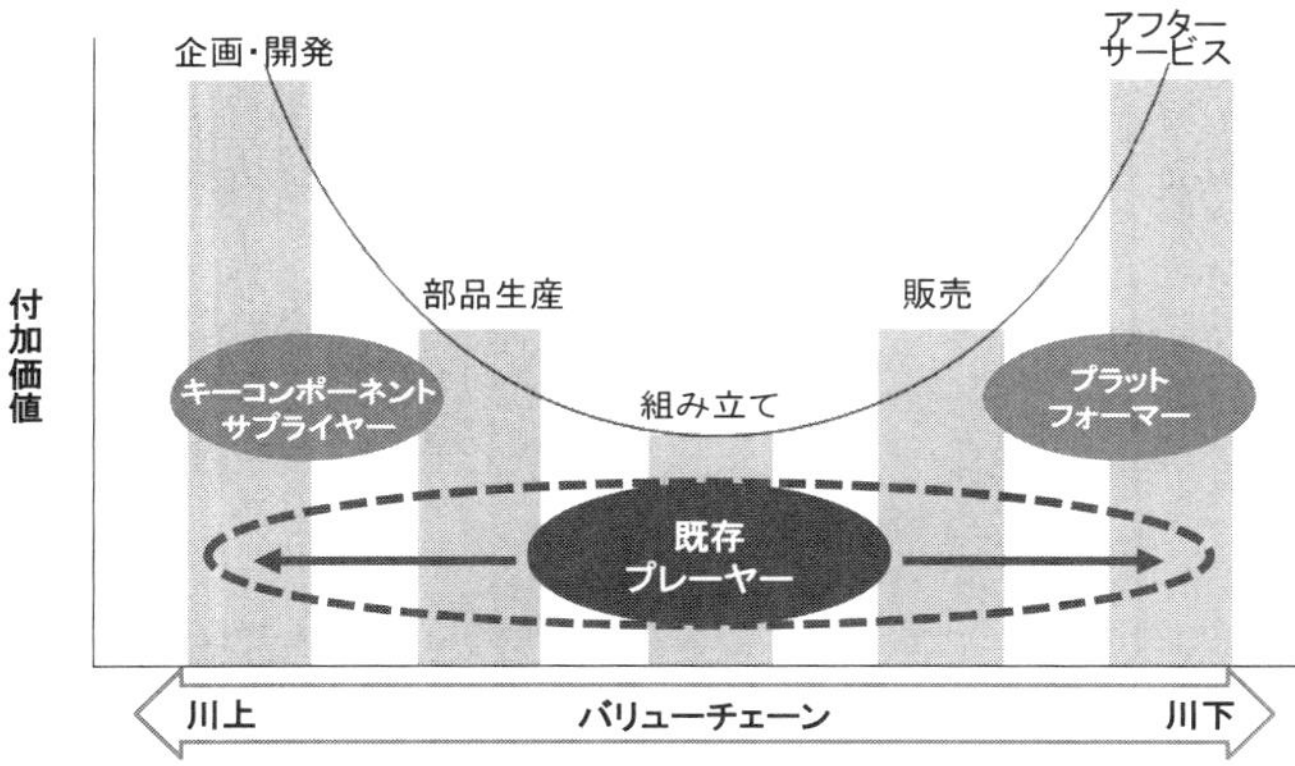

低くなるという現象である。スマイルカーブ化については後でまた詳しくふれるが、当時の半導体ビジネスの中でも同じようなことが起きつつあった。川上側の企画、設計、川下側の営業マーケティングは付加価値を生むが、間の製造工程、とりわけ労働集約的な後工程（前工程で集積回路を焼き付けたディスクを切って、繋いで、パッケージングして検査する工程）は付加価値を生まないレイヤーとなっていく。

この時期にいわゆるＥＭＳ（電子製造請負サービス）というビジネスモデルが米国と台湾を中心に勃興する。付加価値の低い工程を複数社からまとめて引き受けて購買も含めた規模効果を実現し、メインの生産拠点をできるだけ人件費の安いところ（当時は台湾や中国が中心）に移すことで、ローコストで請け負うというビジネスモデルである。その代表選手が台湾の鴻海やＴＳＭＣ（台湾積体電路製造）だった。こうした企業に生産工程を外注して自らはデザインやマーケティングに集中特化するファブレス戦略も、当時のキーワードになっていた。

１９９０年代の後半には半導体産業でもＴＳＭＣのようなＥＭＳ、あるいはファウンドリーと言われるビジネスモデルのプレーヤーが急成長し、日本の大手半導体メーカーたちもファブレスへの移行を検討していた。当時の私は携帯電話会社へのハンズオン立ち上げ支援がひと段落し、コーポレイトディレクション社に戻って戦略コンサルタントとして半導体ＤＲＡＭメーカーのファブレス戦略の仕事を手伝う機会に遭遇した。

法律上の秘密保持義務は切れているが、ややデフォルメして説明すると、そこでの論点は、ファブレス型のビジネスモデルに移行するか否かという大きな戦略的意思決定と、それがＧｏとなった場合にどのように実行するか、であった。

まず、一つ目の論点は時代の大きな流れの必然として、後工程はファブレスに移行するとなった。大手電機メーカーの戦略企画部門には米国のＭＢＡ持ちはごろごろいるし、私たちのような専門家を雇っているし、業界情報もたくさん持っているのでスマイルカーブのことも知っている。当然、頭の中では正しい結論に到達する。問題はそれをどう実行するかだが、具体的な選択肢は、①自社工場は閉鎖して従業員は希望退職を募るか配置転換に応じてもらうか、②後工程の設備と人材ごと台湾や米国のファウンドリー会社に移管するか、である。雇用第一優先で考えると一つ目の選択肢は難しいので二つ目となる。しかし、日本的雇用慣行、すなわち終身年功制の黙契を前提に長年、貢献してくれた従業員、まさにNHKの「電子立国日本」の立役者だった現場の従業員たちに、いきなり「事業環境が変わったから来月から皆さんは台湾のXXY会社に転籍してください」とは言えない。それもIBMとかジーメンスとかの世界的有名企業ではなく、新興企業のXXYなんてまだ誰も知らないのである。

経営陣と私たちはそこから「落としどころ」探しを始める。従業員が衝撃を受けず、移管後にひどい目に合わないためにはどうすればいいか……出てきた結論は、ファウンドリー会社と当初はこちらが圧倒的にマジョリティの合弁を作り、時間をゆっくりかけて合弁比率を変えて本体から切り離してファブレスに移行するというプランである。そのために最長10年の長期間にわたる複雑な手続きを定めた合弁スキームを作り、交渉し、まとめていき、会社も私たちもその結果に満足していた。
しかし、我が国の半導体ＤＲＡＭ産業のその後の経緯は、本書の前編となる『コロナショック・サバイバル』にも書いたように日本勢企業全滅への道を辿っていく。当然、多くの技術者や現場従業員の人生が暗転したはずだ。

デジタル革命の大波の直撃を受けた産業においては、ほんの数年で世界はまったく変わってしまう。そうなると、我々が選択したじわじわと時間をかけて次第にファブレスに移行するという、「あれも、これも」、ファブレスのようなファブレスでないような曖昧な戦略行動では生き残れないのである。まさにデジタルに「あれか、これか」の鮮烈な意志決定を迅速に行い、果敢に実行することが求められる。しかし、日本的経営、日本的カイシャモデルの意思決定と実行に関わる基本メカニズムは、「あれも、これも」の解決策を選択するように強烈なバイアスがかかる。破壊的イノベーションに対峙したときに、このバイアスは致命傷になる。まさにあっという間に殲滅されて多くの人々の人生も壊れてしまう。しかし、当時の私も日本的経営バイアスに飲み込まれ、半導体ＤＲＡＭ産業から日本企業（と多くの技術者たち）を駆逐する共犯者の一人になってしまったのである。

後知恵的に言えば、あの時の選択は二つに一つ。一気にファブレスに移行するか、全体でまだ半分以上の世界シェアを握っていた日系半導体DRAM事業をすべて名実ともに完全統合し、世界一生産量の大きいファウンドリーに自らなるか（2002年にエルピーダのトップに坂本幸雄氏が就任して遅ればせながらこの選択肢に近い形に到達するが、その後の経緯は『コロナショック・サバイバル』に書いたとおり）である。しかしあの時点ではそのどちらを選択する知力も影響力も私は持ちえなかった。

ちなみに2003年の産業再生機構のCOO時代、10兆円という大きな資本力を活用できる立場にいた私は、当時の経産省の幹部とともに後者の選択肢を別の産業領域で日本の電機メーカーに対して提案して回ったことがある。しかし、その時の会話は一様に以下のとおり。

メーカー「総論賛成。同じものをこんなにたくさんの日本メーカーが作って過当競争を続けるのはナンセンス。早めに統合すべきだと思う。でもうちはこの事業を売らないからどこか売り手を探してきて欲しい。前年比で成長していて、何とか黒字も出ていて、

こんな大きな事業を売却するなんて前代未聞。うちは意思決定できない」

冨山「じゃあどんな状況になったら売却、撤退できるんですか」

メーカー「そりゃあ、あの部門が大赤字になって会社全体の存続にかかわるようなことになったら意思決定できますよ」

果たして歴史はその通りの経緯を辿る。読者の皆さんにはこれが何の事業の話かはもう想像がつくだろう。そう、日本メーカーが実質的に発明、産業化し、一世を風靡した大型のディスプレイパネルである。日本的経営においては、ＣＥＯが正しいと考える戦略的決断も、よほどのことがない限り社内のコンセンサスが取れなければ意思決定ができない。私はここでもまた日本的経営の壁に跳ね返された。

「ソニーショック」は、なぜ起きたのか

デジタル化による産業構造転換のインパクトが世の中的に分かりやすく顕在化した皮切りが、２００３年４月の「ソニーショック」だったと思う。今にして思えば、あの業績急降下は、当時のソニーの事業ドメインの中心が、のちにＧＡＦＡと言われるデジタルプラットフォーマーのビジネスモデルによって真っ先に破壊されやすいＡＶ機器領域だったからである。以後、日本のコンシューマーエレクトロニクス産業は、次から次へとガタガタと音を立てておかしくなっていく。

トリニトロンテレビにしても、ウォークマンにしても、当時、ソニーのイノベーション力の源泉は本質的にハードウェア単体型商品の発明力にあった。これに対し２００１年に登場したアップルの iPod は一見、携帯型デジタルプレーヤーというハード商品だが、提供する付加価値の中心には iTunes というネットベースの音楽配信サービスプラットフォームの側にある点で、ビジネスとサービスのアーキテクチャがまったく異なっている。

要はスマイルカーブの右側、ユーザーインターフェースのレイヤーに iOS を基盤としたプラットフォームがあり、そのメニューとして iTunes が乗っかっているプラットフォ

ーマー型ビジネスがAV機器領域において一気に形成されていったわけで、これに対し、ソニーが持っていた発明力は有効に機能できなかったということである（この経緯については、拙著『ビッグチャンス』〔PHP研究所刊〕で詳しく書いている）。そして、デジタル製品の宿命としてハードウェアの単体ビジネス、ソニーの中で「エレキ部門」と呼ばれているビジネスモデルは猛烈なコモディティ化が進み儲からなくなる。

それこそ、当時のCEOだった出井伸之さんは、こうした構造変化とそのインパクトの大きさについて最初に気づいた人の一人だったと思う。そしてソニーという一見、イノベーティブに見えるが、その実は（当時で既に創業60年間近の）十分に古くて大きくなったニッポンの製造業型組織、いわばカイシャであるソニーの会社のカタチ、組織能力ではこの先戦えなくなることを予見して「デジタル・ドリーム・キッズ」というコンセプトを掲げ、取締役会改革、ガバナンス改革にも手を付け、まさにCXに挑戦しようとしていた。ただ、気づくのがあまりに早すぎて、まわりがついていけなかったのではないか。それがソニーショックから10年以上にわたり「第二のウォークマン探し」を続ける苦闘の歴史につながっていく。

実際、ソニーが苦戦している間に、米国のGAFAや中国のBATのリーダーとして世界を変えていったのは、まさに「デジタル・ドリーム・キッズ」（デジタル新技術で世界を変えようと夢みた若者）たちだった。

ソニーショックから17年を経た今、ソニーは直近決算でEBITDA（営業キャッシュフロー）1兆2000億円を叩き出す高収益企業になっている。その内実をみると主に収益を生んでいる事業は、「ゲーム」「金融」「映画コンテンツ」「CMOSセンサー」であり、結果的に見事にスマイルカーブの両端にポジショニングしている事業群である。「伝統的な中核事業であるエレキ事業の復活と成長の戦略が見えない」「第二のウォークマンが出てこないソニーはソニーではない」などと批判するトンチンカンな、あるいは昭和の郷愁から逃れられない輩がメディアにもソニーOBにもたくさんいるが、今さら第二のウォークマン探しにソニーの未来はないことは明らかである。

日系企業の課題（経済産業省の資料より）

徐々に伸びる世界経済

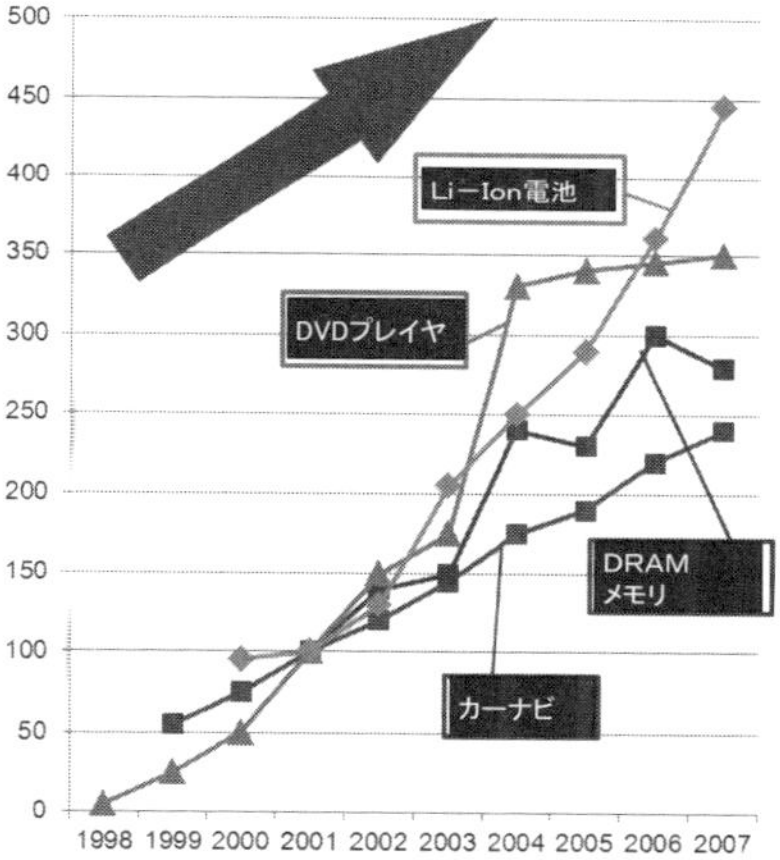

(100 based on 2001)

日系企業の市場占領率の低下

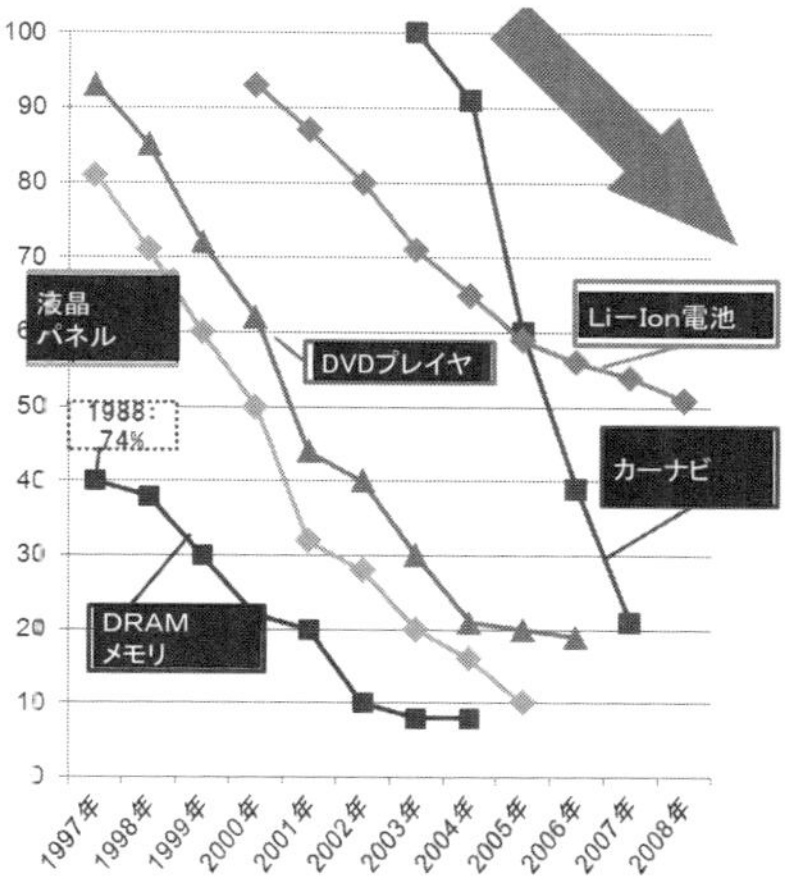

(Source) Industrial Structure Council, Industrial Competitiveness Committee (extract from METI 2010)

日本の携帯メーカーがスマホ時代に敗れ去った本当の理由

1990年代以降、DVD、液晶テレビ、リチウムイオン電池……当初は時代を画する大型商品になると期待されて登場した新商品たち。そのほとんどは日本のエレクトロニクス産業が高い技術力で世に送り出したものだ。しかし、その商品が本格的な成長期に入ると前のページの図表のように日本のメーカー群の世界シェアは下がって、成長の果実は韓国、台湾、中国などの新興国に持っていかれる。

この背景には前述の半導体のように日本のメーカーの多くが同じ事業に参入し、中途半端な規模のまま国内で過当競争を繰り広げ、結果的に全体として国際競争力を失うという構図があった。ここにも日本的経営、日本的カイシャモデルの呪縛が作用していることは、まずトップレベルでの意思決定バイアスという観点から述べたが、そもそも最初のところでなぜ同じ商品を皆が作り出すのか、についても日本的カイシャモデルの必然性がある。

日本的カイシャモデルにおいては、人件費は圧倒的な固定費である。もちろん工場設備は固定費であり、構造的に大きな固定費を抱える会社のカタチになる。すると確実にそれを稼働させることに傾倒するわけで、世の中的に次の大型商品になると皆が期待しているものにすべての企業が向かっていくことになる。もちろんそれをやると価格競争になるので、最終利益は薄くならざるを得ない。下手をすると赤字になる。しかし限界利益さえ出ていれば固定費を薄めてくれるので、やらないよりはましということになる（同じくこの論理で参入後の継続的な低収益も正当化される）。そして事業参入の起案書には、市場が成長することで規模の効果でやがてコストが下がり利益がどんどん増えるというストーリーが描かれ、成熟期にはトップシェアで自分たちが生き残っていて残存者利益を持続的に享受できるという話になっている。

私の経験では、限界利益ベースで行動様式を決める性癖は、トップよりもリアルに固定費と対峙している事業部サイド、現場の工場や営業サイドで強烈である。したがって日本的なボトムアップ型の意思決定プロセスにおいては、ますますこの薄利多売戦略バイアスはかかる。ストーリー自体は、１９８０年代までは有効だった「経験曲線戦略」「ＰＰＭ戦略」と重なり、その成功イメージを組織全体が記憶しているためにすんなり通ってしまう。私は社外取締役としてこの手の戦略案を止めたことがあるが、それこその場の空気の凍り方は大変なものである。「お前はなんてことを土壇場で言い出すんだ」という反応である。

ここに伝統的な産業政策バイアス、すなわち国も支援して研究開発コンソシアムを組成していると、関係した企業が「護送船団方式」さながらに揃って参入するから、もうどうしようもない。みんなで同じ事業をやるのだが、かと言って日本的カイシャはそれぞれに独立的、排他的共同体生態系なので、一つの事業体ではやらない。それぞれ別個にほぼ同じことをやって、過当競争、低収益、国際競争力喪失という負けパターンをバカの一つ覚えのように繰り返す。

しかも、デジタル革命の進展で、ハード単体のもの売りビジネスのコモディティ化はあっという間にやってくるので、当初の巨額の開発費、設備投資を回収する間もなく負けパターンに陥り撤退に追い込まれる。

このコモディティ化パターンの最近の華々しい敗北例が携帯電話の端末機ビジネスのようにも見えるのだが、実はここではもう一つ別の大きな原因が存在する。

２０００年代前半までは、日本の携帯電話サービスは、サービス面でも、端末機ビジネスの面でも世界のトップ集団を走っていた。しかし、２００７年にアップルによるiPhone が発売され、グーグルがモバイルサービス向けの Android OS を発表した時期から一気に劣勢に立たされる。日本ではこの現象をモノの優劣で理解したがるので、ガラケーというプロダクトがスマートフォンというプロダクトに負けた、という理解をしたがる人が多かったが、それは正確ではない。

モノという意味合いでは、スマートフォンという概念ははるか以前から存在し、全面液晶で多機能化した携帯端末機という意味では、日本のメーカーは世界でおそらく最初にスマートフォンを作っていたのである。１９９６年にはパイオニアが日本の携帯電話ビジネス拡大の草創期、デジタルフォン向けに全面液晶の電話を出していたのだ。

さらに日本の携帯電話産業は、１９９９年にはＮＴＴドコモが世界に先駆けてｉモードという本格的なインターネットを利用するプラットフォームサービスを開始していた。私が立ち上げ支援を行っていたデジタルツーカーグループもその少し前にＪスカイウォーカーというインターネット接続サービスを開始し、２０００年には携帯端末機にカメラを搭載して写真をメールでやり取りできる「写メール」というサービスも開始している。

こうした事が次々と可能だったのは、前述したとおり、ＮＴＴを中心にＮＥＣ、富士通などの旧電電ファミリーやパナソニック、ソニー、パイオニア、シャープといった高い技術力を持つエレクトロニクスメーカー群が存在したからである。例によってだが、モノの発明の領域ではいったん世界をリードしたのだが、問題はこの先である。
　ここでも多数の携帯電話メーカーが乱立して国内で過当競争化するといういつもの問題は多少あったのだが、もっと決定的だったのは2007年のiPhoneとAndroid OSの登場で、日本メーカーが戦ってきた競争の土俵、産業アーキテクチャを根こそぎ変えられてしまったことである。

　もともと携帯電話ビジネスの産業アーキテクチャは、携帯電話キャリア（NTTドコモやAU、ソフトバンクモバイルのような通信インフラ会社）が頂点に立ち、ハードもサービスもキャリアが指定する基本スペックに合わせて各携帯電話メーカーが端末機を開発し、キャリアに対して卸売りするという構造だった。だから、携帯電話を作るメーカーにとっての顧客はキャリアだったのである。そして携帯キャリアが、パナソニック（当時は松下通信工業）製なら「ドコモのP」として実際の最終ユーザーに販売していた。この構造は多かれ少なかれ世界共通ではあったが、私の知る限りNTTドコモを筆頭にキャリアの支配力、縛りの強さに関しては、日本はトップレベルだったと思う。その代わり、サプライヤーとして採用する以上は、キャリアはメーカーに悪いようにはしない、という、日本的な元受けと下請けの系列取引的な相互依存関係も成立していた。メーカーが乱立していても直接Ｂ２Ｃで競争しているわけではないので、値下げ競争のダメージを直接受けるわけでもない。結果、少なからずのエレクトロニクスメーカーにとって、国内通信キャリア向けの携帯電話ビジネスは安定的に収益を稼げる中核事業の一つになっていった。

アップルによる携帯端末機ビジネスのアーキテクチャの大転換

そこに出てきたのが、スティーブ・ジョブズという天才だった。彼は iOS をキャリア共通のインターネット上の種々のソフトウェアサービスやコンテンツを利用するためのＯＳプラットフォームとし、２００７年６月、それを実現するハードウェアとして iPhone という全面液晶の携帯端末を発売する。これは従来からの iPod と iTunes との組み合わせを完全にユビキタスな空間に拡張、解放するサービスアーキテクチャである。

つまりは、端末機メーカーがキャリアに合わせるのではなく、キャリアが iOS と iPhone というパッケージを採用するかしないか、を迫るビジネスモデルである。これは、従来の携帯電話の産業アーキテクチャを根こそぎ変えるものだった。携帯キャリアを頂点とするヒエラルキーが壊れることはもちろん、キャリアフリーになるということは国境もフリーとなることなので、国ごとキャリアごとに比較的セグメント化されていた携帯端末機ビジネスが、新しいアーキテクチャにおいては同一商品を一気に世界同時に販売できるという点で、地理的な意味でも従来の構造を破壊することを意味していた。

アーキテクチャは無形だから、目に見えない。無形の構造やヒエラルキーなので、物質化されたモノ視点だけで理解することはできない。だから、モノを基本単位とした世界認識しかできない人間にとって、アーキテクチャが変わるということを、手触り感をもって理解するのは難しい。特により上位概念、全体概念として理解するのは、抽象化能力も求められるので、難しい。日本的カイシャのなかで自然に育っていくタイプの人材は、モノづくりに強く、ディテールに強く、緻密な作りこみに強いタイプであり、どちらかと言うと全体アーキテクチャを根こそぎゼロベースで考えるのは苦手な人が多い。しかし、ジョブズのようなタイプの人間からすれば、そもそもどんな世界を好きか、どんなことができたらクールか、自分の思い通り（誰にも邪魔されずに）にクールな世界を実現するにはどうすればいいか、から入るので、自然にアーキテクチャ発想こそが重要となる。

そして、アーキテクチャを誰かに大転換されると、日本企業は窮地に立たされる。それがまさに、携帯電話の世界で起きたのだ。

グーグルもアーキテクチャの戦いに参戦――ここでもまた日本企業の組織能力の限界が！

サイバー空間へのメインゲートウェイがＰＣからスマホにシフトしていく流れの中で、グーグルにも同じようなアーキテクチャ転換発想はあったようで、２００５年にＯＳ開発ベンチャーだったアンドロイド社を買収している。そして２００７年11月にアップルのiPhone-iOSというソフトとハードのクローズアーキテクチャに対抗して、クワルコムなどと組んでオープンアーキテクチャのモバイルインターネットサービスの標準ＯＳとしてAndroidを発表する。

アンドロイド社買収後、一部にはグーグル自身が携帯端末機ビジネスに参入か⁉というう見方もされたが、彼らは端末機というハードではなく、ＯＳを軸としたソフトウェアサービスプラットフォームを取りにいくアーキテクチャ戦略を選択した。ある意味、かつてＰＣにおいて、アップルのマッキントッシュがハードとＯＳがセットになったクローズな仕組みだったのに対抗して、マイクロソフトとインテルが組んでウィンドウズという、ソフトウェアベースのオープンアーキテクチャのサービスモデル、ビジネスモデルで対抗し、結果的にアップルのモデルを駆逐したのと近似したアーキテクチャ戦略を極めて迅速に展開したのである。

ただ、この戦いを振り返ってみると、アンドロイド社は誰でも買収できるチャンスはあったし、クワルコムと組むチャンスも同様である。日本企業にもチャンスがあったということだ。しかし、結果的に日本の携帯端末機メーカーはこのアーキテクチャ転換のゲームにはほとんど参画することはなかった。それどころか、変わってしまったルールの新しいゲームに対応することも出来なかった。Android OS の登場で iPhone の外の世界までもが一気にキャリアフリー、国籍フリーなＩＴ端末ビジネス、すなわちグローバルＢ２Ｃビジネスへと転換してしまう。そうなると、世界でもっともソリッドに携帯キャリア向けのＢ２Ｂモデルで、しかも日本市場を中心にビジネスをやって来たパナソニックを始めとする日本のプレーヤーは一気に窮地に追い込まれる。典型的な「イノベーションのジレンマ」の罠にはまっていったのだ。

その一方で、アーキテクチャ転換に迅速に対応し、グローバルＢ２Ｃビジネスとしてサムスンやシャオミが大躍進していく。サムスンは古いアーキテクチャの時代から携帯端末機ビジネスをやっていたが、自国の市場が大きくないだけに、もともと意識としても組織能力的にもグローバル指向だったことがこのアーキテクチャ転換についていけた大きな要因だったように思う。

転換に乗り遅れたのは、日本のメーカーだけではない。例えば、それまでのグローバルチャンピオンだった北欧のノキアもそうだ。だが、彼らがすごいのは、いつの間にか、さっさと交換機メーカーへとトランスフォームしてしまったことである。これも詳しく後述するが、実はノキア自身、もともと携帯電話の会社だったように思う。まったく違う生活用品の会社からポートフォリオを入れ替えながらやってきた会社であり、事業ドメインをしたたかに柔軟にシフトする組織能力が高い企業なのである。もともと柔らかい企業構造を持っているので、こうした変化には強い。逆に非常に固定化したコーポレートアーキテクチャ、カイシャ型になっている日本のメーカーは否応なしに窮地に陥ってしまったのである。

日本型組織の得意技は、アーキテクチャの上部構造の基本ルールの枠の中で詳細を作りこみ、洗練し、精緻化することである。これは高度成長期の成功モデルもしかり。誰かにアーキテクチャ、基本スペックを決めてもらい、それを詳細に作り込むのは得意なのだ。ソフトウェア技術についても、組込みソフトのような下位レイヤーのソフト開発能力は高いが、上位のアーキテクチャデザイン力によって世界を席巻する標準ソフト開発に成功した事例は少ない。

アーキテクチャそのものを創造しゲームそのものを変える、あるいはアーキテクチャが転換したときにそれに迅速的確な対応する、といった、今や多くのビジネスドメインにおいて本質的ゲームとなりつつある種目、すなわちアーキテクチャを巡る戦いにおいても、やはり従来型の日本的経営、日本的カイシャは組織能力的な限界にぶつかるのである。

カネボウ事件などで表出した根本病理を特殊事例にしてしまった

産業再生機構時代、かつてのエネルギー産業の覇者である三井鉱山、繊維産業の覇者であるカネボウ、そして小売業の覇者であるダイエーの再建に関わり、こうした元トップ企業の転落や不祥事の背景にも、日本型カイシャシステム、日本型ガバナンスに構造的な欠陥問題があると考えるようになっていった。そのことをまとめて書いたのが、今でも多くの方々にお読みいただいている『会社は頭から腐る』（２００７年、ダイヤモンド社刊）である。しかし、当時の経済界の集まりでそういう話をしても、平均的な反応はこういうものだった。

「カネボウは特殊な事例。うちはそんなことはない」
「オイルショックの時もそうだったが、環境変化にスピーディーに対応できるのが我々を含めた日本企業一般の強み、もっと勉強しろ」
「ダイエーの問題は、中内さんの個人の問題。一般化すべきではない」

要は自分たちの会社はガバナンスをはじめ、しっかりした会社であって、あんなことは起きるはずがない、という反応だ。ところがその後、そう言い放った会社自身がデータ偽装問題や不正会計事件を引き起こしていったりした。カネボウ型のガバナンス不全が例外的ではない、どこでも起きうるという認識がようやく経済界で一般化したのは２０１７年の東芝不正会計事件あたりからだ。

さらに、ＩＴベンチャーが国内外で次々と出てくる中でも、こんな声があった。

「ベンチャー企業や新興国企業などというところとは蓄積された技術力が格段に違う。我々が本気で『選択と集中』をやって戦えば負けるはずがない」

ところが、そこからインターネット革命はさらに進み、ＧＡＦＡはもちろん、韓国や台湾などの新興国企業とも決定的な差がついてしまった。自分たちの古い会社のカタチ、行動様式、組織能力では戦えないゲームに変化していることに気づかなかったのか、うすうす分かっていても「見たい現実を見た」（カエサル）のか、残念ながら私の忠告に真剣に耳を傾け、本気でコーポレート・トランスフォーメーション（ＣＸ）に取り組もうという会社はけっして多くはなかった。

ちなみにカネボウ的な病理構造のアカデミックな分析については、産業再生機構から派遣されてカネボウの社長、その後は日本最古の株式会社である丸善の社長として同社の再生・ＣＸ・再編を主導した小城武彦氏（現在は後で詳しく説明する〔株〕日本人材機構の社長）が、東大大学院における博士論文を書籍化して、２０１７年に『衰退の法則　日本企業を蝕むサイレントキラーの正体』（東洋経済新報社刊）を出版している。学術的な検証作業に基づいたさすがの力作である。

いずれにせよ、バブル崩壊から10年あまりを経た頃には、せっかく問題の本質があちこちで表出していたのに、大勢としての日本の経営者たちは、「見たい現実」を見続け、共通の根本病理を特殊事例として片づけてしまったのである。

『コロナショック・サバイバル』でも取り上げたが、そんな空気のなかで真面目にＣＸに取り組む姿勢で社外取締役就任の声をかけてくれたのが、オムロンの立石義雄会長（当時）と作田久男社長（当時）である。立石さんは、今年の４月21日、惜しくも新型コロナ肺炎で急逝されたが、私が持っていた問題意識、ＣＸ仮説について、その実践、実証に参画する機会を頂けたことについて、この場を借りて深い謝意を表するとともに心よりご冥福をお祈り申し上げたい。オムロンにおける10年間の経験がなければ、自分は古い日本的経営からの決別とその先のＣＸの必要性を、ここまで自信満々で主張できなかったと思う。

日本的経営信仰がバラまいた残念な言い逃れ
――長期的成長vs短期的利益、三方良しvs株主至上主義、そして5重苦、6重苦

１９９０年代以降、日本のグローバル大企業が低成長、低収益期に入ると、様々な「言い訳」議論を日本的経営信者たちが振り回すようになる。

まず、日本的経営全盛の時代から、今日までしぶとく出てくるのは、日本企業は今のところ低収益だが、その分、米国や欧州の企業よりも人材や技術に長期投資しているので、長期的には自分たちの方が成長性も持続性も勝るはずだ、という「長期的成長vs短期的利益」のトレードオフ論である。しかし、次ページの図表を見て欲しい。日本企業は欧米企業と比べて低収益（ＲＯＳが低い）なのはその通りだが、過去30年間の「長期的」事実として、日本企業は売り上げランキングであるフォーチュン５００からもどんどん姿を消し、約３分の１に減少している。他方、欧米企業は1～2割しか減少していない。短期的利益を追いかけて長期的成長をしないはずの欧米企業の方が日本企業より成長しているのだ。

世界経済における日本企業の地位

◆グローバル競争の中で日本経済・企業の地位が低下

フォーチュン・グローバル500社の国別構成

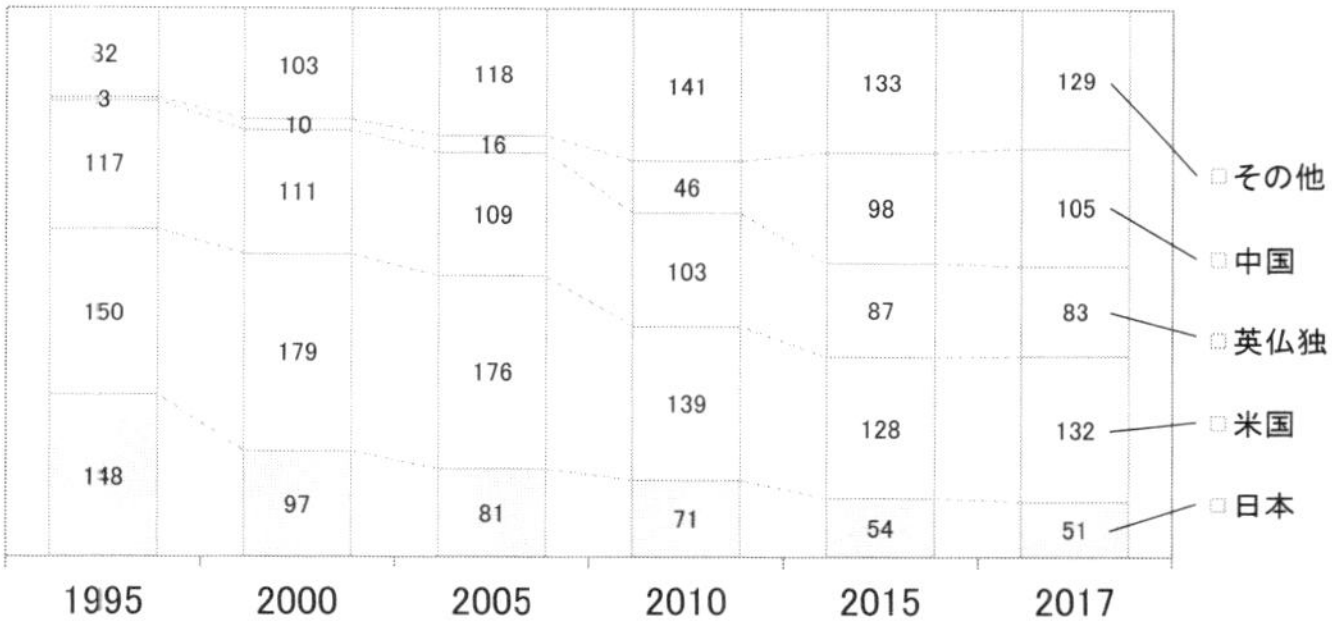

出所：Fortune

これは論理的にも当然で、投資というのはキャッシュフロー上の概念であり、長期的でリスクのある未来投資の原資として相性がいいのは、既存事業がたたき出す営業キャッシュフロー（ＥＢＩＴＤＡ）である。高収益企業ほど資金源が豊富であることは当然で、潤沢な未来投資を持続的にできる。長期未来「投資」（キャッシュ）と短期的「利益」（Ｐ／Ｌ上の会計利益）を混同した主張をしている時点で、その人たちの経営的リテラシー、知性の低さは明白である。

次に出てくるのが日本的経営は幅広いステークホルダーのことを考える「三方良し」経営（昔の近江商人における、売り手良し、買い手良し、世間良しであるべしという商哲学）をやっているので、低収益で低成長でも、株主至上主義で自分の事しか考えない米国企業よりもよほど世のため人のためになっているという言い訳。これまたトンチンカンな話で、そもそも付加価値の厚み、すなわち稼ぐ力がなければ、様々なステークホルダーに分配する原資がない。成長できなければその原資はますます先細る。競争市場のなかで、他社よりも顧客が高く評価する付加価値を創造し続ける力がなければ「三方良し」以前の予選敗退なのである。

また、現在の米国上場企業における株主中心主義の嚆矢は1974年のエリサ法（従業員退職所得保証法）の制定であり、これは米国企業の業績不振で株価が低迷していたために破綻の危機に直面していた企業年金制度を立て直すためにできた法律である。高齢退職者の生活保障という、まさに社会貢献がその原点にあるのだ。もちろんその本旨と米国の現状に大きなギャップが生まれていることは認めるが、単純な「善人（三方よし）vs悪者（株主主義）」的な話ではない。こんな稚拙な二項対立論で分かったような気になっている連中は、あまりにも勉強不足である。

そして最後によく主張されたのが、5重苦、6重苦論だ。不良債権の問題にしてみたり、為替の問題にしてみたり、雇用の解雇規制の問題にしてみたり、法人税が高いせいにしてみたり、要するに他責の論理。自分たちの調子が悪いのは世の中に原因があるのだという話で、これはほんとつい最近までグローバル大企業の経営者たちが大論陣を張っていた。

しかし、たとえば為替要因などというのは、今どき真のグローバル化に成功した企業にとっては関係がない。営業も開発も生産もグローバルに展開し、昔のようなシンプルな加工貿易輸出モデルではなくなっているのが現代のグローバル企業だ。円高になって日本からの輸出採算が悪くなっても、グローバルサプライチェーン全体で見ると、むしろ交易条件的にプラスに働く部分の方が大きい場合は少なくない。また、海外の現地法人での稼ぎが大きくなっていくなかで、円高に振れて会計上の利益が円ベースで減るように見えてもドルベースでは利益は増えているし、キャッシュフローも多くはドルでの入金なのでここにも影響はない。海外の投資家はドルベースで見るから、円高になってもドルベースの株価は下がらない。

同じことが法人税についても言える。現在の国際法人税課税は利益を生んだ国で税金を払うルールになっており、人口減少と過当競争で儲からない国内の法人税の高低は利益、キャッシュフローの両方にほとんど影響を与えない。第二次安倍政権がスタートした直後、政府税制調査会で法人税引き下げが議論されたとき、「法人税を下げると日本企業は競争上有利になり、世界中の工場が日本に戻ってくる。弊社も1兆円規模の設備投資を国内で行う」という大演説をぶつ経済人がいた。企業にとって、世界の中における工場立地の決定に際し、法人税は最重要な要因ではない。グローバルサプライチェーンの全体戦略の中で決まってくる話である。私は「本気で言っているのかな。だとしたらこの人が経営している会社大丈夫かな？？」と正直思った。また「日本企業が有利になる」という政策効果も、上述のグローバル企業モデルと国際課税ルール的に大いに疑問符で、政策として考えた時に法人税を下げるのは日本の立地競争力強化の議論に過ぎない。法人税を下げる目的は、国籍を問わずより多くの高賃金の良質な雇用を長期にわたって生んでくれる会社が日本で活動することを目的にしているのだ。そんなことも理解できないこの人の知性ってどうよ？？と思っていたら、この方が経営していた会社は数年後、巨額の不正会計と経営危機にみまわれることになった。

実は解雇規制も同様で、第一にグローバル競争の勝ち組ならば、GDP世界比で6％程度しかない日本よりも海外における活動比率、人材比率が高くなっているはずで、国内の解雇規制が決定的な意味を持っているという話はおかしい。また、国内についても、私は今の日本でもっとも多くのリストラ事案を経験してきた一人だが、経営者が腹を据え、労働組合とも腹を割って話し合い、手遅れにならないうち、すなわち働き手に次の仕事を探す時間とお金の余裕を与えられるうちに、あるいは事業譲渡という形で「集団転職」する選択肢があるうちにリストラを進めれば、人員削減はそれほど難しいことではない。もちろん軋轢《あつれき》は必ず起きるから、罵詈雑言《ばりぞうごん》を浴びせる人もいるし、訴訟も起きるし、メディアで叩かれることもある。しかし、それでビビッて決断が遅れ、曖昧な先送りを続けるから最後に多くの従業員の雇用と人生を破壊する大きな悲劇になるのだ。結局、解雇規制のせいにする経営者は、自分はその軋轢の前面に立つ勇気がないと言っているに等しい。

アベノミクスの評価には色々あるが、少なくとも大規模な金融緩和で円安基調になったことと法人税改革で、かつての財界の日本的経営信者がよく使っていたこの手の言い訳の主要なものが減ったこと、そしてガバナンス改革を後押しして経営者が社外取締役、株主、さらには世の中のステークホルダーという「ボス」の目を意識して経営するような流れを作ったことについては、非常に高く評価すべきだと思う。

「日本的経営」が日本の文化的伝統に根ざすという滑稽なる欺瞞

私はこの20年間にわたり、日本的経営や日本的経済システムについて経営者としても言論者としても批判を続けてきた。そのせいで「日本的経営やそれと連なる経済社会システムはこの国の古来からの伝統に根ざしている。一つの会社で長年忠勤するのは日本的な美徳だ。一所懸命、一生懸命と言うではないか。長幼の礼もしかり。だから会社もその人を家族同然に大事にする。男子は会社で仕事に励み、女子は家庭でそれを助け子供を産み育てるのが日本人の正しい生き方だ。日本的経営、ニッポンのカイシャのあり方はまさに日本の醇風美俗と合致しているからうまくいったのだ。それを否定するのは日本という国を分かっていないからだ」という反論もたーくさん受けてきた。

冗談じゃない。戦前の日本において日本的経営が主流ではなかったことは既に述べた。そこからさらに遡って江戸時代。当時の現代劇である歌舞伎の世話物をみても、そんな行儀正しい、秩序だった日本人の姿は見えてこない。「白波五人男」「弁天小僧」で有名な「青砥稿花紅彩画《あおとぞうしはなのにしきえ》」にしても、名セリフ「こいつぁ春から縁起がいいわえ」の三人吉三《さんにんきちさ》にしても、世話物の登場人物たちはたいてい町人階級、農民階級の言わば庶民で、職場は流動的だし、働き者は珍しいし、女性はほとんどが働いていて専業主婦なんて滅多にいない。色とりどりで情感豊かで本音丸出しのぶっちゃけた日本人像が浮かび上がってくる。現代劇のヒットの根っこはいつの時代もリアリティ、いわゆる「あるある感」である。あの登場人物たちの姿、行動様式が、まさにあの時代における圧倒的多数の日本人の文化風俗なのだ。

日本的経営文化起源説論者が言う清く正しいサラリーマンとその家族の生き方は、おそらく士族階級の宮仕えの世界に近いイメージ（カイシャ＝藩）である。歌舞伎の時代物と言われるジャンルには、そこで忠義だの身分の上下だのに縛られて起きる悲劇を題材にしたものが多いが、当時の士族階級の人口比は5％程度だったようで、歌舞伎の主な観客である一般庶民の日常からすれば「お武家さま」のお話はほとんど雲の上の世界。「菅原伝《すがわらでん》授手習鑑《じゅてならいかがみ》」の四段目「寺子屋」で、主君への忠義の板挟みに悩む登場人物が「せまじきものは宮仕え」という名セリフを絞り出すシーンがあるが、これをみている庶民の心持ちは、気の毒になあという同情の一方で、あんな堅苦しい士族の「サラリーマン」階級なんぞになるもんじゃない、おれら町民でよかったわ、という感じだったのではないか。

一所懸命、一生懸命にしても歴史的には鎌倉時代の御家人による幕府に対する忠誠と幕府による本領安堵の保証という双務的な合理的契約関係が背景にある言葉だ。その後の南北朝時代の動乱にしても、戦国時代にしても、武士階級がやっていることは極めて功利的、利己的で、君主を変えることは珍しいことではなく、裏切り寝返りも日常茶飯事である。

まあ、町人も武士も隔たりなく現代に通じる「伝統」と言えるのは、仲間思いで根は真面目というところぐらいではないか。

繰り返すが、日本的経営神話には数多くの欺瞞がちりばめられている。もう弥縫策では持たない。いったんそれをバラバラにして、これからも使えるもの、もう使えないものを腑分けし、使えるものと新しい時代を構成する要素とを整合的に組み合わせ。新しい調和の体系を根本から作り直す、そういうタイミングが来ているのである（20年以上前から）。

日本的経営からの決別宣言――経営者よ破壊王になれ！

ここまでしつこいくらいに分析、解説してきた通り、日本的経営、日本的カイシャなるものは、合理的に形成され、合理的に機能するようになり、やがて合理的に機能しなくなった。ところがそれが1960年ごろに確立してからの30年間の成功があまりに華々しかったために、その仕組みを微分した個人の生き方に対しても、積分した社会システムに対しても、整合する仕組みがビルトインされ、システムとして甚だしく固定化してしまった。最後には日本人の心だの文化だのと、訳の分からない倫理性、規範性さえ持たされてしまった。

この30年間に度々やってきた経済危機の中で、今回のコロナショックは最大級の破壊性を持っている。この破壊的ショックに乗じて、すべての経営者、企業の大中小、伝統企業とベンチャー企業とを問わず、日本的経営なるものからの完全決別を宣言し、その宣言を実行に移すべき時である。大丈夫、合理性に起因するシステムを合理的にぶち壊しても、この国の伝統的な美点や文化は壊れやしない。破壊側と被破壊側のガチンコのせめぎ合いの中から新たな日本的なるものが必ず生まれてくる。むしろ昭和の一時うまくいった仕組みにしがみついて、稼げなくなり、飯が食えなくなったときに文化や伝統は壊れていく。真の創造、経営的イノベーションは破壊なくして成しえない。人類の社会的進歩の歴史は革命の歴史であり、革命とは破壊と創造である。中大兄皇子や藤原鎌足しかり、源頼朝しかり、織田信長しかり、そして大久保利通や西郷隆盛しかり、破壊役を担った人物の心には鬼が住んでいる。将来世代のためにも、経営者世代の私たちは心を鬼にして破壊王世代になるべし！

第2章

両利き経営の時代における日本企業の現在地

戦略は死んだ――戦略は組織能力に従わざるをえない時代

前章でも紹介したカネボウ、ダイエー、そして我が国のフラッグキャリアとして航空産業トップに長年君臨した日本航空。それ以外にもエレクトロニクス、通信、半導体、液晶、金融、住宅、不動産、外食、宿泊施設など、企業再生の専門家として、ある時は管財人的な立場で、ある時は買収者、経営当事者として、またある時は経営コンサルタント、財務アドバイザーとして、社外取締役として、私たちは数多くの有力企業の栄枯盛衰、とりわけ業界の覇者の交代劇に深く関わって来た。

マスコミ報道などでは、最終局面における色々な問題、病理が顕著に報道され、不正会計や経営者の暴走など、スキャンダラスで固有名詞的な話題に注目が集まり、「まとめ」や「処方箋」には、経営体制を一新するとか、経営者への権力集中を是正するとか、監査機能を強化するとか、お定まりの文句が並ぶ。最近のカルロス・ゴーン事件も同様だ。しかし、いわば企業の「主治医」として患者の今後のＱＯＬに責任を持って事案に対峙する立場からは、さらにその背景にある根本的な病原に注目がいくわけで、そこではそんな常套文句、間違ってはいないが表層的な対症療法では、病気は再発するとしか思えない。ガン、循環器障害、肝機能障害、糖尿病……それぞれ背景には罹患しやすい因子、生活習慣であれ、遺伝子であれ、が存在するはずで、そこまで掘り下げないと、経営的な現実たる本質には到達できない。

かかる思考と観察から毎回対峙する根本的な問いは、次の通りである。

なぜ、圧倒的な顧客基盤と経営資源を有するナンバーワン企業の多くが、時代の変化、取り分け破壊的イノベーションの波に飲み込まれ、甚だしい衰退に追い込まれるのか？

どの業種でも、既存の有力企業たちは、当然のことながら圧倒的な顧客基盤、ブランド、設備、技術、人材、資金力、そして情報を持っている。今どき、いわゆる戦略論的なフレームワークは数多く出そろっていて、それらを駆使、あるいはコンサルティング会社の力を借りれば、既存の有力企業が戦略案として的確なものを作ることは難しいことではない。私自身も、30代まではいわゆる戦コン（戦略コンサルタント）をメインの仕事にしていたので、先述のファブレス戦略だけでなく、デジタル革命の大波が押し寄せてきた90年代に数々の「的確な戦略案」作りに関わった。今、思い出しても、その多くはその時点においてやるべき事としては正しかったと思う。

しかしである。現実論として起きたことは、一つは今まで繰り返してきたように、その企業が持っている組織能力、組織構造では実現の難しい戦い方が求められるので、正しい戦略は現実化しない、あるいは競争相手（典型的には新興企業）に劣る戦い方しかできない。もう一つはいわゆる戦略計画の時間軸（概ね中期経営計画と呼応する3〜5年くらいのタイムフレーム）よりも速いテンポで環境変化が起きるために、ナイスな戦略計画がすぐ大幅な見直しやピボットを迫られてしまう。結局、戦略作りに時間とエネルギーとお金をかけてもあまり意味がないのである。

1962年、経営学者チャンドラーは名著『組織は戦略に従う』を著した。これはGMやスタンダードオイルなど、当時の米国トップ企業の事業部制を中心にした研究に基づく著作で、要は環境に適応した正しい戦略に合わせて組織づくりを行うべしという説である。これに対し、１９７９年に経営学者アンゾフは、多角化において組織の抵抗によって戦略に適合した組織づくりは難しく、むしろ組織能力、組織特性に合わせた戦略を構築すべきとして、「戦略は組織に従う」というコンセプトを提唱する。

私の実感で言えば、破壊的イノベーションの時代の今日、おそらくどちらの概念もうまく機能しない。戦略的ピボット、戦略的変異の幅が極めて大きくなってしまうと、アンゾフの指摘通り、組織はそれについていけなくなり、戦略は絵に描いた餅になる（30代の私がピュアな戦略案作りで描いたプランの多くがこのパターン）。その一方で現有の組織能力の変異可能性の範囲で戦略を描いても、破壊的な環境変化には適応できず、まさに破壊される戦略になってしまう危険性もある（私が40歳の頃、半導体のファブレス戦略で失敗したのが典型例）。結局、組織能力自体をもっとも重要な経営対象として、その可変性を大きくしない限り、持続的に競争優位を保つことは難しい時代に入っているのだ。今や現実の戦略は組織能力の従属変数であり、急速に変転を続ける最適戦略を打ち続けられる組織能力を持っていることが真の競争優位性の源泉なのである。

はっきり言おう。戦略は死んだのである。もはや戦略は経営作用の主役にはなりえない時代なのだ。戦略作りのために外資系コンサルティングファームに高い金を払うのだったら、最近出た早稲田大学の入山章栄教授の『世界標準の経営理論』（ダイヤモンド社刊）や慶応大学の琴坂将広准教授の『経営戦略原論』（東洋経済新報社刊）を購入して、みんなでしっかり勉強して自分で考えたほうがはるかに安上がりかつ有効である。

それでは、経営的パラダイム転換が起きてから30年、そして伝統的戦略経営が死んだ現在、経営上のもっとも重要なテーマ、すなわち求められている経営のあり方、会社のカタチ、組織能力はいかなるものなのか、それに対し日本企業の現在地はどの辺りなのか。これが本章のテーマである。

『両利きの経営』が日本でもベストセラーになっている理由

昨年、私は入山教授とともに米国のベストセラー経営書“Lead and Disrupt”（チャールズ・オライリー、マイケル・タッシュマン共著）を『両利きの経営』（東洋経済新報社刊）という邦題で日本に紹介した。おかげさまで同書はロング&ベストセラーになっている。

チャールズ・オライリー教授はハーバード・ビジネススクールと私の母校であるスタンフォードＧＳＢ（Graduate School of Business）、米国いや世界を代表するトップビジネススクールに籍を置く人気教授であり、日本企業研究の泰斗《たいと》である夫人のユーリケ・シェーデ教授（カリフォルニア大学サンディエゴ校）とともに私の長年の友人である。そして彼とは、上述の疑問、イノベーションの波に対峙したとき、なぜ圧倒的な経営資源を持っている既存のチャンピオン企業の多くが衰退するのか、逆にその波を上手に受け止めて繁栄を続けられる企業は何が違うのかという、現実経営における極めて重大にして本質的な問いについて、長年にわたり語りあってきた間柄である。オライリー教授はコンサルタントとしても多くの企業経営、破壊的な挑戦をする側、挑戦を受ける側の両方に関わっており、私の様な人間にとってはいつも知的かつリアルに豊穣な時間を共有してきた。

同書はこの根源的な問いに対し、豊富な事例研究、情報収集を積み上げ、アカデミックに卓越した内容になっていることはもちろん、何よりも「イノベーションの時代の経営」に関するきわめて実践的な示唆、提言がふんだんに盛り込まれている。そしてその中身は、（ある意味、自然なことかもしれないが）驚くほど経営最前線の実践者である私の問題意識、処方箋と重なる内容となっている。まさに我が意を得たり！の待望の著書であり、だからこそ私も熱意をもって日本版の出版に奔走した。

同書の結論と私の考えはほぼ一致している。栄枯盛衰に関わる物語はえてして戦略行動の巧拙として語られるが、その背景にはもっと本質的な経営能力、組織能力の差があり、要は『両利きの経営』力を経営者を含む経営力、組織能力として持っていることが真の盛衰のカギを握るということである。

同書が我が国においても多くの経営関係者に読まれているということは、少なくとも問題意識としては、やっと核心に近づきつつある人々が増えている証左であり、喜ぶべきことだと思う。

経営的リアリズム――イノベーションは迷惑千万？

破壊的イノベーションに関わる経営現象の理論的解明については、先ごろ惜しくもこの世を去ったハーバード・ビジネススクールのクレイトン・クリステンセン教授による『イノベーションのジレンマ』（翔泳社刊）が有名である。そこでは有力な大企業が「合理的」

に行動した結果として破壊的イノベーションに対応できなくなる必然性が説明されている。私も立場上、かかるメカニズムが働く様子を長年にわたり何度も目撃してきた。これは上記の根源的な問いに対する一つの論理的な答えではある。

その一方で、現実経営に関わっている私たちのほとんどは、破壊的イノベーションの挑戦を受ける側にいる。世界には77億人の人々がいて無数の企業が存在している。その中で既存産業の大構造転換や大絶滅を起こすような破壊性を持つイノベーションを起こす確率について、自分自身、あるいは自社が起こす確率と、別の誰かが起こしてしまう確率とで、どちらがより高いかは自明である。要はイノベーション、取り分け人々の生活を異次元に豊かに便利にし、経済社会構造をも大きく変えるような破壊的イノベーションは、ほとんどのビジネスパースンにとって迷惑千万なのだ。そして迷惑千万な破壊的イノベーションの大波をかぶってもしたたかに生き残り、かつさらなる成長のエネルギーに転化している既存企業も存在する。

となると、次なるほとんどの企業と経営者にとっての実践的な問いは、

誰かが起こした（起こしつつある）破壊的なイノベーションに対して、どうすれば後手

を踏まずに的確に対応できるか？　一度ならず何度でも

ということになる。

実際、80年代の終わりにダウンサイジングと水平分業化というデジタル革命、デジタルトランスフォーメーションによる破壊的イノベーションの波に飲み込まれ破綻しかかったＩＢＭは、ビジネスモデルを「コンピュータメーカー」から「サービスカンパニー」に転換することで生き残った。90年代半ばからデジタル革命はインターネット化とモバイル化による新たなイノベーションフェーズに移るが、前段階の覇者であったマイクロソフトは破壊的な大波、すなわちＢ２Ｃの世界におけるメガプラットフォーマーであるＧＡＦＡの勃興に対して正面衝突をせず、個人向けのパッケージソフトウェア供給から法人向けのＩＴソリューションサービスやクラウドベースのソフトウェアインフラサービスなど、よりＢ２Ｂ的な幅広い事業ドメインへと中軸をシフトし、ビジネスモデル転換も進めて成長力と収益力を維持している。

日本でもデジタルカメラの登場で銀塩フィルムビジネスが産業ごと消滅する破壊の危機

に対して、富士フイルムやコニカミノルタは見事に対応したが、この産業の圧倒的なグローバルチャンピオンだった米国のコダック社は破綻に追い込まれた。

また、我が国のダイエー、米国のブロックバスターやトイザラスがそうであったように、前の時代の破壊的イノベーションの覇者が、時代の転換であっという間に衰退に追い込まれるケースもある。一連のインターネット革命において当初、米国でもっともメガプラットフォーマー的に先行したのはＡＯＬやyahooだったのだが、彼らが革命の覇者になったわけではない。

要は、イノベーションのジレンマは宿命的ではなく、経営のやり方次第で明暗が分かれるということなのだ。

「両利きの経営」と「ハイブリッド型経営」

イノベーションの経営に関連して、世の中では華やかに「デザイン指向の経営」であるとか、「オープンイノベーション経営」とか、最近ではＤＸ（デジタル・トランスフォーメーション）とか、ある種のバズワードが躍っている。概念的にはそれぞれに正しいし、重要な意味を持っている。しかし現実経営、それも既存の収益事業を持ち（だからこそ今日ただ今その企業は存在している）、その事業に適応した組織能力を有し、相応の固定費を抱えている企業がイノベーションに対峙するとき、頭でわかっていてもデザイン指向に転換できない、オープンイノベーションを阻む要因がごまんとあるのだ。

評論家的に経営を語る人は「そんなのぶち壊してしまえ」と気軽に語るが、それで既存事業そのものが壊れてしまった場合、イノベーションへの投資原資はどこから持ってくるのか!? お気軽評論家たちは壊れた事業の厳しいリストラで返り血を浴び、資金繰りに奔走したことがあるのか!?

少人数で、ある意味ダメ元で皆がハイリスクを承知で参画し、エンゼル投資家やＶＣのハイリスクの資金を元手にイノベーションに挑戦するスタートアップの場合に対し、既存の企業、とりわけ上場企業となると、まったく異質のステークホルダーとリスクプロファイルを前提に会社は構成されている。私自身は両方の世界にリアルに身を置いているが、この根本的な違いが分かっていない手合いがあまりにも多い。

イノベーションの時代を経営するには、一方で既存事業を「深化」して収益力、競争力をより強固にする経営と、イノベーションによる新たな成長機会を「探索」しビジネスとしてものにしていく経営の両方が求められる。オライリー教授とタッシュマン教授はこれを「両利きの経営」という言葉で表現しているが、私は以前から「ハイブリッド型経営」という言葉で同じ問題意識を提唱してきた。

既存事業はもちろん、破壊的イノベーションで生まれた新事業も市場が立ち上がり、同類企業が一斉に誕生あるいは参入してレッドオーシャン化するなかでの生き残りの鍵は、じつは改良的イノベーション力にある場合が多い。漸進的に改善改良を進め、競争力を強化しているモードにおいては先行している市場占有率の高い企業、よりたくさんの改善改良経験を重ねられる企業の方が構造的に有利になる。持続性のある競争障壁はむしろこの段階で形成される場合が少なくない。破壊的なアイデアなどそうそう遭遇できるものではなく、現実経営の大半の時空は「深化」「改良的イノベーション」に支配されるのだ。

あのアップルでさえ、私の見立てでは、スティーブ・ジョブズ亡きあとは巧みなマーケティングや購買力など、ほぼほぼ改良的イノベーション力で高収益を上げてきた（最近、いよいよその限界効用も低減してきた気配だが）。『両利きの経営』でも紹介されているアマゾンは、むしろ誰かが思いついた斬新なアイデアや、テクノロジーブレークスルーを

「探索」し、さっさと取り込んで次々と「深化」させて競争障壁を築いてきた会社である。スポーツで言えば老練なベテラン選手のような巧みさしたたかさである。偶然頼みの破壊的イノベーションシーズを自作することに拘らないしたたかなマネジメント力こそ、我々が学ぶべき点なのだ。

アメリカの古い大企業も苦しんでいた

この30年間、日本は苦しんできたと書いたが、実はアメリカにおいても「両利き経営力」を持たない旧態依然とした大企業は、同じような状況に巻き込まれている。例えば、1989年と2019年の米国の時価総額ランキングの顔ぶれを比較してみよう。

2019年のトップ10の顔ぶれを見ると、新しい会社がずらりと顔を揃えていることがわかる。太字は平成になってから生まれた会社だ。これに対し、30年前の上位10社は、IBMを筆頭に伝統的な大企業、かつてCorporate Americaと言われた名門企業群が大半だった。

いわゆる「イノベーションのジレンマ」的なことが、この30年間、世界中で起きていた

米国時価総額ランキング

1989年（平成元年）

順位	会社名
1	ＩＢＭ
2	エクソン
3	ＧＥ
4	ＡＴ＆Ｔ
5	フィリップ・モリス
6	メルク
7	デュポン
8	ＧＭ
9	ベル・サウス
10	フォード・モーター

2019年（平成31年）

順位	会社名
1	マイクロソフト
2	アップル
3	**アマゾン・ドット・コム**
4	**アルファベット（グーグル）**
5	バークシャー・ハサウェイ
6	**フェイスブック**
7	ジョンソン・エンド・ジョンソン
8	エクソン・モービル
9	ビザ
10	ＪＰモルガン・チェース

出典　週刊ダイヤモンド

のである。不連続な破壊的な変化が始まり、産業構造、競争構造が大きく変化していたときには、古くて大きな会社が持っている改良的イノベーション力は、破壊的イノベーションに吹き飛ばされてしまうのだ。

破壊的イノベーションのゲームになった瞬間、既存の大きな企業にとっては難しい時代がやってくる。構造的なところに原因があるわけだから、表層的なところでいくら変革をしても仕方がない。次々に出てくるビジネスキーワードや戦略フレームを使って小手先の業務改革をしたところで、どうにもならないのだ。

両利きの経営力を手に入れるのは容易ではないが……

やはり腰を据えて取り組まなくてはならないのは「DXごっこ」ではなく、両利きの経営力を手に入れるための真剣勝負の取り組みなのである。

新しいサッカー的なビジネスをやるために、野球向きの選手や組織のまま、外だし的にサッカーチームを作り、そこでちょこちょこサッカーをやってみても埒があかない。サッカーの素質のある人間を集め、あるいはM＆Aで組織ごと獲得し、新しいモデルの中核事業、中核機能の一つと位置付け、今、稼いでいる野球集団と、これから稼いでもらうサッカー集団の両方が共存できるような、両利き的な組織アーキテクチャへと会社のカタチを作り直さなければならないのだ。

ここで厄介なのは、「今、稼いでいる野球」型のビジネスをさらに深化し漸進的な改良を行うことに適した組織能力と、「新しいサッカー的なビジネス」を探索し創造し事業化する組織能力との間には、水と油のような関係性がある点である。組織特性でいえば、前者は同質的で連続性を持った組織体、後者は多様性と非連続性を前提とした組織体と相性が良い。言うまでもなく、新卒一括採用〜終身年功制で働く人々で構成される極端に同質的で連続的なカイシャ組織体は改良的イノベーションには向いているが、破壊的イノベーションとはまったく相性が悪い。

また、資源配分という意味でも探索領域と深化領域にはトレードオフ的な関係性があり、これはむしろ探索に成功した事業が成長する段階で顕在化する。既存の大きな事業体が深化を続けるための資源投入と新たな事業の急速な成長で必要となる資源投入の間にトレードオフの罠が生じるのだ。

詳しくは『両利きの経営』に譲るが、そこに登場する多数の事例研究から浮かびあがってくるのは、日米を問わずハイブリッド型の経営、多元的な経営を実践すること、しかもそれを持続的に行う両利きの組織能力を企業が身につけることが困難であることと、これまた日米を問わず、経営次第、経営者次第でそれは実現できるという示唆である。これから反転攻勢を期す日本企業にとってじつに encouraging ではないか！

両利き経営、第一の必要条件は本業の「稼ぐ力」
――儲けることができなければ、今どきの将来投資はできない

前にも少しふれたが、長期的成長性、持続性と短期的な利益の間のトレードオフ論が日本企業の経営者は好きだ。しかし、これまた彼らにとっては「不都合な真実」を既に紹介したように、長期にわたり、日本企業群は低収益だったことに加え、成長力においても新興国企業だけでなく欧米企業の後塵を拝してきたのである。日本企業の株価が低いのは何と言ってもその成長期待の低さにあり、そのことはいわゆるマルチプル（収益指標の何倍の株価、何倍の企業価値評価になっているかの倍数）の低さに現れている。ＰＥＲ（株価収益率）で見ても、ＥＢＩＴＤＡマルチプルで見ても日本企業の株価は低い。

そうなっている経営的な理由は簡単で、本書の前編となる『コロナショック・サバイバル』でも紹介したように既存事業の収益力、稼ぐ力がないために投資原資に乏しく、潤沢かつ持続的な将来投資ができていないからである。成長性と利益のトレードオフ論者には申し訳ないが、今、世界でもっとも巨額の将来投資（Ｒ＆Ｄ、設備投資、Ｍ＆Ａ）をやっているのは、本業からのキャッシュフローが絶対額においても対売上高マージン率におい

ても高収益の企業である。

高度成長期は、基本的に供給が足りない時代だった。だから、需要が国内も海外も伸びていた。しかも、破壊的イノベーションが起きておらず、改良的イノベーションの枠の中で設備投資をしていくというゲームだった。テレビは今年よりも来年、来年よりも5年後の方が売れた。鉄鋼需要も同じくだ。だから、本業の営業キャッシュフローでまかなえない投資は借金してやればよかった。作れば売れたからである。それは、化学でも自動車でも同じだった。財務戦略としてはそれで良かったのである。

しかし、今どきの将来投資、両利き経営で言う新領域の探索投資というのは、R&Dであれ、設備投資であれ、M&Aであれ、ほとんどがイノベーション的要素を含んだハイリスク投資である。グローバル化対応のための海外企業の買収もリスクは高い。だから極端な例でいえば、まだ売り上げゼロや大赤字の会社を1000億円で買収したとして、それが1兆円の価値に化けるか、ゼロになるか、という勝負なのだ。両方の可能性がある中で、それでも1兆円の芽があるから買う、という選択ができるかどうか。しかも成功と失敗の幅が大きいということは、探索から事業化へのサイクルの持続性を確保するには、それなりの数のこうしたM＆AやR＆Dプロジェクトを走らせなくてはならない。

これをいつかは返さなくてはならない借金でやっていたら大変なことになる。基本的には、自分の会社の本業が生み出す営業キャッシュフロー、財務的に言えば内部調達のエクイティ性の資金でやるべきなのだ。ところが、日本の会社では、まだ営業キャッシュフローやＥＢＩＴＤＡをコアの経営指標にしているところは少ない。私の知る範囲では、日立や日本電産は明確にコア指標としてとらえ、リスクの高い将来投資枠のメルクマールとして活用している。

こういう感覚、事業戦略と財務戦略を投資と資金調達の額だけではなく資金の性格（デット性資金か、エクイティ性資金か）という観点からＡＬＭ（資産債務管理）的に整合させる感覚は、高度成長期のモデルにはない。この感覚差においては、日本企業は決定的に遅れている。両利きの経営を行うには、直ちにこの感覚を現代化し、既存事業の収益力の強化、深化を徹底的に行うことと、稼ぐ力を失っている事業の始末（本気で高収益事業に再生するのか、さっさと撤退するのか）を常時、鮮明に行えるようになること、が両利き経営の第一の条件となる。

両利き経営、第二の必要条件は事業・機能ポートフォリオの新陳代謝力
——自動車産業にも、不連続な環境変化が始まっている

前にもふれたが、ある製品のバリューチェーン全体を見たときに、川上（企画・設計・部品）と川下（販売・メンテナンス）側の利幅が厚くなる一方、真ん中の製造工程（組み立て）はほとんど利幅が取れなくなる現象を「スマイルカーブ」と呼んでいる。68ページの図表で分かるように、口角を上げた笑顔の口に見えることから、その名がついた。

わかりやすいのは、パソコン業界である。川上のＣＰＵをおさえたインテル、川下の顧客との接点を押さえたマイクロソフトに挟まれ、真ん中の製造工程を担っていた日本のパソコンメーカーは軒並み苦境に陥り、撤退を余儀なくされた。

インターネットとモバイルの時代に入ってからは、川下側で巨大なプラットフォーマーになったのがグーグルやアマゾン、アップル、フェイスブック。川上側のコンポーネントレイヤーにクアルコムやソフトバンクによる巨額買収で話題になったアーム、最近ではＡＩ領域のＮＶＩＤＩＡもここに入るだろう。

スマイルカーブ現象が起きてしまった産業では、真ん中の組み立て工程は儲からない。

川上のキーコンポーネント（基幹標準部品）を押さえるか、川下のプラットフォームを押さえるか、が重要になってくる。

モジュラー化が進めば進むほど、組み立て自体は誰にでもできるようになるから、スマイルカーブ現象は流れとしては避けられない。川上か、川下へのシフトができなかったメーカーは儲からなくなり、かなり厳しい状況に追い込まれる。

実際、相対的に退場を余儀なくされた企業が次々に出たのだ。サンヨーしかり、シャープしかり、である。残る電機メーカーは必死の改革を進めている。日立はB2B領域を中心に、ハードウェアメーカー型ビジネスモデルから、Ｌｕｍａｄａというサービスプラットフォーム上のソリューション型ビジネスモデルへの事業転換、まさにCXを進めている。繰り返しになるが、ソニーも今や史上最高レベルの高収益、潤沢なキャッシュフローを叩き出す会社に変身したが、現在の収益を支えているのは各領域でスマイルカーブの両端にいる4事業（コンピュータゲームプラットフォーム、金融、エンターテイメントコンテンツ、ＣＭＯＳセンサー）である。

スマイルカーブで危機が待ち構えているのは、典型的なグローバル製造業であり、相対的にモジュラー化が進んでいる産業だ。最初にパソコンがやられ、次にＡＶ家電がやられたが、この先、自動車にも多かれ少なかれ、この流れはやってくる。

自動車産業は今のところ、メカの領域を中心にまだまだすり合わせ力が重要なメカトロニクス型のものづくり産業になっている。しかしエレクトロニクス系部品においてはかなりモジュラー化が進み、スマイルカーブ化現象がすでに起き始めている。世の中ではＣＡＳＥに代表される破壊的イノベーションでＯＥＭと言われるいわゆる自動車メーカーが窮地に陥るのではないか？という話題に目がいっているが、ＯＥＭは系列ディーラーを通じた準直販、準直サービスを行っているので、スマイルカーブ上はやや右側に位置している。実は真ん中の底に一番沈みやすいのは、系列下請けモデルでやっている部品メーカーの方なのだ。

だから直取引のあるティア１の系列部品メーカーが当然にもっとも高収益で安泰という時代ではなくなっている。世界的にはドイツのボッシュ、コンチネンタル、ＺＦ、カナダのマグナのような「メガサプライヤー」と言われる全方位外交の巨大独立系部品メーカーが力を増しており、競争の構図は大きく変化しつつある。彼らはいくつかのキーコンポーネントでＯＥＭを上回る技術力を蓄積し、ＰＣのインテルに相当する巨大なデファクト標準モジュールメーカー的なポジション取り、すなわちスマイルカーブの左上に駆け上がる動きを見せている。昨年、トヨタと親密なティア1名門ブレーキメーカーである曙ブレーキが事業再生ADRに追い込まれていたが、ティア1といえども中途半端なサイズと古いビジネスモデルでは生き残りが難しくなっているのだ。

それがさらに進んで電気自動車や自動運転になると、メカトロニクスの最適化の段階を超えて、さらなるモジュラー化が進む可能性が出てくる。デジタル化は、確実にこの流れを加速させる。

実は今はエンジンでさえ相互供給が始まっている。トヨタのスープラにBMWのエンジンが搭載されたりしているのだ。心臓部に近い駆動系のメカの部分までモジュラー化が進み、それがAI革命で加速する流れはもはや変えられない。そうすると、自動車産業でもさらにシャープなスマイルカーブ現象が起きることは避けられない。

モジュールの中には擦り合わせ要素が残るので、そのレイヤーでは擦り合わせが得意な日本のメーカーが戦える余地はある。実際、パソコンやAV家電、スマホの領域でも、村田製作所、日本電産、日東電工、信越化学など、スマイルカーブの左上にポジション取りしている元気な日本企業は存在する。

そしてこの先、産業機械や素材、さらにはサービス産業もスマイルカーブ化現象に巻き込まれていく。不連続かつ急速な環境変化にさらされる頻度は、全産業的に広がっていく可能性が高いのである。そうなると、事業領域にしても、開発、生産、営業などの機能領域にしても、そうした変化に迅速的確に対応してコアドメインを移動していくことが求められる。新たな事業の探索・創造及びそこで不可欠な組織機能への新陳と、寿命を終えていく深化事業からの撤退及びそこでしか役に立たない組織機能の代謝とを常態的に行わねばならない。

結局、現在手持ちの事業ポートフォリオと機能（組織能力）ポートフォリオを不断に見直し、入れ替えることが日常的に行えることも両利き経営の必要条件なのだ。新陳と代謝は二つ揃って初めて機能する。しかし、本書で何度も繰り返してきたように日本的経営、日本的カイシャモデルの基礎代謝スピードは40年である。これではいかにも厳しい。40代の社長が生まれた程度のニュースを「若返り」「組織の新陳代謝が進んだ」などとメディアが騒いでいるレベルでは話にならない。

化学系、素材系の産業も、これから危うくなってくる

素材産業は、ここまで比較的デジタル・トランスフォーメーションの直撃を受けてこなかった。長期にわたる蓄積技術、すり合わせ技術が、開発技術としても生産技術としても、まだまだモノを言う世界である。だからスペシャリティケミカルなどでスマイルカーブの中で左上にうまくポジショニングできれば、デジタル革命によって破壊されず、むしろ高収益を実現できる産業だった。しかし、この分野にもマテリアルインフォマティクスなどのデジタル技術が入ってくると、開発効率が上がる一方で、日本企業得意のすり合わせ要素が生み出す付加価値要素が小さくなる可能性がある。

化学品の世界で言えば、医薬品の世界ではかなり前から破壊的イノベーションの時代が始まっている。

まず1970年代後半にジェネンテック社が登場し、いわゆるバイオテクノロジーが生み出す高分子医薬品が新薬開発における重要度を増す一方で、それまで主流だった低分子医薬品においては、既存の大企業が実験計画法的な化学合成アプローチでシステマティッ

クに有効な新物質を見つけ大量生産するビジネスモデルが後退しはじめる。そして不連続なトランスフォーメーションが起き、産業アーキテクチャも変化していったのである。

ある種の水平分業が起き、生化学や遺伝子工学による新薬開発における大学の研究室や創薬ベンチャーの存在感が増していく。大手製薬メーカーのコアコンピタンスは、資金力、グローバルの臨床試験のネットワークと認可取得などの後工程のリサーチインフラ、さらには生産設備やグローバルなＭＲと販売インフラにシフトし、ある意味、そうしたプラットフォーム上で、既存の新薬と開発中の新薬をベンチャー買収の手法も使いながらポートフォリオ的にマネジメントするビジネスに変質したのである。

こうなるとより資本集約的、設備集約的なプラットフォームビジネスになっていくため、従来の垂直統合的なメーカーモデルでの差別化が難しくなり、世界の既存製薬メーカーはさらに巨大なメガファーマに収斂していった。こうして、ベンチャー企業群とメガファーマという、ある種の水平分業的な産業構造が形成されたのである。

そこに近年、ゲノム解析とゲノム編集に関するイノベーションが起き、開発プロセスはまさにＤＸによる新たな破壊的変化の時代に入りつつある。また患者の遺伝子特性と薬の有効性もデジタルに関係づけが進んでおり、この先、さらなる破壊的変化、産業アーキテクチャの転換が医薬品と医療サービスの垣根を越えて起きつつある。

私はこの10年あまり、ＪＳＴ（国立研究開発法人科学技術振興機構）や理研などで、先端的研究テーマ群の方向付けや、個別テーマの審査を行う仕事を手伝っている。そこには、マテリアルインフォマティクスをはじめ物質の特性をよりデジタルなアプローチで解析し、化学合成や材料開発においてその有効性を論理的に予測可能にする研究がたくさん含まれている。化学や生物学も数学や物理とどんどん融合してデジタル化していく流れは明らかである。

医薬品と同様、こうした研究とインベーションが進んでいくと、「化学だから、素材だから、デジタル革命で破壊される心配はない」とは言っていられない時代が確実にやってきつつあるのだ。

ゆでガエル産業群――金融、メディアは破壊的変化の真っ最中だが……

辺縁から破壊的イノベーションが起きていっても、規制や顧客側のスイッチングコストが高い産業では、既存プレーヤーがじわじわ衰退していく道を無意識的に選択するケースが多い。いわゆるゆでガエル型の衰退パターンだ。今、その流れにはまりつつあるのが、金融とマスメディアだろう。

金融はお金という抽象概念化しやすく曖昧さのない数理的な商品を扱っている点で、もともとデジタル革命ともグローバル革命とも相性がいい。最近のＡＩやビッグデータ、ブロックチェーンなどの新しいデジタル技術の活躍可能性も大きい。

そこでまずフロー型のビジネスである証券の世界でネット化が起きた。ただ、日本の金融資産は高齢者層に偏っていることによる顧客層のデジタルリテラシーの低さのおかげで、そのスピードは米国などと比べると少し緩やかに進んでいる。

本来、これは既存プレーヤーにとってトランスフォーメーションの時間的機会を生むのだが、逆にゆでガエルの罠にハマる誘因ともなる。この先、ますますネット化、デジタル化が進むことによって、顧客の利便性が向上すると同時に、従来型の売買手数料ビジネスの差別化はより難しくなり、情報の非対称性も無くなっていく。結局、コモディティ化は不可避である。そうなると今後は急速にお湯の温度が上がって、カエルが外に飛び出す間もなくゆで上がってしまう危険性がある。そこまでに残された時間はどんどん短くなっている。証券業界は、この瞬間、コロナショックによるボラティリティ（価格変動性）の増加で売買が盛んになり潤っているようだが、それで油断してトランスフォーメーションの速度を緩めると、この先、ますます厳しい展開が待っている。

銀行や生命保険などは、ストック型のビジネスなので、変化がじわじわと遅効的に、慢性病型で進行していく。だから余計にゆでガエルリスクが大きい。したがって、あるところで、バタバタと破綻が進んでいくことになるかもしれない。預金を幅広く集め、普通のローンとして貸し付ける商業銀行のビジネスモデルで、今の時代に優秀な新卒をたくさん雇い、多くの支店網を持って事業を行う必然性はどんどん失われている。実際、若い世代には借り入れを含めてほとんどのサービスをネットとATMですまし、店頭に行ったことがない人がどんどん増えている。生命保険はやや複雑な高額商品で、ある意味、不動産に近い性質を持っているため、アナログな営業モデルの有効性は残っていくだろうが、ここでも顧客世代がよりデジタル世代に移っていく中でCXを進めていくことは必須となるだろう。

新聞や民放などのマスメディアはもっとゆでガエル構造で、日本語という言語的バリアに守られ、また色々な規制にも守られ、これだけ情報のネット化、ＳＮＳ化が進んでもそれなりに食べることができている。新聞部数は減少しているが、幸か不幸か、日本の新聞のビジネスモデルは駅などの店頭売りがメインではなく、圧倒的に宅配の購読料モデルになっている。今風に言えばサブスクモデルであり、減少ペースは比較的ゆっくりで予測可能性も高い。若い世代はほとんど紙の新聞など取らないので、まじめに未来を考えるとその世代向けのビジネスモデルをコアにしていくことは必須だが、それにはかなり激しいＣＸが必要となる。すると既存の購読者の減少に合わせて縮小均衡を続ける経営の方が、取りあえず社内はまとまりやすい。もちろんこの均衡も紙の新聞を定期購読してくれているメイン顧客層である団塊の世代が寿命を迎えるまでの話だが……。

民放テレビも若い世代のテレビのデフォルト画面がYouTubeやネットフリックス、アマゾンプライムになりつつある今、本気でＣＸに取り組まないと、早晩、破壊的イノベーションの犠牲者になる可能性が高い。既に地方局の経営は火の車である。

メガバンクが業績動向に関係なく支店と人員の大幅削減とビジネスモデル転換を宣言するなど、金融界においては、かなり広く問題の所在は共有されつつある。遅れているとされていた地域金融機関においても卓越したリーダーに率いられた銀行は改革に向けて動き出している。マスメディアもDXに適応すべく様々なトライアルを開始している。

ただ、ここでもそうした変革を真剣に推し進めていくと、いわゆるサラリーマン共同体型の会社のカタチ、日本的カイシャ的なるものを根っこから大変容することが不可避となっていく。そこで逡巡せずに先行的なリストラや事業や機能の切り離しをできるか？　これからがCX本番である。

私は大手新聞社の監査役をつとめたことがあるが、マスメディアは古いサラリーマン社会的な組織風土が最も色濃く残っている業界の一つである。真のCXを完遂するために乗り越えなくてはならないハードルは高くて多いと言わざるを得ない。実際、私の知っているプロフェッショナルとして優秀な「ジャーナリスト」は、最近どんどんネット系のメディアに転出している。金融機関の場合もルーティン業務においてどんどんシステム化、IT化、AI化、が進んでいったとき、真に必要なコア人材はかなりの高度人材に絞られていくことになるが、そうした人材を獲得し動機づけしリテインしていくためには、色々な仕組みを大きく変えていかなくてはならない。

会社のカタチの古さのせいで組織能力が低下していき、ますます戦略的自由度を失いつつあるのが、これら「ゆでガエル」型産業群の平均的な景色である。

産業構造自体が擬人化していくアーキテクチャ競争の時代――半導体産業と液晶産業の違い

スマイルカーブ現象をさらに掘り下げていくと、実は多くの産業が擬人的な構造に再構成されつつあることに気づく。

もともとスマイルカーブ現象の右半分は、デジタル革命が本格化する以前から川下側で最終顧客と接点を持つ大手小売業がメーカーに対して強いバーゲニングパワーを持つ脈絡で説明されていた。しかし、前出の携帯電話事業の破壊的変化はこの構図では説明できない。アップルのビジネスモデル転換は、こと売り場に関して言えば、携帯キャリアというクローズな販売ルートから、量販店やＥＣ中心のよりオープンな販売ルートに転換したという意味では、一見、スマイルカーブの罠にはまりかねないバリューチェーン構造にシフトしているのだ。

しかし、ここでアップルが強力な高収益構造を作れたのは、iOSプラットフォーム上にサービスを乗せ、それとiPhoneというハードを不可分なパッケージ商品化したことにある。だから本当に最終顧客を握っているのはアップル自身であり、それが出来るのは、サービスアーキテクチャとしてある種のインテリジェンスを持ったユーザーインターフェースを確立しているからである。要はiOS上のソフトウェアサービスという優れた頭脳と、iPhoneという極めて強力なハード、すなわち魅力的な肉体とをセットで提供しているのだ。そして、グーグル、フェイスブックはまさに頭脳そのものでビジネスモデルを作り上げ、アマゾンはECについてはECサイトという頭脳と物流という肉体の融合、AWS（アマゾンウェブサービス）はクラウド上の頭脳のパワーで勝負するモデルで高収益を上げている。

その後に登場してきたネットフリックスなどを見ても、この傾向はAIの発達でますます強まっていて、産業構造はより擬人的なモデル、すなわち脳が肉体を支配するヒエラルキー構造になりつつある。

逆にスマイルカーブの左側をみると、そこでもっとも堅固な高収益構造を作っているのは半導体産業となっていて、これも半導体はまさに脳そのものを構成するデバイスだからである。要素技術的には生産プロセスも材料も近似性のある液晶産業や有機ＥＬ産業があっという間にコモディティ化するのに対し、ＣＰＵはもちろんメモリーでさえなかなかコモディティ化しないのは、本質的な意味で肉体に過ぎないアウトプットデバイスであるディスプレイと、脳を作る部品あるいは脳そのものである半導体集積回路との根本的な違いがあるからなのだ。ちなみに人間の脳の構造もそうだが、インプットデバイス、すなわちセンサーの方がはるかに脳に近いところに位置する、あるいは脳の一部を構成しているとも言える。もちろんＭＥＭＳのような単なるセンサーエレメントは網膜や鼓膜に過ぎないのでコモディティ化は避けられないが、ＡＩ回路を組み込んだセンサーモジュールは目や耳であり、脳に近い様々な情報処理をしているため、そこに付加価値が生まれる。スマイルカーブの実相は、次ページの図表のような擬人化していく産業アーキテクチャにドライブされる段階に入りつつあるのだ。

今後、様々な産業でデジタル化、サービス化が進むとすれば、それぞれの領域で同じようなアーキテクチャ転換が起き、勝者は新しい擬人的な産業アーキテクチャの「脳」に相当する部分をおさえたプレーヤーになる可能性が高い。そうなると上位レイヤーレベルに

デジタル時代の産業構造：「脳」が肉体を支配するヒエラルキーへ

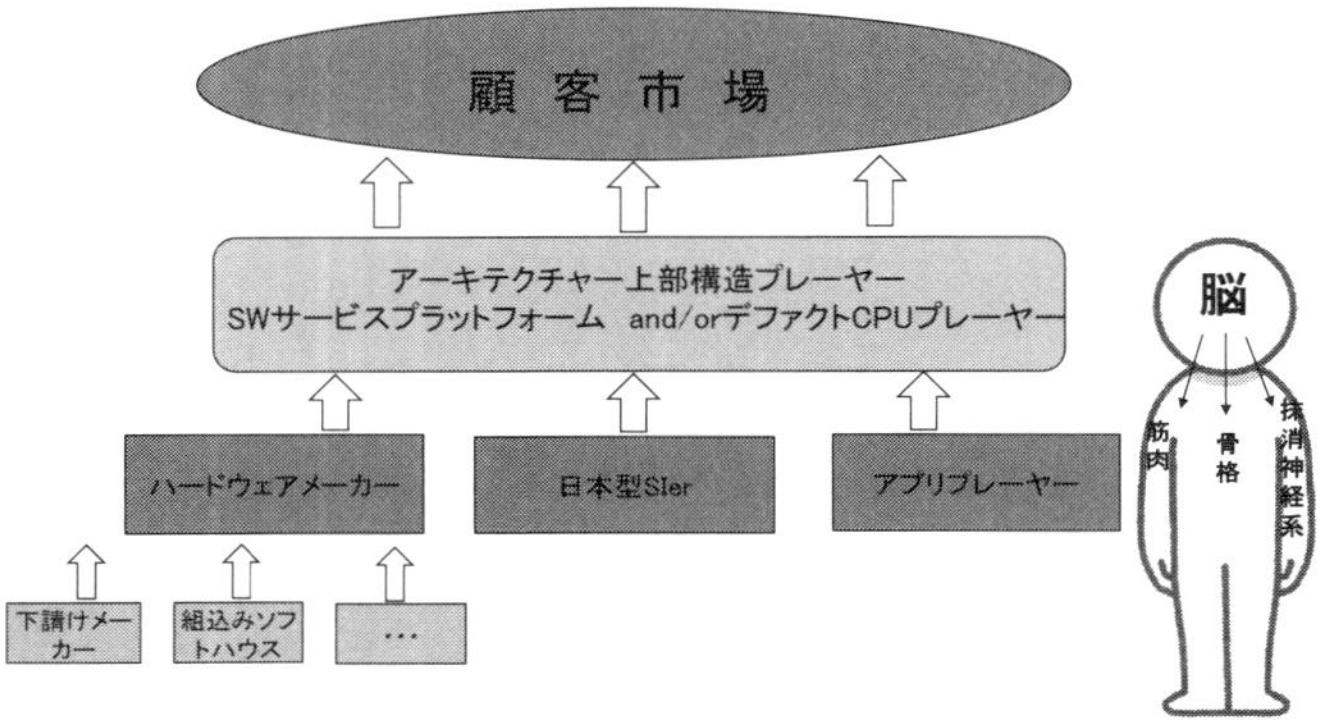

おいてゼロベースでこうしたアーキテクチャを発想し、そのヒエラルキーの上に立つビジネスモデルをデザイン、実装する組織能力の勝負となる。歴史が示す通り、こうしたアーキテクチャを根こそぎ創造する力は、まずはギフテッドな個人に宿る。いかにも集団主義の日本的経営、日本的カイシャ組織が苦手なタイプのゲームなのだ。

今のところ、事業ポートフォリオ経営だけでもかなり高いハードルだが、アーキテクチャ構築力に関わる組織能力獲得を含めた機能ポートフォリオ経営までクリアできないと、両利き時代の生き残りは難しくなっていく。

両利き経営、第三の必要条件は組織能力の多様化・流動化と組織構造の多元化
――昨今の中高年リストラ、繰り返してきたリバウンドの実相

ここ数年、日本企業の業績好調の声が聞こえていた一方、好業績企業での中高年リストラのニュースが続いている。これは、問題の本質に気づき始めていることの証左のひとつである。さすがにこのままではまずい、ということが、わかってきたのだ。

前編でも指摘したが、実は日本企業はこの30年あまり10年くらいのサイクルで中高年のリストラを行っている。ちょうど私が産業再生機構のＣＯＯをつとめていた２０００年代前半の金融危機の時代はいわゆる就職氷河期に該当していたが、実際に不振企業の現場でもっとも余剰になっていたのが50代に入っていた団塊の世代の人たちであった。ただ、この層はなんせ人数が多く、かつ年功組織ではもっとも力を持っている世代なので、そのしわ寄せが新卒採用の絞り込みにいったのが就職氷河期の実相である。これも日本的カイシャシステムの負の副産物である。それでもさすがに経営危機となると多くの企業が中高年のリストラをやらざるを得なくなった。その約10年後にはリーマンショックが襲い、その時にも電機メーカーを中心にまたぞろ中高年リストラの嵐が吹き荒れた。ＪＡＬもその一

つである。そしてさらに10年、今どきの好業績下の中高年リストラをしているところにコロナショックなので、このリストラの規模はこれからもっと大きくなるかもしれない。

10年前、20年前と比べると、ここ数年、危機に追い込まれる前に、おそらくはかなりの好条件でのリストラ、あるいは転進促進を行うようになったのは進歩だが、企業が恒常的に過剰感のある中高年層を抱え込む構造は30年間変わっていない。２０００年代のはじめに企業再生に取り組んでいると、その会社につとめる20代、30代の連中が「冨山さん、団塊の世代のおっさんたちさえいなくなれば、うちは見違えるようによくなりますよ。頑張ってください」と応援してくれたものだったが、今や彼らがリストラ対象の中高年になっている。

残念なことだが両利き経営の時代、多くの会社で新たに求められているのは、新しい種目で機能する人材である。例えば伝統的に野球一本で食ってきた会社だけれども、これからはサッカーやバスケットボールを一流の水準でプレーできる人材も必要なのだ。野球を一生懸命、20年、30年やってきた人にとっては、極めて厳しい現実かもしれない。まだ20代であれば、サッカーという新しいプレーに立ち向かえるが、さすがに40代、50代では厳しい。おまけにサッカーだっていつまでメイン種目かも分からない。これからはテニスやゴルフのような個人種目がもっと重要になるかもしれない。こんな時代に特に総合職的なキャリアパスであちこちローテーションしながら漫然と管理職っぽくなった中高年は本当に厳しい。実際、日本企業には、いつの時代も、このタイプの中高年が滞留している間接部門、販管部門の人件費が重い固定費としてのしかかってきた。現場の最前線では、これまたいつの時代も人手不足に陥っているのに。

あたかもダイエットのあとのリバウンドのように繰りかえす中高年リストラに、両利き経営に関わる大きな課題が浮かび上がる。要するに組織構成員のスキルセットの大きな変化を前提としなくてはならない時代、会社の壁を越えた事業や機能のリシャッフルが不可避の時代、既存の組織文化とは異質な文化を持った新たな組織能力が次から次へと求められる時代において、職種・働き方とキャリアデザインの中に多元性、流動性、プロフェッショナル性をビルトインできなければ、両利き経営は難しいのだ。

私もつい最近、還暦を迎えたが、かつて新人類と呼ばれた世代である。新人類と呼ばれた人たちが、そろそろ60代を迎えるのだ。そして新人類とは、最初の30年を高度成長期モデルで生き、残りの30年を平成の残像の中で生きてきた世代である。

おそらく個人としては、もう10年以上前から、「これから必要なのはサッカーだぞ」と気づいていた人も同世代には少なくないのではないかと思う。しかし、会社は「野球をやれ」と言う。そして、野球をやらないと出世もできない。だから、一生懸命野球をやってきた。

ところが今になって、野球では早晩食えなくなるということになり、いよいよ「サッカー型人材が必要になってきた」ということが起き始めたのだ。これは個々の社員、特に中高年にとっては本当に厳しい変化になる。今さらサッカーは難しい一方で、野球選手としても、身につけているのはその会社固有のスキル、人間関係や色々な貸し借りなど社内的ノウハウがそのほとんどで、会社を出た時に説明できるエキスパティーズはほとんどない。管理だ経営だと言っても、長年一緒に働いてきた集団で、自分より年次の下の人間をマネージできるというだけの話。それがよその会社や組織で通用するかどうかは、まったく証明されていない。係長だろうと課長だろうと、一つの会社の枠を超えた通用性を持つ管理や経営のプロフェッショナルでなければ、両利き経営の時代を生き抜くことはできないのである。

切なさはわかる。もっと前からサッカーをやるべきだと気づいていたのに、組織人としては野球をやらざるを得なかった人は、とりわけ切ない。私は同世代かすぐ下の世代でそんな人をたくさん見てきた。他方で、高度成長企業モデルが忘れられずに、「バブルへGO」のノスタルジーそのままの人もいる。このタイプはここに来て、パワハラやセクハラ事件を起こしがちだ。人は、そうそう変われるものではない。

しかし、今のままの構造では、これからも10年おきの中高年大リストラは続かざるを得ない。私たちの世代、その次のバブル入社世代も。競技の種目がどんどん変わり続けるからである。どうせ変わらざるを得ないなら、好業績のうちに少しでも早くトランスフォーメーションに手を付けて、その分、人々が自らのプロフェッショナルスキルを磨く、あるいは自分の得意種目を評価してくれる別の職場を探す金銭的余裕と時間的余裕を与えるべきなのだ。

その流れのなかで起きているのが昨今の好業績下の中高年リストラの実相であり、私はこの動きは正しいと思っている。まさに現代的な意味での「人本主義経営」だ。勝負は、これが単なる間接固定費削減に終わらず、本質的な構造転換、企業も個人もカイシャモデルからの脱却を目指すトランスフォーメーションにできるかどうかだ。分かっていながら野球をやり続けさせられた挙句、行き場を失った多くの我が同世代の悲劇を次の世代で繰り返さないためにも。

未だ終身年功日本人男性社員（サラリーマン）の、サラリーマンによる、サラリーマンのためのカイシャという現実

日本の大企業のアーキテクチャの根幹は、経団連会長の中西宏明さんとの共著『社長の条件』（文藝春秋刊）で中西さんも言っている通り、同質的、連続的、固定的な終身年功サラリーマン集団と彼ら「男性正社員」で構成される一元的なカイシャ組織にこそある。

わかりやすくいえば、新卒一括採用、終身年功制で働く男子正社員が中核メンバーであること。もちろん女性もいるし、非正規社員もいるし、外国人社員もいるにはいるのだが、多くのケースで辺縁に置かれていることが多い。

それは、日本の典型的な大企業のウェブサイトを見にいって、役員構成を見れば極めて明確である。そこは新卒入社し、終身年功制で働いてきた日本人の元男子正社員でほとん

どが占められていることに気づく。これで「わが社はグローバル化時代に対応して、世界のトップ大学でも幅広い国籍の若者を採用している。もちろん性別は問わない」などと言ってみても虚しい。彼ら彼女らが就職先探しの時にネットでその企業のサイトをチェックすれば、「ガラスの天井」、それも曇りガラスの厚い天井があることは一目瞭然なのだから。

コンサルティング会社Strategy&が調査し公表している次ページのデータによると、日本企業のトップの転職経験の少なさは世界的に突出している。よく「プロフェッショナル経営者」をぽんと社長に据えてもうまくいかない、という声を耳にするが、このデータをみても分かるように米国企業でもいきなりトップ経営者が外部からくるケースは少ない。そんな話は日米欧共通の当たり前の話で、データから読み取れる日本の特異性はマネジメント職、リーダー稼業が終身年功サラリーマンとしてうまくやることの延長線上に完全に位置づけられていること、社長とはサラリーマンの成れの果て、究極の上がりポストになっている点なのだ。だから中途で入社してきた外様には滅多にチャンスが回ってこない。

しかし、『社長の条件』で中西さんもしきりに強調されていた通り、オペレーショナルな組織を上手にまとめる能力は、今どきの破壊的イノベーションの時代のトップ中のトッ

経営者の「生え抜き」率

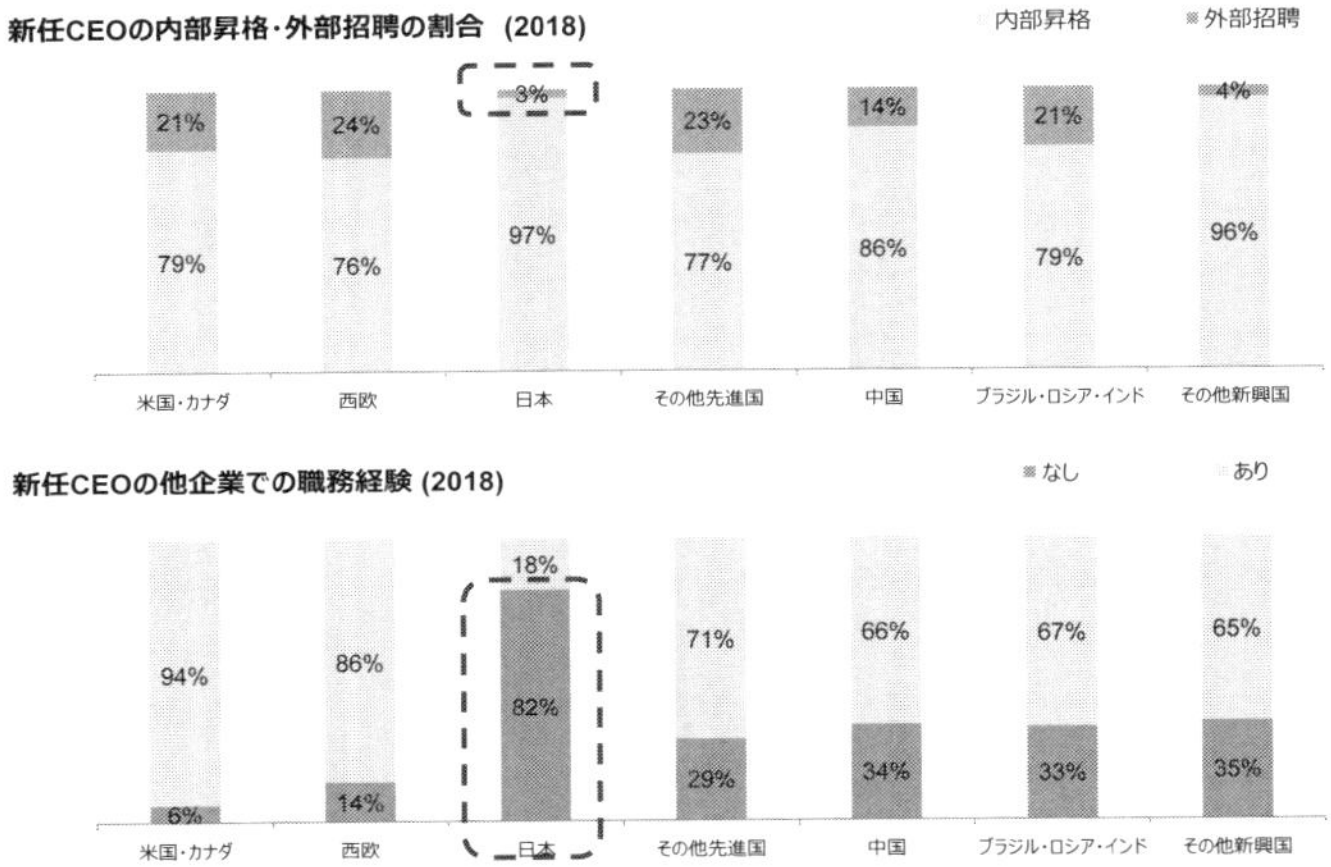

Source：Strategy&

プに求められる能力ではないことははっきりしている。異質なゲームと異質な敵と出会ったときに、その本質的なリスクとチャンスを理解し、果敢な戦略的ピボット、組織能力上の大きな変容を決断し、完遂しなくてはならない。前編『コロナショック・サバイバル』で詳説した「危機の経営者」の要件をクリアできる人物でなくては務まらない。しかし、良きサラリーマンの延長線上でトップ選抜戦を40年間もやらせると、勝ち残るのは前編で指摘した通りの「べからず集」タイプが大多数になってしまうのだ。

これは中堅、中小企業も同様で、終身年功サラリーマンを終身世襲制のオーナー一族と終身身分制の家臣団的サラリーマン集団に置き換えれば、あとは概ね同じである。

辺縁にはいろんな人たちが働いているように見えて、コアの部分の構成メンバーは、極めて高い等質性と、高い固定制、あるいは組織的連続性を持っている一元的な世界。これは今や世界的に稀に見るほど顕著な特質性なのである。だから、社長はサラリーマン企業なら新卒入社の生え抜きで長年、一社懸命で勤め上げた日本人男性しかなれない。同族企業なら一族か、一族が認めた生え抜きサラリーマンを番頭的にトップにすえる。これは、ガバナンスにおいても一貫していた。同質的、メンバーシップ的なものと相反するものをとにかく忌避してきたのだ。この30年ほど、欧米先進国の上場企業が当たり前のように社外取締役を迎え入れる中、日本企業はそれを快しとしなかった。社外取締役は同質的ではないし、長年にわたり同じ釜の飯を食ってきた固定的なメンバーではなかったからである。

株主総会もできるだけ友好株主をたくさん作ることで乗り越えようとしてきた。メインバンクとの関係性も同じである。本質的に似た組織風土の中で、仲良くやっていきましょうというものだった。要するに、ムラ内ですべて調和的にやっていきたかったのである。

要はサラリーマン共同体という「国体護持」が本音だったのだが、社外取締役の導入や

株主との対話を促進するコーポレートガバナンス改革の圧力に対して、長年、財界の主流は、

「株主至上主義は日本の社会風土や文化に合わない」
「人間中心主義の日本企業と株主中心主義のガバナンス改革は相いれない」
「業務を知らない社外取締役など役に立たない」
「ガバナンス改革をやると短期業績主義に陥り長期的成長を目指した経営ができなくなる」
「日本独特の監査役という立派な仕組みがあり、不祥事や経営者の暴走は起こさせないガバナンスはちゃんと機能しているので屋上屋な改革は不要」

といった議論で抵抗をつづけた。もちろん90年代以降、一時期盛んになった我が国のガバナンス改革論が、米国の一部の学者とアクティビストが振り回していた「プリンシパル・エージェンシー理論」に乗っかり、やや頭でっかちで視野狭窄《しやきょうさく》な株主至上主義ロジックに走ってしまったことで、かえって感情的な反発を招いたことは否定できない。

しかし、こうした反論も、本書で歴史的事実によって完璧に否定してきた妄想的なすり替え議論に過ぎない。松下幸之助さんや立石一真さんといった偉大な先達の言葉を借りるまでもなく、企業は社会の公器であり、上場企業は子供からお年寄りまで誰でも株式を購入できるパブリックな会社（英語では上場企業を文字通り public company と呼ぶ）、公器中の公器である、それも多様なステークホルダーに対する持続的な貢献を義務付けられた。当然、会社はサラリーマンたちの私物ではない。ガバナンスは会社が不祥事さえ起こさなければよいという狭い射程のものでもない。だとすれば、現実の統治過程において、外部の様々なステークホルダー（を代表する人々）からのリアルな監督が行われるのは当然なのである。

産業再生機構の社長、後に東証のトップをつとめた斉藤惇さんの言葉を借りれば「（斉藤さんが就職してから）半世紀にわたる戦い」、元オリックスＣＥＯの宮内義彦さんを中心に「日本取締役協会」が設立されて約20年。私自身も10年以上にわたり取り組んできたコーポレートガバナンス改革がやっと本格的に動き出したのは、２０１２年に第二次安倍政権が成立し、塩崎恭久政調会長代理（当時）のリーダーシップで２０１４年の日本再興戦略のトップに企業統治改革が据えられてからである。この時期、私が副代表幹事をつとめていた経済同友会は長谷川閑史代表幹事（当時）のバックアップもあって社外取締役制度の義務化を含めたガバナンス改革支持に転じ、経団連も２０１８年に中西宏明さんが会長になったことで全面的に改革推進に舵を切った。

私はコーポレートガバナンス改革、すなわち企業の上部構造を名実ともに大きく転換することは、会社のカタチを本格的に変容する起点になると考え、この運動にコミットしてきた。その歴史的背景、経済的、法理的な議論の推移、そして改革推進上の実践的な論点と解決方法の詳細については、同僚の澤陽男氏との共著『これがガバナンス経営だ！―ストーリーで学ぶ企業統治のリアル』（東洋経済新報社刊）に譲るが、少なくとも国も企業もトップレベルの人々が改革の必要性に気付き、動き始めたことは大きな進歩だと思う。もちろん、この変容、トランスフォーメーションは極めて本質的、抜本的たるべきなのに対し、未だ多くの日本企業が「サラリーマン（日本人終身年功男性社員）の、サラリーマンによる、サラリーマンのための共同体＝カイシャ」というモデルから大きくは変容できていない。コーポレート・トランスフォーメーション（ＣＸ）が目指すべきゴールは遠いと言わざるを得ない。ボーッと生きている場合ではないのだ！

「不要不急」か「緊急必要」か――コロナショックが突き付ける選択とは

最近、コロナショックを受けて、世界的に大企業によるスタートアップ投資が減少しているという報道が出ていた。また、デロイトベンチャーサポートが行ったアンケートによると、国内の大企業の９割がスタートアップ投資の削減を検討しているとのこと。要は「不要不急の」出費は削減するという話である。ＣＸの脈絡で本気でＤＸ投資を行う、ＣＶＣ投資を行ってきたとすれば、それは「不要不急」ではないはずで、今まさに「ＤＸごっこ」「オープンイノベーションごっこ」「ＣＸごっこ」と、ガチの会社大改造とが仕分けされつつあるのだ。

『両利きの経営』がベストセラーになり、経団連会長の中西さんが私との共著『社長の条件』を出版されるなど、日本企業が両利き経営力の強化に向けて、前述の三つの必要条件（本業の稼ぐ力の最大化、事業と機能ポートフォリオの新陳代謝力向上、組織能力の多様化・流動化と組織構造の多元化）をクリアすべきことへの理解はさらに広まりつつある。

しかし、具体的アクションとしては、正直、おそるおそる新しい挑戦に足先だけ踏み出してみた、というのが大半の日本企業だと思う。必要性は分かるが、いきなり本体の大改革は怖いので、「特区」を例えば海の向こうに作りそこで試験運用してみよう、悪く言えば取りあえず「ごっこ」に逃げているという感じだ。業務改善型のDX、CVC(Corporate Venture Capital)設立、シリコンバレーやイスラエルにオフィスを設立するなどの動きの多くがまだまだそういうビミョーな段階ではないか。スタートアップ投資に関するデロイトの調査の「9割」という数字はこの相場観をよく表していると思う。

しかし、コロナショックの到来で、不要不急の「ごっこ」としていったん止めるか、緊急必要の真剣勝負に踏み込むのか、一気に「あれか、これか」の選択を迫られているのだ。ここまでグローバル化、デジタル化のほぼ負け組だった多くの日本企業にとって選択は明白である。ここは真剣勝負に踏み込んでいくしかない。世界の大企業が逡巡してくれているなら、むしろそれに追いつき、追い抜くチャンスが来ているのだ。

「日本企業が過去最高益」報道、そしてROE偏重批判記事のまやかし

こんな状況にあるにもかかわらず、ここ数年、次のような報道をよく目にした。

「××社が、過去最高益。バブル期を超えた」。一般の人からの受け止め方は、日本企業は元気なんじゃないか、「稼ぐ力」を取り戻したんじゃないか、というものかもしれない。

しかし、冷静に考えてみる必要がある。バブル期から今になって過去最高益になったということは、30年もかかったということなのである。しかも、30年前と今とを単純に比較してもまったく意味がない。例えば、どんなスポーツの世界でも、30年前の記録はとうに抜かれている。マラソンでも短距離でも、とっくに新しいステージになっているのだ。

30年前は、たしかに世界レベルの最高益だった。だから、時価総額でも高く評価された。しかし、それを超えて最高益なのに、なぜ時価総額が上がらないのか。それは、ステージがすでに変わってしまっているからである。競争相手ははるかに高い次元に行ってしまっているのだ。

世界のオリンピックやメジャートーナメントの優勝者のスコアは、この30年間で桁違いにハイレベルになっている。それこそゴルフで20アンダーの選手が優勝しているときに、「やっと1アンダーから2アンダーになりました。日本人選手の中では最高記録です」と言っているようなものなのである。

だから、世界ではまったく評価されない。そもそも、日本のような報じられ方もまずされない。私の若い頃、テニスで言えば日本選手権は日本のテニスファンはそれなりに注目するイベントだった。しかし、今や大半のテニスファンが見ているのはグランドスラムやマスターズ1000クラスのATPツアーの試合だけである。

ところが日本の国内の大手経済メディアも今やマイナーツアーの日本企業のことしか見えていない。だから、「最高益だ」などと書いてしまうのである。要はニッポンのサラリーマンメディアが、ニッポンのサラリーマン経済界のコップの中の小さな出来事を「史上最高益更新」と一面トップで騒ぎ立てているだけなのだ。

日本の大企業は過去最高にお金を貯め込んでいる、従業員に還元しろ、という報道もあるが、世界のレベルから見ればまったく知れたものではない。『コロナショック・サバイバル』で紹介した通り、キャッシュフローの額、手元キャッシュの量、そこからの投資額において、日本企業のほとんどが世界のトップレベルから桁違いに離されている「ケチな小金持ち」に過ぎない。

日本の中で企業部門は貯蓄余剰に見える。だから、マクロ経済学者的に言えば、「企業が持っている貯蓄余剰をもっと使わせろ」ということはあるかもしれない。しかし、そもそもの稼ぐ力、競争力が脆弱な中で、大きなリスクを取って投資などできないというのが本音のところだろう。一社で兆円単位の営業キャッシュフローをたたき出し、そこから桁違いの研究開発投資、事業開発投資、M&A投資を行っているアップルやアマゾンやマイクロソフトなどと比較したとき、この程度の水準の収益力なのに、絶対額において30年ぶりに最高益更新と喜んでいる姿は、それを報道するマスコミも報道されている企業も、あまりにも痛々しい。

最近、そんな日本を代表する経済メディアがコロナショックに便乗して「ROE（自己資本利益率）偏重経営」を批判する特集を組んでいた。中身を読んで正直、目が点。要は短期的なROEを追うあまり、自社株買いをやり過ぎて手元キャッシュが過少になる、あるいは効率性を追求するあまりサプライチェーンにバッファがないためにちょっとしたことで品不足になるなど、企業が今回のような危機に対する持続性を失っている、大丈夫か、資本主義は？　というストーリーだ。

いざという時に一部の商品が店頭からなくなるのはオイルショックの時代のトイレット

ペーパーから何度も繰り返されてきた景色。サプライチェーンがタイトになってきた歴史は、むしろプルシステムの生産システムであるトヨタ方式、まさに日本的経営が生んだ最高傑作であるジャスト・イン・タイム（ＪＩＴ）生産システムが世界的に主流になってきたことが大きい。ＲＯＥとはまったく無関係の話。手元の現預金についても、ＲＯＥ偏重経営とは思えないそのトヨタでさえ、手元流動性はせいぜい二カ月くらいしか持っていない、昔も今も。営業キャッシュフローの大半は設備投資とＲ＆Ｄなどの将来投資に回される。持続的成長を目指せば当然にそうなる。だからこれほどの深刻度の危機が起きれば、昔も今も資金不足に陥る。これまたＲＯＥは関係ない。そして世界水準でキャッシュを稼ぎ出し、キャッシュを積み上げている企業がどこかを調べると、むしろＲＯＥの呪縛に縛られているはずの米国企業の方が数においても金額においても日本企業より桁違いに多い。そうした企業のほとんどはＲＯＥも高いが、それはＲ（利益）が大きいからである。自社株買いと借り入れでＥ（自己資本）を小さくする小細工でＲＯＥを上げているわけではない。桁違いの営業キャッシュフロー（≒ＥＢＩＴＤＡ）を稼ぐには営業利益が大きいことと資産回転が良い（≒キャッシュコンバージョンサイクルが短い）が基本であり、その結果、ＲＯＥも高くなるという当たり前の話だ。

ちなみに借り入れ比率の高いいわゆるハイレバレッジ産業である、エアライン、不動産、エネルギー産業を襲うコロナショックによる危機をもって、これまた（米国型の）ＲＯＥ資本主義の行き詰まりを論じるのも筋違い。筆者も『コロナショック・サバイバル』でこうした産業が厳しくなることを強調したが、経済の悪化でハイレバレッジな財務運営の企業の破綻が起きたとしても、この手の産業が滅びるわけではない。ハイレバレッジ産業は元々、金融フレーバー（投資対象の事業特性としては賃料やリース料など固定的インカムゲインが読みやすく、運がいいと元本部分のキャピタルゲインも期待できる、比較的デット性資金と相性のいい事業）の強いタイプの装置稼働型の産業である。そこでは経済危機や金融危機による大量倒産を10年前のリーマンショックを含めて今まで何度も経験している。実は日本のバブル経済も本質的には同じメカニズムだった。その処理にだらだらと10年以上を要した日本と違い、米国においては、その度に多くの企業がさっさと破綻し、チャプター11を申請して、借金を減免し、資産価格調整をすることでまた新しい資金が入りだし、さっさと産業として再生する。それを繰り返してきた産業なのである。米国大統領であるトランプ自身がこの仕組みを巧みに使ってあそこまでのし上がっていった人物。資本主義の行き詰まりではなく「それが資本主義」なのである。

日本を代表するメディアがこの程度の特集を組んでいるとしたら、彼ら自身の日本的経営病はかなり深刻である。今回のコロナショックが提起する現代の資本主義に対するsomething newはまったく別のところにある。残念ながら「日本的経営」やら「日本的資本主義」やらの見直しは起きない。

しかし、この特集を読んで、今でも古い世代には根強く昭和の栄光へのノスタルジーがあるのだな、と痛感した。やはり旧時代、旧世代との決別の戦いはまだまだ手を緩めてはならないのである。日本的経営、日本的カイシャシステムは、日本経済の土壌深くに浸透し、深く根付いている。根こそぎ一掃するくらいの思いで壊しにいって、その半分も壊せれば上出来というのが今の私の相場観である。だから保守派の皆さんも心配は無用。皆さんがどうしても残したいものがこれからの日本にとって有用なものであれば、必ず生き残るはずだ。

現在地の総括——頭で問題は理解しつつあるが、心と体はまだ「ごっこ」の段階

以上、日本企業の平均的な現在地は、頭では会社のカタチ、組織能力について大きな変容の必要性、すくなくとも前述の三つの必要条件（本業の稼ぐ力の最大化、事業と機能ポートフォリオの新陳代謝力向上、組織能力の多様化・流動化）をクリアするための大掛かりな改革に踏み出す必要性は理解しつつあるが、心と体はまだまだ「ごっこ」の領域を出きらずにいるというところだろう。

次ページの図は早稲田大学の入山教授の「両利き経営チャート」に私が少し加筆したものだが、既存事業の深化バイアスに負けず、しかも既存事業の「稼ぐ力」を最大化して投資原資を稼ぎながら、45度線を右上に上がり続ける力を身に付けるのは容易ではない。経営者自身はもちろん会社全体が大変な覚悟を決めて取り組まなければ、右下に墜落して、あとは破壊的イノベーターに破壊されるのを待つだけの運命となる。この難度において企業の大小は関係ない。いや、組織規模が大きい方が難しいだろう。裏返して言えば、若い会社、小さい会社の方が、経営者の覚悟と行動だけでかなりの成果を上げられるはずだ。

この状況の時にコロナショックが襲ったことは、極めて大きなリスクと極めて大きなチャンスを私たちに突き付けている。大きな経済的打撃を前にすべての変化、リスクのある

イノベーション時代の事業ポートフォリオ経営

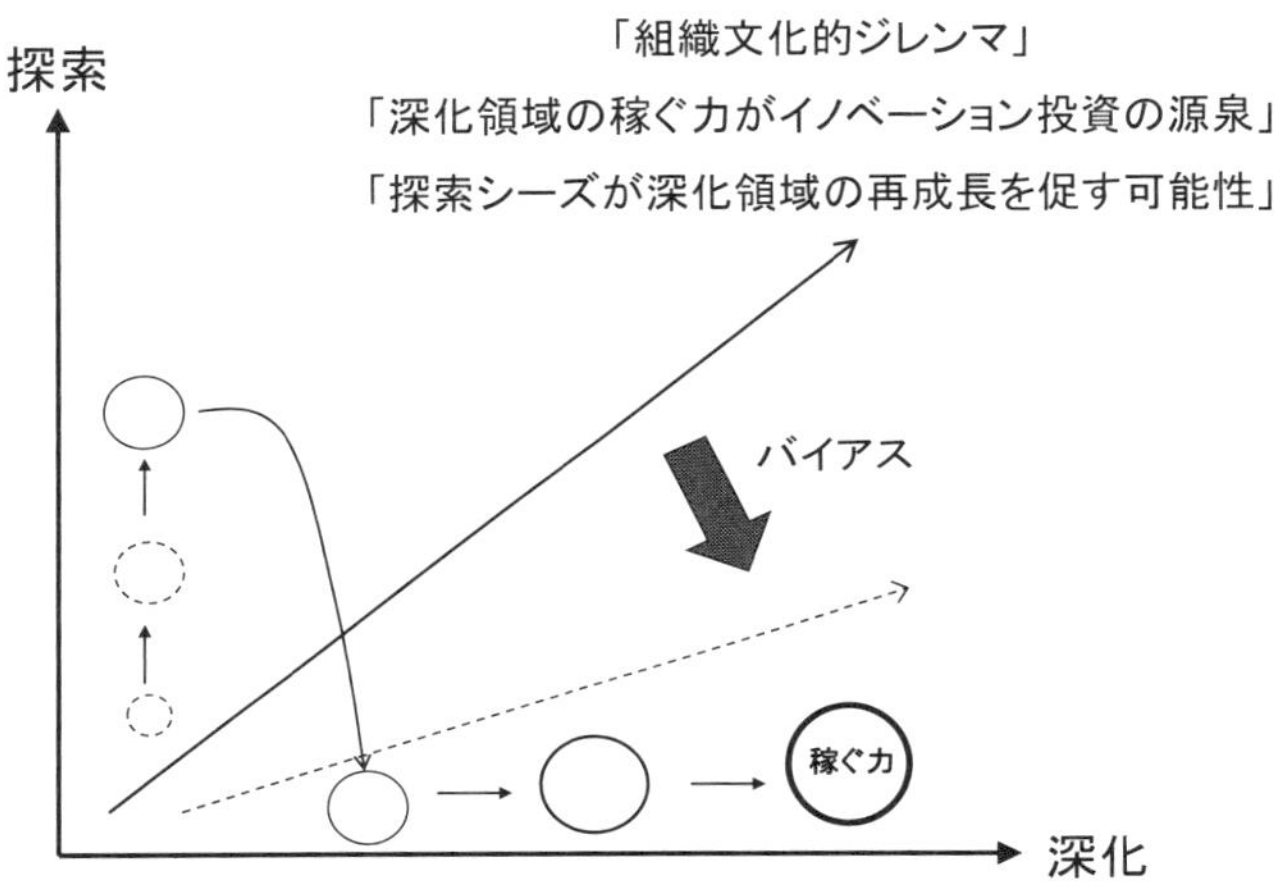

改革は止めて、古いモデルのままひたすら萎縮して嵐が過ぎ去るのを待ち続けるか。それとも破壊的な衝撃で既存の色々な仕組みが壊れていくのに乗じて、一気に本格的なトランスフォーメーションを起動するのか。

この30年間、バブル崩壊、アジア通貨危機、日本の金融危機、ＩＴバブルの崩壊、リーマンショック、東日本大震災……繰り返されてきた大きな危機に際して、結果的に前者寄りの対応をしてきたのが日本経済である。単純に歴史は繰り返すパターンにはまるとしたら、今回のコロナショックについても、古いモデルのまま小さくなって当面の危機をやり過ごし、その後はまたぞろ古いモデルの長期停滞トレンドに戻るという展開になってしまう。

この後、世界では創造的破壊によってさらなる新しいモデル、新しいアーキテクチャの産業や企業が登場するだろうから、ただ縮こまっていた日本企業との差はさらに広がる。そうなってしまったら、今度こそ日本企業と日本経済の再興の道は閉ざされてしまう。この瞬間、政府も企業も、大企業も中小企業やベンチャー企業も、リーダーシップを取る立場の人々の後世への責任は極めて大きくなっているのだ。

リアル×シリアス（サイバー×フィジカル）フェーズに入りつつある今、可能性の扉は再び開きつつある

現在、デジタル革命がＡＩ／ＩｏＴ／ＢＤ（ビッグデータ）フェーズにシフトし、さらなる破壊的なイノベーションの波が、コンピュータ産業、エレクトロニクス産業の枠を越え、ロボティクスや自動化技術を通じて、自動車、機械、医薬、エネルギーさらにはサービス産業や農林水産業など、全ての産業分野に及びつつある。いわゆる第４次産業革命の大波はコロナショックでおそらくますますスピードも勢いを増すだろう。これはデジタル技術によるイノベーションの適用領域が、よりリアルでシリアスな領域、すなわち使われ

る道具が質量と熱を持ち、人の命や身体にフィジカルな影響を与える領域へと本格的にシフトすることを意味する。この領域では、日本企業持ち前のハード技術、すり合わせ的な作りこみ能力や高い品質管理力、すなわち改良的イノベーション力も重要となってくる。裏返せば、自動車など今までの破壊的イノベーションの大波では破壊を逃れてきた日本の産業群の多くが存在する。

その波を避けるのか、受け流すのか、乗るのか、その力の一部を取り込んでエネルギーにするのか、それとも破壊されてしまうのか。

現在、デジタル革命の覇者と言われている企業と、破壊的イノベーションの起点となった企業とは、実はほとんどの場合、別の顔ぶれになっている。コンピュータのダウンサイジングの到達点であるパーソナルコンピュータビジネスを先導し先行したのは誰あろう、それで破壊されかかるＩＢＭ自身だったし、インターネット時代の起点はネットスケープやyahoo、ＡＯＬであり、本格的なスマートフォンシフトの魁《さきがけ》はブラックベリーである。イノベーション時代の経営というと、自らが０から１へのイノベーションを最初に起こせないと生き残れないような言説が躍るが、歴史的事実は、それが「虚偽の風説」であることを証明している。

また、浅薄な経営評論家たちはGAFAの覇権、アリババやテンセントの覇権は永遠に揺らがない、産業の進化発展は最終段階だ、みたいな戯言《ざれごと》も言うが、40年前のコンピュータ産業におけるIBMの覇権の強固さは今のGAFAどころではない。賢者は歴史から学ぶというが、フランシス・フクヤマ教授には悪いが、歴史の教訓は「歴史の終わり」は来ないということである。


1980年代から続くデジタル革命の時代において、サイバー空間におけるバーチャル×カジュアルなアプリケーション領域では、残念ながら日本企業から顕著な勝ち組が生まれることはほとんどなかった。だからこそデジタル革命が新しいフェーズに移りつつある第4次産業革命の時代において、右手と左手を巧みに使い分ける両利き能力を身につけ、「改良的イノベーション力」を基盤としつつ、新たな「破壊的イノベーション」の果実を自社の成長力へしたたかに取り込む組織能力を手に入れなくてはならない。

チャンスと危機は同じコインの表裏。拙著『AI経営で会社は甦る』（文藝春秋刊）でも詳論したが、破壊的イノベーションの次フェーズ、リアル×シリアスあるいはサイバー

×フィジカルフェーズは、大きな会社にも小さな会社にも、古い会社にも新しい会社にも、グローバル企業にもローカル企業にも、さらには今までは旗色が悪かった日本企業全般にとっても平等に大きなチャンスと大きな危機をもたらす時代である。これをチャンスにできるか否か。ゲームはまだ始まったばかり。そして現在のコロナショックによる破壊的危機が、第4次産業革命を本質的な意味で加速させるとすれば、天国への道か地獄への道か、いわばデジタル革命の最終フェーズとも言うべき、リアル×シリアスフェーズにおける分岐点、すなわち可能性の扉が開く瞬間が今まさに目の前に来ているのである。

第３章

ＣＸビジョン――
目指すべき会社のカタチ、
持つべき組織能力とは

ＣＸは革命である――国で言えば憲法大改正のような改革のマグニチュード

破壊的イノベーションの世界が、多くの産業領域で、これまで以上にすぐ目の前にまでやって来ている今、やらなければいけないのは、大きな痛みを伴う本質的な構造的改革の先延ばしや小手先のＤＸごっこなどではなく、不連続かつ、かなりドラスティックな環境変化に対応できるような会社の形、アーキテクチャにリ・デザインすることなのだ。

難しいのは、よくわかる。自分の会社の最も根っこの部分、最も根幹的なところ、つまりは革命に相当するくらいの憲法大改正をしなければいけなくなっているのだ。民法、刑法のような下位法規でも基本法を変えるのは、その後の運用を含めて大変な工数を要する。ましてや憲法大改正となると、膨大な数のルールや仕組みを変え、かつ運用も、さらにはそれを担う人間も変化を求められる。しかも国民生活（顧客の消費活動）は日々続いていくので、国家（会社）の運営は止められない。本当に大変である。

しかし、今まで見てきたように破壊的イノベーションの時代を生き抜くには、民法の一部改正のようなパッチワークではもう間に合わない。

既存の企業は当然、既存の事業を持ち、今のところそれで飯を食っている。言わば現状のビジネスが野球をやって利益を出しているときに、それをできる限り伸ばす一方で、新しい種目をどう探索するのか、探索できたとしてもまだ小さいサッカーをどう育てるのか、その原資をどこから持ってくるのか、という問いに答えていかないといけない。

この際、得意な野球とそれに近い種目、ソフトボールくらいまでに集中する方向を選択し、今ある事業の深化に徹するという方法もある。組織内コンセンサス的にはこの方がまとまりやすいし、組織能力的には現有戦力でかなりいけるので、ＣＸの程度も軽くて済む。ただ、この選択が怖いのは、ある日突然、破壊的イノベーターにばっさりやられてしまうリスクがあることである。

ある技術革新やビジネスイノベーションによって、産業そのものがなくなってしまう、ということが起こり得るのが、今の時代なのだ。ゲームチェンジを急に起こされ、ガラッと変わる。それができないと即死になる。

実際、カーオーディオ、カーナビゲーションの会社はどうなったか。デジタルカメラの産業はどうなりつつあるのか。カメラメーカーの生きる道は、高級一眼レフのような狭い領域に限定されつつある。これは、超高性能のCMOSセンサーが搭載されたスマートフォンという未知の敵が現れたからである。20年前にカメラメーカーのいったい誰が、いずれ電話機に追い詰められることになると想像できただろうか。

かかる事態を持続的に乗り越えていく鍵は、すでにある事業を深化させつつ、新しい領域にも対応できるような「両利き経営」のできる会社を作り上げることである。第2章で述べた三つの必要条件（本業の稼ぐ力の最大化、事業と機能ポートフォリオの新陳代謝力向上、組織能力の多様化・流動化）をクリアし、野球をしながらも、伸びているサッカーをさらに伸ばしていける。さらには環境が変わればラグビーでも、個人種目のテニスやゴルフでも、柔軟かつスピーディーに会社のコアドメインを転換できるような会社になれるかどうか、なのだ。

破壊的イノベーションの時代、破壊的環境変化の時代、最大最強の戦略行動は、その両方ができるような組織能力を身に付けること、コーポレート・トランスフォーメーション（ＣＸ）でアーキテクチャを根本的に変容するＣＸ経営なのである。それは憲法改正くらいのスケール、時間軸、マグニチュードの大変革にならざるを得ないのだ。

新憲法草案――日本的経営、日本的カイシャの対極なカタチ、組織能力を並べてみる

ＣＸが求めているのが、いわば憲法のゼロベースの大改正であるとすれば、会社は直ちにその改正作業に着手しなくてはならない。そこでまず、古い日本的カイシャ憲法の統治機構を表すものとして第1章でまとめた「条文」をもう一度、並べてみよう。

旧憲法

①人事組織管理（コア人材について）――同質性、閉鎖性、固定性、新陳代謝サイクルは40年、制度は一元的

・終身雇用
・年功制（賃金、昇進）
・企業別組合（労使協調）
・新卒一括採用（潜在力採用）
・大卒日本人男性が暗黙の前提
・終身年功制の裏返しとしての定年制（勤続40年モデル）
・メンバーシップ型雇用（特定のジョブと個人の能力適性と報酬をあまり紐づけない）
・フルタイム・フルライフ型雇用
－アフター5も週末もカイシャ共同体が第一の「一社懸命」
－工場も事務所も、毎日、同じ場所に集まって長時間仕事をする「一所懸命」
・40歳くらいまでは年次ベースの昇給昇格が基本で明確な処遇格差、コース格差は付けない（実際はエリートコースか否かの差を付けるが、あくまでも暗黙の了解事項）
・一般的スキルよりも組織固有スキルによる評価処遇

・組織固有スキルの中核は社内業務知識、社内事情知識、人望、協調性、調整力
・忠誠心のあて先はカイシャ∨事業∨ジョブ
・オペレーショナルマネジャーとしての適性が出世の必要条件
・転職は基本的に悪↓転職して出て行った人物は出入り禁止
・人員整理は最悪（終身年功制による人生保障を反故にする重大な約束違反）
・中途入社組は例外的な存在で基本的に外様
・人材育成は長期指向、内部指向（既存の事業、業務をより良くこなせるように育成）
・期待される能力要件は既存事業、既存業務の改良・改善的な延長線の範囲
・中核人材ほど頻繁なローテーションで日本的ジェネラリスト管理職に育成
・制度は一元的（正規以外はすべて「非」正規）

②組織構造と運営——年功階層性、ボトムアップ、集団主義、コンセンサス重視
・階層構造（年功ベースの世代別階層）
・事業単位、機能単位のミニ共同体分権構造（部分最適モデル、ムラ社会モデル）

・ボトムアップ型意思決定×コンセンサス型意思決定↓稟議モデル
・日常業務は現場主義指向
・組織管理は年功的身分制と人事権に基づくヒエラルキー指向
・意思決定も実行も全員参加型指向（成功も失敗も上下左右全員で共有）
・無数のしかも長い会議を繰り返し、夜の部まで時間を共有して「空気」の一体感を醸成して全員参加感を生むことで集団的組織能力を最大化する
・組織単位、機能単位、構成員単位間の責任権限の分担はすり合わせ的で曖昧

③事業戦略経営――連続的改良・改善型競争、自前主義競争
・共同作業による規模と経験蓄積が効果を上げる生産活動（典型が量産型組み立て製造業）が付加価値のコアを構成する事業を選択
・生産、開発、営業の全てにおいて、同質的な集団による持続的な改良・改善を延々と積み重ねていく組織能力、コアコンピタンスを軸にした戦い方、競争モデル
・既存事業の成熟による成長力低下に対しては手持ちの組織能力で戦える事業領域の探索、転地で対応↓自前主義が基本

・追求する基本ビジネスモデル、基本戦略モデルは、コスト訴求型、大量生産大量販売型、漸進的な改善・改良型イノベーション力勝負
・意思決定力・ストラテジックエクセレンス・スピード＜実行力／現場力・オペレーショナルエクセレンス・精緻性

④財務経営――財務経営は財務経営、事業経営は事業経営
・財務は全社としての資金の調達と使途の帳尻を合わせることが基本業務
・事業管理はＰ／Ｌ数字を基本にした経理的な管理で関与
・事業ポートフォリオ管理は経営企画など事業サイドの仕事
・財経責任者「経理屋」がトップ経営者になることはまれ

⑤コーポレートガバナンス――サラリーマン共同体主義ガバナンス
・取締役会は社内取締役中心（現場の一般社員まで同質的、連続的なサラリーマン秩序のなかに組み込む）
・株主のガバナンス機能は最小化（持ち合い、株主総会対策）

・取締役会も株主総会も成功のＫＰＩはシャンシャン度合い（いかに形式的に短時間で終わらせるか）
・社長人事は前任者（たち）の専権事項（ＯＢガバナンス）
・社長の平均年齢は60歳代半ば、40歳代は若手
・社長は新卒入社生え抜きの日本人男性
・社長を含む幹部経営陣の選抜は、生え抜きの内部昇格が原則（要は、そこそこ高学歴で転職をせずに一つのカイシャで勤め上げた日本人のおっさんから選ぶ）
・いざという時のガバナンス機能の担い手は半ばインサイダーであるメインバンク（メインバンクガバナンス）

次にその真逆な新憲法試案を次に書いてみる。

新憲法草案

①人事組織管理（コア人材について）：多様性、開放性、流動性、新陳代謝サイクルは10年（ターンオーバーは年平均10％）、制度は多元的

・平均就社期間10年、転職、退職勧奨、事業ごとの売却などで新卒入社者は40歳までではほとんど退社

・能力制（賃金、昇進）

・職能別組合（労使は、協調、対立ケースバイケース）

・通年採用（能力採用）

・国籍、男女、年齢のポートフォリオ型人的資本経営（経営幹部の構成は、多国籍、男女同数、年齢も30代から60代まで均等に分布）

・定年制はなし（能力的についていけなければ若くてもクビ、能力あるなら１００歳でも働ける）

・ジョブ型雇用（特定のジョブと個人の能力適性と報酬を紐づける）

・競業避止に引っかからなければ兼業・副業は自由

－会社の仲間よりも、家族、友人、同じ専門性や関心を共にする仲間

－オフィスに集まるのも自宅でリモートも本人やチームの選択にゆだねる

・早ければ30歳、おそくとも40歳までにトップ経営層を目指すかどうかを本人も会社も選択（もちろんその後の入れ替え戦、再チャレンジチャンスもあり）
・共通スキルが中心の評価処遇
・共通スキルのコアは普遍的な業務知識や経営管理上のスキル、組織を超えて通用するリーダーシップ、コミュニケーション能力、判断力、ストレス耐性、人望、協調性、調整力
・忠誠心のあて先はジョブ＞事業＞会社
・オペレーショナルマネジャーとしての適性は出世する人の必要条件
・転職は基本的に善（当たり前）↓出入り自由、再入社歓迎
・人材はいつでも転身できるように教育投資し、力をつけてもらう
・新卒か中途かは誰も知らない、気にしない
・人材育成は他企業に移る可能性も考慮したプロフェッショナルなスキル育成指向、リカレント指向
・期待される能力要件はどの会社でも通用するケーパビリティがコア
・中核人材ほどまずは当該ジョブと当該ビジネスのプロとして世界一流まで磨き上げ

る（40歳くらいまで）ことを目指す
・人事制度は多元的

②組織構造と運営：能力ベースのネットワーク型、トップダウン&ボトムアップ、強い個人まずありき、コンセンサスより合理性
・フラットな階層構造（能力ベースのフラットな階層）
・個々人の能力に基づくネットワーク型、プロジェクト型の組織運営が基本
・対等なプロフェッショナル同士が知見と事実とロジックで議論し即断即決するプロ型意思決定スタイル
・日常業務も大きな意思決定も、（内部調整、内部調和よりも）顧客と競争を軸にした外部指向
・組織管理は能力と成果と市場評価（潜在的ヘッドハントリスク）ベース
・意思決定も実行も個人としてコミットし、個人として責任を負うことが基本単位（その集合体としてチームや組織単位の責任が生じる）
・経営層においても、プロとしてCEO、CXOは必要な場合はトップダウンで苛烈

な決断を行いその責任を任命権者である取締役会に対して負う
・意思決定は時間と手続きよりもスピードと実効性重視（稟議もハンコもなし、少数の権限と責任を持ったプロ同士の会話、討議、合意ですぐに決定）
・組織単位、機能単位、構成員単位間の責任権限はクリアに決め、そこに書いてないことは名実ともに自由、広範な裁量権

③事業戦略経営：両利きの経営、非自前主義
・共同作業による規模と経験蓄積が効果を上げる生産活動（典型が量産型組み立て製造業）が付加価値のコアを構成する事業があれば、そこでは徹底的に儲ける
・それが難しくなった事業からは躊躇なく撤退する
・同質的な集団による持続的な改良・改善を延々と積み重ねていく組織能力、コアコンピタンスを軸にした戦い方、競争モデルも、それが有効な事業領域では、大いに活用するが、より多様な戦い方の一つに位置付ける
・同質モデルが通用しなくなり過剰になった組織能力については、それを構成する人材ポートフォリオの新陳代謝も躊躇なく行う

・既存事業の成熟による成長力低下に対しては手持ちの組織能力で戦える事業領域の探索に固執しない成長領域開拓を行う↓持っていない組織能力は、異質な人材の採用、アクハイヤリング型のＭ＆Ａ、いわゆるオープンイノベーションによるベンチャー企業の活用など、自社資源と外部資源活用をまったくイーブンに行って、貪欲かつ迅速に強化する

・追求する基本ビジネスモデル、基本戦略モデルは、価値訴求型（差異化型）、サービス指向、リカリング（サブスク）指向、産業アーキテクチャの頂点指向、迅速で大胆な戦略ピボット力勝負

・意思決定力・ストラテジックエクセレンス・スピード∨実行力／現場力・オペレーショナルエクセレンス・精緻性

④財務経営：事業戦略と財務戦略の高度な融合モデル

・ＲＯＥ（自己資本利益率）、ＥＢＩＴＤＡ（キャッシュフロー）重視

・ＲＯＩＣ（投下資本利益率）等の指標に基づく事業ポートフォリオ管理

・事業リスク、投資リスクと資金原資（デット／エクイティ）の整合化

・CFOはCEOへの典型的なキャリアパスの一つ

⑤コーポレートガバナンス：ステークホルダー主義の外部ガバナンス

・取締役会は社外取締役中心（国内外の一流のリーダー稼業経験者）

・株主のガバナンス機能は有効活用（持ち合い廃止、スマートな機関投資家との建設的対話重視）

・取締役会も株主総会も成功のKPIはどれだけガチで本質的経営課題を議論したか

・社長人事は現執行部と社外取締役の協働作業

・社長を含む幹部経営陣の選抜は、生え抜き中途、国籍、性別、年齢を問わず、トップ経営層としての能力と適性を重視した候補選抜、育成、タフアサインメントテストを通じて行う。そこに社外取締役も積極的にコミットする

・社長の年齢は、40歳代から60歳代前半くらいまで均等に分布

・社長が新卒入社生え抜きの日本人男性である確率は3割以下

・いざという時に現執行部、社長を解任するガバナンスの担い手は社外取締役（取締役会ガバナンス）

さて、読者の皆さんの会社は、旧憲法と新憲法の間のどの辺りにいるだろうか？　少なくとも、グローバル競争と破壊的イノベーションの波に飲み込まれている業種の場合、思い切り新憲法寄りの会社のカタチに変容できなければ、この先10年も持たないかもしれない。

そこまでいかない業種でも、会社のなかに旧憲法の適用領域と新憲法の適用領域の両方を多元的に持っていないと、この先の持続的な成長は厳しくなるだろう。

それぞれの会社が置かれた状況による程度差はあるだろうが、目指すべきCXビジョンは、この旧憲法と新憲法の間のどこか、ほとんどの場合かなり新憲法寄りのところにある。古い価値観からすれば、新憲法の描き出す会社や職場のありようはひどくドライで冷たく感じるかもしれない。しかし新しい世代の人々からすれば、オープンで透明でぶっちゃけた開放感のある会社、ひょっとすると個人としては人間的な温かみのある職場にさえ感じるのではないか。いずれにせよリアルな競争においては、間違ったモデルで戦って敗北する会社は多くの人々の生活と人生を壊す、結果において冷たく残酷な組織になってしまう。それが私や私の同僚が嫌というほど見てきた現実である。

日本にも transformed な会社はいくつか存在する

それなりの歴史を持つ大組織でありながら、破壊的イノベーションの時代にうまく適応し、海外のM&Aも成功させている会社が日本にもある。例えば、リクルートだ。

実は1986年にBCGの先輩たちから誘われて、私が（株）コーポレートディレクションの立ち上げに参画した時、東京ガス、大阪ガス、オリックスと一緒に法人スポンサーの一つになってくれたのがリクルートだった。そしてリクルート事件の後、リクルートは1992年にダイエーの傘下に入り、2005年にダイエーの再建に際して産業再生機構がダイエーを買収する。私は産業再生機構の実務トップとして、今度は実質的な大株主という立場でリクルートに関わることになった。そして今、IGPIにおいてもリクルートとの色々なビジネス上の付き合いは続いており、足掛け30年以上にわたり、浅からぬ縁《えにし》に結ばれながら時間を重ねてきた。それを振りかえった時、今にして思うのはリクルートという会社のカタチがいかに先進的で、平均的な日本企業と比べていかに異なるアーキテクチャを持った会社であったかということである。

リクルートという会社の極めてわかりやすい特徴は、社員の多くが会社を終の棲家だと思っていない、ということだろう。終身雇用で会社にずっといよう、などという気持ちはさらさらない。新卒入社組のほとんどは40歳くらいまでに辞めているのではないだろうか。もちろん長く働く人もいるが、それは前提でも目的でもなく、結果に過ぎない。それが会社の側、個人の側の両方で共有され、人事組織経営、事業戦略経営の両面でその価値観と整合的な経営が行われてきた。一見、ドライに見えるが、リクルート出身者のリクルートアイデンティティに対する愛着や誇りは強烈で、ある意味、同窓会的な結びつきをお互いに持っている。

また、「稼ぐ力」へのこだわりも強烈で、既存事業、新規事業を通じて、利益率による事業の新陳代謝が徹底的に行われており、その結果、当初はオペレーショナルには情報出版業が中心のビジネスモデルだったのが、気が付いたらネットベースのデジタル情報サービス産業の覇者へと完全にトランスフォーメーションしていた。さらには海外でのM＆A

展開においても米国インディード社の買収で大きな成果を出し、その成果を迅速に日本の事業拡大の梃子としても活用し、グローバル企業モデルへの進化もどんどん進めている。
多くの出版社、メディア産業が、日本語圏における紙を基盤にしたビジネスモデルからなかなか脱却できないでいる姿からは程遠いトランスフォーメーションぶりである。

改めて思うのは、江副浩正さんという創業者の凄さである。江副さんは、日本でもっと経営者として、特に企業アーキテクチャデザイナーとして再評価されるべきだと私は思っている。江副さんという人は、日本の会社にしては珍しいアーキテクチャの会社を作ったのである。それは21世紀のデジタル社会においても通用するようなトランスフォームドなアーキテクチャの会社だったのだ。もっといえば、最初からそうだった。

通常、超カリスマの創業者が会社を作り、組織を大きくし、伝統的な日本的な経営観でいくと、一業一代で終わってしまうケースが多い。ああ、そういえば、と会社の名前や経営者の名前が思い浮かぶ人も多いだろう。ところが、リクルート事件という大きなスキャンダルを起こし、1988年に創業者である江副さんが引退してしまった。その後、これまた江副さん自身が不動産業やレジャー産業にのめり込んだツケで巨額の借金を抱える中で、バブル崩壊後の地価下落と銀行の貸し渋りの時代にリクルートはつぶれてもおかしくなかった。

ところが、強力な「稼ぐ力」で借金をあっという間に返してしまい、私がダイエー再建に関わった2005年には、実質無借金になるのは時間の問題となっていた。ダイエーのDD（デューデリジェンス）作業でリクルートの財務数値を見た時の驚きを私は今でも忘れない。当時のトップである柏木斉さんはプロフェッショナルな意味では素晴らしいリーダーだったが、いわゆるカリスマ経営者タイプではない。カリスマに依存せずに、その会社のフォーマット、会社のアーキテクチャでまさにデジタライゼーションの時代を生き抜いてしまったのである。ものの見事に。柏木さんという卓越したリーダーも、その仕組みのなかで登場し、その仕組みの重要なパーツとして機能していたというのが私の理解である。

もちろん江副さん以外にも多くの才能が集い、進化を続けたことで、今日の繁栄に至っているわけだが、それだけの才能が持続的に集まり、才能が世代を超えて多様に輝き続けてきた原点は、江副さんとその仲間たちが、新しくかつ普遍的なアーキテクチャを創造したところにあったと思う。バブル崩壊で不動産業やレジャー事業が失敗に終わっても、デジタル革命の破壊性に遭遇しても、時代を超えて有効性を持っていた仕組みは生き続け、時代が変わったからこそ、その輝きを増してきたのである。

エレクトロニクスでいえば、キーエンスもユニークな会社のカタチを持っている高収益、高成長企業である。自動化制御機器メーカーという位置づけなので、競争相手からは猛烈営業で伸びてきた企業と見られてきたが、それだけでは説明できない高い収益率とグローバルな成長を40年以上にわたり持続している。創業者が大株主かつ取締役として残っているが、カリスマ創業オーナー経営者が長年にわたり君臨して引っ張ってきた会社のカタチでもない。

私がこの会社を知ったのはやはり1980年代の終わり、ミスミの前身である三住商事の仕事をしている頃だった。ミスミの実質的な創業社長である田口弘さんがやはり会社と事業の基本形にこだわる方で、プロダクトアウト型と逆のマーケットアウト型の会社として成長していくことを社是としておられ、金型用の標準部品を顧客情報から設計開発してカタログ発注で届けるという画期的なビジネスモデルで急成長を始めていた。営業の仕事は売込みではなく、顧客から標準化ニーズを集め、特注部品から標準部品に転換できることで劇的にコストは下がるので、それを分け合う形で値付けをして高収益を実現するモデルである。今どきのソリューション指向、提案営業指向、付加価値指向（♯コストプラス指向）のビジネスモデルの魁である。

私たちのミッションは同様のモデルで事業を拡大できる新領域の探索で、そこで別業界で類似したやり方で成長しているロールモデル企業の一つとして、リード電機という社名を変えたばかりのキーエンスと出会った。私たちの理解は、当時から同社は営業と開発が融合したソリューション×スピードで高収益と顧客満足を両立させるという点で極めてユニークかつ先進的なものであるということだった。そして会社のカタチ、給与体系、プロモーションなどもそのビジネスモデルと極めて整合的な仕組みになっていた。

キーエンスの事業モデル、競争モデルについては、当時、競合他社からは「若い営業マンを酷使するモデルで長期持続性はない」「固有のコア技術がないままでは限界がある」「日本だから通用するモデルで世界には出ていけない」などの否定的な見方もあったが、その後、30年以上にわたり、利益率においても成長率においても競合他社をまったく寄せ付けないキーエンスの快進撃は続いている。グローバル革命にもデジタル革命にも見事に対応して。

そして、キーエンスを知るきっかけとなった私の元クライアントのミスミも、田口さんの後を継いだ三枝匡さんの時代を通じてさらなるＣＸを続け、ユニークで transformed な会社として持続的成長を実現している。

ちなみにリクルートの現トップである峰岸真澄氏のＣＥＯ就任時の年齢は48歳、キーエンスの中田有社長の就任時の年齢は45歳である。破壊的イノベーションの時代に適応する会社のカタチは、日本社会においても、日本人の手によっても実現可能なのである。

社長選びの成功確率を高める組織能力とは

ＣＸの出来上がり具合の良し悪しの評価軸としてまず分かりやすいのが、社長選びにおける成功確率である。

私はコーポレートガバナンスの最大の眼目、社外取締役の最大の仕事は、トップ経営者の任免にあり、それを含まないガバナンス改革はまやかしであると強調してきた。おかげさまで指名委員会を導入する会社も増え、数は少ないがそこでガチンコのトップ選抜をする会社も出てきつつある。私が10年間、社外取締役をつとめたオムロンはそうだったし、現在、社外取締役をやっている東京電力も同様だ。少し前のセブン&アイグループやリクシルでも取締役会や株主総会がトップ人事に関するガチンコの舞台となった。

ただ、世の中で注目を集めがちなのは、最終局面でどんな基準で誰を選んだのか、そこに外部の候補を入れたか、面接面談はどのくらいやったのか、あるいはそこで展開された権力闘争的なドラマといったやや視野の狭い話題である。メディアのインタビューでもそういうことを聞かれることが多い。もちろん最後にトップを選ぶ、あるいはトップを解任する局面で取締役会や株主総会が健全に機能していることは重要だが、もっと長い目で正しい社長選びの成功確率をどうしたら高められるか？　の方がＣＸ的には本質的な課題設定である。

破壊的イノベーションと破壊的経済危機が次々と襲ってくる現代において、高い確率で有能な社長を選ぶ能力は、企業にとってもっとも重要な組織能力である。それを真剣に高めようとしたとき、出世争いで生き残った人材を対象に前任者や社長ＯＢたちが密室でごそご決めるなんて話は論外である。そもそも今どきその会社にとってトップに求められる要件は何なのか、さらには次の世代、10年後はどうなっていそうなのかをしっかりと議論し、想定要件を置かなくてはならない。想定要件の幅は、先に行くほど広げておく必要があるので、候補群をポートフォリオ的に設定し、候補者たちを、時間をかけてテストしながら育成していく必要がある。こうした仕組みをそれぞれの会社の実情に合わせた形で名実ともに整備し、長期にわたって機能させて、やっとこさ社長選びの成功確率は上がるのだ。

これだけビジネスモデル、競争モデルの変異幅が大きくなる時代に、こうした議論を過去の社長経験者みたいな「過去の人」、それもたいていは新卒生え抜きでその会社のことしか知らない人たちだけで議論するのは危険極まりない。多様かつ豊富な経験を持ち、場合によっては社長選びを経験した人もいるであろう社外取締役を巻き込んで議論するのは、私にはまったく自然というか当たり前に思える。裏返して言えばこうした仕事を協働できる人物を社外取締役に選べということだ。

結局、ガバナンス構造という会社の上部構造のカタチを真剣にトランスフォームしないと、社長選びの成功確率は上がらないのである。

社長の条件――「タフアサインメント」により40歳でトップを出来る人材は作れる

このテーマを真正面から議論したのが、昨年、出版した『社長の条件』なので詳しくはそこに譲るが、ＣＸ時代の社長の条件は、この3年間、東京電力で一緒に仕事をする機会を得た元日立会長の川村隆さんの言葉を借りると、「ザ・ラストマンができるかどうか」に尽きると思う。

戦場で最後の最後まで指揮官として戦って踏ん張れるか。撤退戦になるとしても、撤退を背負いきれるか。ここで、お腹が痛くなってしまったりしては困るのである。これは年齢の問題ではなく、性格の問題のほうが大きい。逃げてしまうタイプは、やはり務まらない。逃げないタイプでないといけない。そして、逃げないタイプというのは、実は子供の頃からずっと逃げないタイプだったりする。もちろん後天的にそういう力を身に付ける人もいると思うが、本質的に性格の影響が大きいので、本を読んでも、難しい問題を解くドリルをやって身につく能力ではない。

これは攻撃戦でも同じで、最前線で攻めていく兵からすれば、後ろに構えている将軍が兵隊を置き去りにして逃げてしまうと困ってしまう。その人に部分的にでも自分の人生を預けているわけである。パッと振り返ったら、そそくさ将軍だけ帰り支度をしていなくなってしまっていたら、これでは信頼されない。

結局、攻めにしても守りにしても、問われるのは、タフな状況、すなわちうまくいかない状況のときである。うまくいかなかったときの、負けっぷりだ。負けっぷりが良いか、悪いか。だから、難しい仕事、すなわち「タフアサインメント」でリーダーをやらせてみることに大きな意味がある。修羅場をくぐらせ、泥水を飲む状況に追い込む。その様子をそばで見ていると、本当の姿が垣間見える。

過去、大企業のトップリーダー育成プロセスにおいては、大きな組織のオペレーションを経験させることとメインストリームのビジネスで実績を積ませて能力の高さを内外に示すことが重要であった。しかし、今やこのいずれも本質的ではない。負け戦になっても構わないから、タフアサインメントの経験を、小さいスケールのものから次第に規模と重大性を上げながら積み重ねさせ、そこで適性を見極めながらリーダーとしての階段を上っていく（もし周囲も本人もこれ以上は無理と悟ったところで別の道、例えば同じ経営人材としてもトップリーダー以外の道を目指す）プロセスが基本となるべきである。

実はこのプロセスを踏ませるのにそんなに時間は要らない。タフアサインメントを（石の上にも）3年×3回ほどやらせれば大体の向き不向きは分かる。10年あればお釣りがくるぐらいだ。30歳で選抜してそこに放り込めば、40歳までにはトップの資質の見極めと必要な訓練はできているはずだ。「彼（彼女）はまだ若くて経験不足だ」となるのは経験する機会を与えていないだけの話。「彼（彼女）は若すぎて周囲が付いてこない」となるのは周囲に「行動変容」させる努力をしていないだけの話。心配ない。破壊されるかもしれない恐怖の局面で、人が付いていくのは自分たちの生活や人生を守ってくれそうな人物。若いかどうか、いいやつかどうかなんて関係ない。

人生最初のタフアサインメント――あと3カ月で社員に給料が払えなくなる経験

私自身、ひとつの経験がある。大学を卒業してBCG東京オフィスに入った後、先輩たちと新しいコンサルティング会社、コーポレートディレクションを立ち上げた。その後、バブル崩壊による不景気のあおりで経営不振に陥ったのである。これが、リアル経営者としての私の原点になっている。

32歳から33歳にかけて、自分の会社の仲間をリストラしなければならなかった。それまではベンチャーモードで、ウォームハートや情熱で盛り上がって会社を成長させることができた。しかし、後から冷静に考えてみたら、いくつかの無理があった。景気が一気に冷え込み、あと3カ月で給料が払えなくなるところまで追い込まれた。改めて知ったのは、お金がなければ、給料は払えないということである。しかも、そんな状況では、誰もお金を貸してくれない。担保もない。

現実は、やはりこうなってしまうのだ、とわかった。お金まわりは、数学、物理学である。ないものはない。それを情熱でなんとかしようとしても、ないものはないのだ。お金がなくなってしまうと、会社は潰れてしまうのである。

実はこのとき、スタンフォード大学のビジネススクールから戻ってきた直後だった。ビジネススクールでは、抽象論的に経営を学ぶ。ケーススタディと言ったってフィクションに過ぎない。しかし、日本に帰ってきて、それを現実で体感することになった。

現実の経営で見ているキャッシュフローというのは、月繰り、日繰りであることも知った。月末残高などというのは意味がなくて、残高の底は25日の給料日の後なのである。ビジネススクールで計算の仕方は教わっていたが、企業価値をＤＣＦ（ディスカウントキャッシュフロー）法で算定するための年単位のキャッシュフローを置くのが基本。机上と現実は違う。やはり、経験をしなければ、わからない。しょせん人間は、そんなものだと思った。

資金ショートの危機は、従業員の３分の１のリストラと創業リーダーだった吉越亘社長（当時）の懸命の努力、まさに命懸けの頑張りによる増資で切り抜けた。私は４人の若手を連れて（と言っても32歳の私も若手だったが……）大阪の新しい携帯電話会社の立ち上げ支援で出向し、その後、５年間、全国地方行脚の日々を送ることになる。

逆にいえば、ああいう経験をしたからこそ、コーポレートディレクションは後に会社全体としても強くなった。評論家的なお気楽コンサルティング会社とは一線を画する戦闘力が組織として身に付くことになった。そして２００１年、私自身が40歳の時に２代目社長となり、いざという時のために、平時でも借りられる金は私も個人連帯保証を入れて最大限借りておくようにした。経済危機はまたいつ来るか分からないし、そうなると Cash is king! だということを思い知ったからだ。当座貸し越し勘定の枠を含めて最大７億円くらいは保証していた。もちろん何かあったら自分は即自己破産する額である。多くの人が知らないが、会社は葬式代もかかる。カネがなければ、退職金も払えないのである。葬式も出せないから死ぬこともできない。先立つものがないと、何もできないのだ。これが、経営的なリアリズムである。

人間が土壇場でどうして弱くなり、逃げたくなるのかというと、肉体的であれ、精神的であれ、生物的な自己防衛本能が働くからである。タフな人というのは、このくらいのことでは精神的に自分が死なないと心と体の底の部分で判断しているタイプなので、なかなかブレークダウンしない。もともと根の部分で、免疫的なことも含めて強いか弱いかが問題になるのである。したがって、これは適性の問題であり、優秀かどうかとは関係ない。人間としての価値の上下とも関係ない。司令官として最終命令を下す立場ではだめでも参謀としては大いに機能する人はたくさんいる。

得てして秀才タイプというのは、タフアサインメントに弱い人が多い。実は、本当の意味で社長をやる覚悟がない人が多い。だから、問題を突き付けられたとき、空気に合わせにいってしまう。与えられたお題に対して、前例踏襲的、再現的な答えに合わせようとす

８つの質問（「ＩＧＰＩの行動指針」）

１　心は自由であるか？
２　逃げていないか？
３　当事者・最高責任者の頭と心で考え、行動しているか？
４　現実の成果に固執しているか？
５　本質的な使命は何か？　使命に忠実か？
６　家族、友人、社会に対して誇れるか？
７　仲間、顧客、ステークホルダーに対してフェアか？
８　多様性と異質性に対して寛容か？

る。柔軟性や器用さはあるけれど、悪くいえば、それを否定するほど腹をくくれていない。「あんたが出している問いはくだらないのではないか」と問い返すのは覚悟がいるのである。「あなたが期待している答えはＡだと思うけれど、私はその問い自体を意味がないと思う」と言えるかどうか。

言葉を換えれば、不連続な状況にいることを理解できているかどうか。自分が考えていること、思っていること、ある意味では不連続な発想をしていることを意識していないといけないのである。弊社の行動指針「８つの質問」の第一の問い「心は自由であるか」は、まさにこれを問うている。

ご参考までにＩＧＰＩの「８つの質問」を上にご紹介しておく。これらの問いの真意を理解し、自らの思考と行動にかけてYes!と答えられることが、私たちなりの経営人材の必要条件である。経営トップはもちろん、これらの必要条件をクリアできない人材は、どんな形であれ今どきの企業経営に関わって成果を出すことは難しい。

私は42歳で産業再生機構の実務トップに就任したが、自分が特殊な才能を持っているとは思わないし、特殊な教育を受けた記憶もない。ただ、性格的な適性があったことと、結果的に何度かのタフな状況を経験する機会を得ていたことが、なんとかあの職責をこなすことができたバックボーンとなっている。

同じことはどの企業においても言えるはずで、その気になって次世代リーダー候補を30歳くらいからガチで鍛えれば、40歳代の社長が出てくることはあまり難しいことではない。

M&A勝率を長期的に高める組織能力とは

次にCX達成度の見極めになるのが、M&Aの成功確率である。

そもそもM&A、より正確に定義すると買収はほとんどうまくいかない。米国などの調査ではだいたい8割くらいのM&Aにおいて、買収時の企業価値（業績）が買収後に下がってしまうと報告されている。私は色々な立場で日本企業のM&Aに関わってきたが、一般的傾向で言うと事業会社が戦略的理由でシナジーや時間を買う効果を期待したM＆Aは9割方失敗に終わっている感じだ。逆に投資ファンドのような財務的投資家がそういうややこしいことを言わずに買収した案件の方が、買収前後の企業価値の上下という観点では成功確率が高い。産業再生機構もある意味、財務的投資家だったが、2年間で41社もの買収を行い、その経済的な勝率は9割近かった。

戦略的買収が失敗しやすい背景には、まずシナジーといったやや曖昧なバズワードで高い買収価格を正当化して買収してしまうこと（その背景に戦略的動機づけがあるので買収することが自己目的化してしまう）。次にシナジーを実現する経営上の組織能力がないので業績が目標を下回ってしまう。それどころか最低限のまともな経営さえ出来ず、業績が悪化してしまう……突き詰めて言うと、買収という経営ツールを使いこなす組織能力が不足しているということである。

これに比べて、投資ファンドが買収する場合は、シナジー要素などは入れられないので、そのために高値を付けることもなく、シナジーを実現する小難しい経営も不要。どちらかと言うとシンプルなコストダウンや固定費削減をして取りあえず業績を持ち上げて、その後は可及的早期に売却エグジットするモデルなので勝率が高いのだ。

環境変化がゆっくりでビジネスモデルの大きな変容もない産業の日本企業同士のM&Aでさえ、個々の企業の閉鎖性、固定性ゆえに難しい。あまり華々しい成功事例は少なく、業務やITの統合の失敗、工場再編の遅れで過剰設備を抱えてしまう失敗、間接部門を二重に抱えたままコスト効率も意思決定スピードも低下する……要はディスシナジーのオンパレードである。こうした要因が、日本的経営、日本的カイシャシステムと深く関連していることは明白だ。

最近はこれに加えて時間を買うと称して海外市場進出のために外国企業を買収する、あるいは両利き経営的な探索領域への進出を企図してベンチャーを買収するなど、自社とは異質な企業体を買収するケースが増えている。外国にしても、新領域のベンチャーにしても、あらゆる意味で異質な組織、異なるコーポレートアーキテクチャを持つ企業を買収し経営するときに、日本の企業組織の同質性、固定性がマイナスに作用することは言うまでもない。

買収の成功確率が低いということは、売却は成功確率が高いということだが、日本企業は売り下手でもある。既に何度も繰り返してきた通り、事業や組織機能の切り離し撤退は、日本的経営においては最後の最後の非常手段なので、ほとんどの場合、売り時を逸してボロボロの事業を安値で買いたたかれ雇用も守れない、あるいは全体の経営危機の時に買い手のつきやすい優良事業、成長事業を慌てて安売りする、というパターンにはまる。

時折、成功例に遭遇するが、だいたい説明は日本企業側の担当者が素晴らしかった、先方に優秀なマネジャーがいた、という属人的な話が多くて再現性がない。これも当然で、日本的経営モデルでは、Ｍ＆ＡとＰＭＩ（買収後の経営統合）は、事業部サイドが主導で、たまたまローテーション人事でその地位にあった人物が担当し、成功しても失敗してもまた次の役職に移っていってしまう。だからその人物がＰＭＩの名人だとしても、次の案件を担当した人がダメだと今度は失敗に終わる。メンバーシップ型雇用だと当該企業の事情通にはなるが、Ｍ＆ＡやＰＭＩのような専門性が高く臨床経験がものを言う業務のプロフェッショナルは育ちにくいのだ。いつも素人がＭ＆Ａをやっている、下手をするとその業界についても素人だったりする。この傾向は多角化の進んでいる会社、エレクトロニクスや化学系に多い複数事業を抱えるコングロマリット企業ではますます顕著になる。

投資銀行やコンサルティングファームなどの外部のプロフェッショナルを使うにしても、

アドバイザーにできることには限りがある。アドバイザーの能力を生かすも殺すも、使う側のプロフェッショナルスキル次第だ。自分はどちらの側も経験したのでよく分かるが、これも専門知識と何といっても場数が必要で、ちょっとM&Aの本を読んだくらいで有能な発注者にはなれない。

世界中のどの国の企業がやってもM&Aは難しいとすれば、本気で会社のカタチ、組織能力をM&AとPMIに適合するものに変容しなくてはならない。グローバル化とデジタル化が加速度的に進む時代、有機的な成長だけで激しいトランスフォーメーションについていくことは難しい。M&Aはまず何よりも買収（あるいは売却）するかどうか、どんな条件でいくらで買収（あるいは売却）するかの決断と交渉の勝負である。はっきり言って、決断と交渉向きの人間と、オペレーション向きの人間は住んでる星が違うくらい適性が異なる。加えて、事業会社における買収はそのあとのオペレーショナルな事業統合、事業運営を考えて、意思決定や交渉を行わなければならない。単に財務的、法律的なトランザクションに関するプロというだけでは的確な交渉と意思決定はできない。要はかーーなりの高度人材、超一流のプロでないとこなせない役割なのだ。

成り行きでは日本企業のなかでは育たないタイプの人材を持続的に内在化できず、日本企業が世界中で大きな金をどぶに捨て続ける流れは変わらない。Ｍ＆Ａ力という組織能力は、今や事業と組織の新陳代謝力を大きく規定するＣＸ上のコア組織能力であり、常設的能力として本格整備することは待ったなしである。

ちなみにかつてのソニー、最近ではコマツ、ダイキン、ＪＴ、日本電産など、Ｍ＆Ａやベンチャー技術の買収で大きな実績を上げてきた会社は日本にも存在する。共通の特徴はトップマネジメントがＭ＆Ａを主導し、かつＰＭＩを含めてハンズオンで何度も関わっている、ある意味トップ及びその周辺がＭ＆Ａのプロであること。そして買収対象の業界を知り尽くしているビジネスのプロでもあり、かなり長い時間軸で狙いを定めて時機を窺っていることだ。コロナショックで色々な企業の価格が下がっている今、Ｍ＆Ａ上手な経営者とそのプロスタッフたちは、買収対象リストをながめながら鵜の目鷹の目のはずだ。

真の事業ポートフォリオ経営力という「組織能力」
──「大企業」マイクロソフトやノキアが蘇ったのは、なぜか

組織能力の変容力でビジネスモデルを改良しながら事業ドメインを大きくシフトした好例はアメリカにもある。オライリー教授とタッシュマン教授が『両利きの経営』で取り上げていない例では前に少し触れたマイクロソフトがそうだ。

創業から四半世紀が過ぎた２０００年代、かつてパソコンＯＳを制覇して世界を席巻したマイクロソフトも、モバイルシフトやスマートフォンシフトがどんどん進んでいく中で、一時の勢いを失っていた。戦略的にも個人用のゲーム機器のＸｂｏｘ事業など色々な領域に多角化を図り、それなりの成果を上げていたが、周囲からは方向性を見失っているという批判も強かった。当時は創業経営者ビル・ゲイツの後を継いだスティーブ・バルマーがＣＥＯで、今から考えると的確な戦略的ピボットであったエンタープライズ向けのビジネスへとコア事業ドメインをシフトしていったが、売り上げ成長は鈍化して大企業病も進み、株価は伸びなかった。特にこの時代の破壊的イノベーションの大エポックだった、検索エンジン、スマホ及びモバイルＯＳの領域で、完全にグーグルやアップルの後塵を拝したこ

とは大きかった。

ところが、その状況は、２０１４年に現在のサティア・ナダラがＣＥＯに就任してから一変し、今やマイクロソフトはアップルと時価総額世界一を争い、ＧＡＦＡの象徴、アップルとデッドヒートを繰り広げている。それは、パッケージソフトウェアメーカーというソフトと言いつつも「モノ」売り的なモデルから、クラウドを中心としたサブスクリプションによるＢ２ＢのＩＴソリューションサービス会社に大転換していく姿が鮮明に見えてきたからである。結局、２代目ＣＥＯのバルマーの時代（結果的に種まきの時代でもあった）から3代目のナダラの時代への足掛け20年にわたり、色々な苦労をしながら、ソフトウェアテクノロジーカンパニーというコアバリューを変えることなく、大きく「種目」を変えていったのである。

その意味で、マイクロソフトは柔軟だった。結果的に祖業とも言うべきＢ２Ｃパソコン向けのビジネスの優先順位を下げ、Ｂ２Ｂビジネスもパッケージソフト売りからサブスクリプションモデルにどんどん転換していった。それもＢ２Ｂビジネスにありがちな、ユーザー別にオンプレミス（自社運用）のシステムをカスタムメイドで構築するシステムインテグレーター（SIer）ビジネスモデルの罠（このモデルは労働集約的かつ単発的なプロジ

マイクロソフトの米国内時価総額ランキング推移

	2012年	2014年	2016年	2018年	2020年
1位	アップル	アップル	アップル	マイクロソフト	マイクロソフト
2位	エクソンモービル	エクソンモービル	アルファベット（グーグル）	アップル	アップル
3位	ウォルマート	マイクロソフト	マイクロソフト	アマゾン	アマゾン
4位	マイクロソフト	バークシャー・ハサウェイ	バークシャー・ハサウェイ	アルファベット（グーグル）	アルファベット（グーグル）
5位	ＧＥ	グーグル	エクソンモービル	バークシャー・ハサウェイ	フェイスブック

*2012〜2018年は12月末時点、2020年は３月末時点
出所：各種記事よりIGPI作成

ェクト請負業なので、規模の経済性が効きにくく、競争障壁も作りにくく、安定的な高収益ビッグビジネスになりにくい）にハマることもなく。ソフトウェアパッケージメーカーにガチガチにこだわっていたら、あるいはIBMが築き上げたビジネスアーキテクチャであるSIerモデルに引っ張られていたら、この転換はできなかった。

確かに検索エンジンやモバイルOSで後れを取ったかもしれないが、そのグーグルと正面切って戦うことを避け、オープン化することでアップルとも連携する道を選んでいる。

ただ、独占的なシェアを持っていた製品の販売から、ビジネス顧客向けのサービスに転じる大きなトランスフォーメーションだった

だけに、組織や人材を大きく変えたはずだ。そうでなければ、ここまでの大転換はできない。独占的なモノ売りモデルから、サービス業に変わったのである。「技術すごいぜ」「売ってやるぜ」では通用しなくなるのである。特に営業面では優秀な営業マンモデルの転換、したがって古いモデルの人材からの入れ替えが行われたと聞く。

制度も変え、人も変え、というところまで踏み込まないと、真の事業ポートフォリオ経営はできないのである。「制度も変えない。人も変えない。心がけで変えなさい」などということは、変異幅が一定レベルを超えると難しいのだ。

このように一気に踏み込んでトランスフォーメーションしていくことこそ、組織能力の柔軟性、可変性の産物であり、それを活用する経営の力である。それが成り行きで経営をしていたら、あるいは年功順送りの成り行きで経営者を選んでいたら、今もぼんやりとパッケージソフトメーカーをやっていたはずだ。元々、世界の90%のシェアを握るPC用のOSというとんでもなく儲かるビジネスがあるのに、リーダーの危機意識がなければ、なかなかトランスフォームなどできるものではない。その利益を、さまざまに投資をしていったが、どれもなかなか芽を出さなかった。そんな奮闘の中で、3代目のCEOであるサティア・ナデラになり、戦略軸が明確になる形で成果を生み出すことができたのだ。

ちなみにマイクロソフトが日本的な終身年功組織でないことは当然だし、バルマーはハーバード大を優等で出た後にP&Gにしばらくつとめ、1980年にスタンフォード大のMBAプログラムをゲイツの誘いで中退し、ベンチャー企業時代のマイクロソフトに入社している。要はプロフェッショナル経営者としてマイクロソフトに入っている。ナダラも技術者ではあるが、シカゴ大学のMBA取得者でサン・マイクロシステムズからマイクロソフトに移っている。創業者のビル・ゲイツは言うに及ばず、創業から45年近くを経た現在まで、新卒一括就職で入社し、一社懸命で出世の階段を上り詰めた人物がこの会社を率いたことはない。

やはりマイクロソフトは「両利き経営」の必要3要件、本業の稼ぐ力、事業と機能新陳代謝力、組織能力の多様性、流動性をしっかりクリアした会社のカタチを持っているのだ。

マイクロソフトのCXについては、上阪徹氏の『マイクロソフト　再始動する最強企業』（ダイヤモンド社刊）に詳しい。

同じく激しい環境変化にさらされ、元々のコア事業ドメインである携帯電話端末のビジネスモデルを破壊されたノキアも、大きなＣＸを成功させて、事業ポートフォリオの入れ替えによって成長力を取り戻した会社である。２０００年代の後半、日本の携帯電話端末機メーカーと同様、アップルとグーグルによってビジネスアーキテクチャを破壊され、キーデバイス技術ではクワルコムの後塵を拝し、１９９８年から２０１１年まで長きにわたって世界トップに君臨していた地位から一気に奈落の底に落とされる。大リストラの後、２０１３年に携帯電話端末事業を（やや多角化迷走中だった）マイクロソフトに売却して撤退。その一方で通信ネットワーク設備ビジネスに急速に主軸を移し、独ジーメンス、仏アルカテルの同部門と統合し、気が付いたらスウェーデンのエリクソン、中国のファーウェイと並ぶ５Ｇ時代の通信設備メーカーの主役となっている。

ここでも事業ポートフォリオの果敢でスピーディーな入れ替え力と、それを牽引したリスト・シラスマ会長という卓越したリーダーの存在がこの復活劇を可能にしている。ただのＭ＆Ａじゃないかと言う人もいるかもしれないが、このように歴史のある企業の歴史ある部門、しかも違う国の会社同士が統合してうまくいくケースは極めてまれである。先述のＭ＆Ａを成功させる組織能力をノキアという会社は経営者を含めて持っていたということなのだ。

ノキア復活の軌跡は、リスト・シラスマ会長自身の著作『ＮＯＫＩＡ　復活の軌跡』（早川書房刊）で臨場感満載に語られている。ちなみに原題は"Transforming NOKIA"、まさにそのままである。そこでシスラマが語るリーダー像は前編『コロナショック・サバイバル』、そして本書で私が強調してきたリーダー像そのままである。

オープンイノベーションごっこやDXごっこが好きな人たちは、ＩＴとかデジタルとかいうと、ＧＡＦＡやセールスフォース・ドットコム、ネットフリックスといった新興の破壊的イノベーターの話が好きだ。しかし、古くて大きい（おそらくは大きくなくても）既存企業にとって示唆が大きいのは、マイクロソフトやノキアのトランスフォーメーションの物語の方である。海外の事案だとすぐまた「日本の事情は違う」と言い始める輩がいる。しかし、まさにその事情こそがトランスフォーメーションのターゲットなのである。ちなみに北欧の労働慣行、労働法制においては、ある意味、日本よりも労働者は厳格に保護されており、日本の事情は同じようなトランスフォーメーションができない言い訳にはならない。

CX成功モデルの萌芽――ラグビー日本代表はなぜ結果を出せたのか

昨年のラグビーワールドカップで日本代表が一次リーグで優勝候補のアイルランドを破り、決勝トーナメントに進むという大活躍を見せ、チームコンセプトのOne Teamという言葉が一つの流行語になった。もともとチームワーク指向の日本人の嗜好に合ったこともあるが、このOne Teamは決して同質的で固定的で調和的な集団ではない。人種、国籍、バックグラウンドそして世代も多様で、当然ながら代表の一員になることも、出場することも、チーム内の役割分担という規律を前提にした厳しい競争原理にさらされ、誰も鉄板の指定席は持っていない。ヘッドコーチとチームメンバー、そしてチームメンバー同士の軋轢、緊張も相当のものらしい。戦うプロ同士なんだから当然だ。浅薄な調和重視でなあなあでやり過ごすと後で厳しいしっぺ返しが待っている。

ちなみにこれは連合総研理事長の古賀伸明さん（前連合会長）が故平尾誠二さんから聞かれた話の受け売りだが、ラグビーの有名な格言one for all, all for oneについて「一人は皆のために、皆は一人のために」という翻訳の後半部分は間違いで、この言葉の原義は、最後のoneはチームとしての勝利を意味していたそうである。ラグビーというスポーツが英国のエリート養成、ほぼすなわち軍人養成機関であるパブリックスクールで発達したことから、私は言葉の甘っちょろさに違和感があったのだが、古賀さんからその話を伝え聞いて大いに納得である。

あのチームのすごさはこれだけの多様性とメンバーの流動性を持っていながらも、One Teamとして機能したことである。おそらく人種や国籍の多様性においては、日本代表は出場チームの中でも上の方だったのではないか。そして指揮官もニュージーランド人である。当然のことながら、いきなりそんな混成メンバーを世界中から集めてチームを作っても機能するわけがない。ラグビー界は長年にわたり高校生くらいから外国人を受け入れ、大学、社会人に至るまで多くの外国人選手が活躍してきた。ラグビー界自身の持続的な内なる国際化、多様化というトランスフォーメーションの努力があったからこそ、多様性とOne Teamが相乗的に機能したのである。まさにCXの成功モデルここにありなのだ。どんなに敏捷性、勤勉性、チームワークを鍛え上げても、日本代表が典型的な日本人種だけで構成されていたらあんな活躍はあり得ない。圧倒的な体格差は克服不可能だったはずだ。

皮肉なのは、社会人ラグビーチームの親会社の多くは伝統的な日本の大企業、カイシャ的なフォーマットの会社であることだ。経営幹部の90％くらいは日本人の（中高年）男性で構成されている。約25年前、第３回ラグビーワールドカップで日本代表がニュージーランド代表に１２８点差の歴史的大敗を喫した時と変わらぬ陣容である。当時、世界のラグビー界はプロ化、すなわち競技としての根本的なトランスフォーメーションが進み、戦術、技術が急速に進歩していったのに対し、日本のラグビー界はアマチュアリズムを守りながら古いカタチで戦っていたことが、あれだけの大差の背景だった。日本企業がビジネスの世界で勝てなくなったのと私は本質的に同じ構図だと思う。

今からでも遅くない、グローバル市場で戦っている企業は、とにかく経営幹部候補の国籍、性別、年齢の多様性を実現することに本気で取り組むべし。彼らが日本の労働慣行や給与体系に馴染まないなら、それを変えるべし。日本国内の法制度が邪魔なら、海外で働いてもらうべし。たいていのことはリモートですむことは、今回のコロナショックで実証済みだ。彼ら彼女らの能力がまだ不足しているというなら、割り当て制度を導入してさっさと昇進させるべし。能力が足りないんじゃなくて経験させていないだけの話。大学時代にマージャンやらディスコ通いやらサークル活動やらでろくな勉強もせず、社会人になってからは行きたくもない土日の営業ゴルフに付き合い、行きたくもない銀座の飲み屋に付き合い、ひたすら上司のケツの穴をなめることでエラくなってきた日本人の中高年のおっさんの能力なんて、たかが知れているのだから。

世界中の優秀な女性や若者から選ばれるような会社の姿とは?

ＣＸ度合いを測る最後のもっとも重要なメルクマールは、ずばり世界中の優秀な若者から選ばれる会社の姿かどうか?である。

昭和な経営者たちは武田信玄の「人は石垣、人は城」という言葉が好きだ。「企業は人なり」というのも大好きである。これ自体は今どき、経済の付加価値の源泉が知識集約サイドにシフトする中でますます正しいので、私は面倒な時は「確かに企業は人なりですよねー」でお茶を濁すことにしているが、問題はそんな昭和なおっさんが経営する会社は真に優秀でやる気のある人材から選ばれる会社の姿になっているのか?という問いである。

この問いに対して、「うちの業界は地味だから」とか「古臭い業界だから」とか「給料安い業界だから」とかの言い訳が返ってくる。しかし、これは本当だろうか?先に挙げたキーエンスは自動化制御装置という思い切り地味なＢ２Ｂビジネスをやっている。ミスミにしても金型や自動機の標準部品という、これまたＢ２Ｂのめちゃくちゃ地味なビジネス。しかしどちらも採用競争力の高い会社であり、まさに人材力で成長してきた会社だ。私が長年付き合いのある紙加工製品の会社も従業員３００人程度の地味な会社だが、超一流大学の物理学科や数学科のピカピカの大学院生や超一流のコンサルティング会社の人材を獲得して高成長、高収益を実現している。こうした企業はまったく日本的カイシャな仕組みに拘らない transformed な会社のカタチ、会社の仕組みで人材を活かしている。だから地味な業界で小さい会社でも優秀な人材が集まってくる。

結局、「企業は人なり」と言いながら、その言葉に忠実な経営をしていない日本企業が多い。人的資本が最大の経営資源と言うなら、なぜ自分たちが優秀な人材から選ばれるために聖域を作らず最大限の努力をしないのか？　ここでも日本的経営の呪縛、日本的カイシャの取りあえずの均衡、comfort zone を破壊したくない空気が社内を支配しており、経営者自身もその安全地帯に多かれ少なかれ浸っているのである。

こんなことを言っていると「いやいや、やはり東大卒の大半は文系なら公務員か民間なら大手の商社や銀行。理系なら電機メーカーや自動車メーカー、通信インフラ会社に入っている」と言う声が聞こえてくる。経済雑誌なども表面的な数字だけをとらえてそんな特集を組む。ちょっと待って欲しい。東大は日本最大の国立大学で毎年3000人もの入学者がいる。はっきり言ってピンキリである。男女を問わず世界クラスの優秀な人材になりうるのはおそらくその上位10%くらいだろう。我々の業界は典型的にそういう学生を取り合う業界だし、私自身は東大発ベンチャーの世界に20年このかた深く関わってきたので生の現実を見ているが、今どき文系、理系を問わず優秀でやる気のある学生のファーストチョイスはテクノロジー系ベンチャー、社会課題解決系ベンチャーの起業である。その次は私たちのようなプロフェッショナルファーム。大きなカイシャに入っていく学生の大宗はその下の平均的な東大生である。できる学生が、本人が世間知らずか、親が世間知らずかで古くて大きい会社に入ってしまった場合も、だいたい3年くらいで「??」な感じになり、友人がやっているベンチャーかプロフェッショナルファームへの転職を考え始める。参考までに図表に示した、ワンキャリアが公表している東大、京大生に限定した入りたい会社ランキングを見て欲しい。上位はほとんどが日本的カイシャではないタイプの会社だ。

コロナショックでこうした「できる若者」たちの指向が再び保守化するかというと、お

東京大学・京都大学（2020卒）の現役就活生が選ぶ、人気企業ランキング

企業名	順位	
	20卒順位	19卒同期
マッキンゼー・アンド・カンパニー	1	1
ボストン コンサルティング グループ	2	2
ベイン・アンド・カンパニー	3	8
野村総合研究所	4	3
アクセンチュア	5	4
Ａ．Ｔ．カーニー	6	6
ゴールドマン・サックス	7	7
モルガン・スタンレー	8	12
三菱商事	8	5
デトロイト トーマツ コンサルティング	10	10
経営共創基盤（ＩＧＰＩ）	10	44
ローランド・ベルガー	12	9
三井物産	13	14
ＰｗＣコンサルティング・ＰｗＣアドバイザリー	14	11
伊藤忠商事	15	13
Ｐ＆Ｇ Ｊａｐａｎ	15	17
Ｊ．Ｐ．モルガン	17	15
ドリームインキュベータ	18	19
Ｓｔｒａｔｅｇｙ＆	19	21
アーサー・ディー・リトル	20	18

出所：ワンキャリアサイトより抜粋
2018年５月22日時点

そらく逆である。リーマンショックの時のＪＡＬの倒産劇もそうだったが、昭和な会社の断末魔は危機の時に顕在化するので、大きな危機が来るたびに彼ら彼女らはますます日本的カイシャの無常を知るからである。

ここでもう一度、１６９〜１８０ページの旧憲法と新憲法試案の対比を見て欲しい。どちらのタイプの会社が世界と日本の優秀な人材から男女を問わず選んでもらえるか？

答えは明白だろう。「人は石垣、人は城」「企業は人なり」と本気で言うなら、直ちに旧憲法を叩き壊して新憲法への大改正に着手すべきなのだ。

第4章

CX=「日本の会社を根こそぎ変える」を進める方法論

ＣＸは極めて本質的で、したがって長期間にわたるストレスを強いる、難しい継続的な改革である。日本の歴史で言えば、江戸末期から明治時代にかけての封建制国家から近代国家への国家改造、すなわちステート・トランスフォーメーションには、黒船来航から西南戦争が終わるまでの約四半世紀を要している。戦後のステート・トランスフォーメーションも、私は何とか新しい形が順調に機能し始めたのは１９６０年頃からだと考えているので、１９４５年の敗戦から15年かかっている。

困難だが必須となっているＣＸをどう実現するか。本章では、私たちＩＧＰＩの経験から、少しでも迅速かつ確実にＣＸを進めるための方法論を紹介していこう。

まずは長期ＣＸゴールの設定
——そして時間軸、機能軸の両面で腰を据えた取り組みが必要

まず全体像を示そう。

現在の企業、実業、財務、組織の実態をスタート地点にしたとき、ＤＸ時代を生き抜くには、自社の組織能力の何が欠けているのか。逆に何が今後も有用なのか。リーダー層の能力なのか、迅速果断な意志決定能力なのか、上位アーキテクチャの構築能力なのか、基盤収益力／キャッシュ創出力なのか、それともオペレーショナルな現場力なのか。

その強化は内部のリソースで量的、質的、時間的に間に合うのか。それとも外部から取り込むのか。取り込むとしてもＭ＆Ａや外部人材登用を適時的確に行い、かつその後の経営と融合を成功させる組織能力は自社にあるか。

こうした問いを根っこから洗い直し、目指すべきＣＸゴール（ビジョンと時間軸）を設定し、そこに向かう道筋を作ることが、ＤＸ時代における長期ビジョン策定の骨格となる。

その上で、それを実現するためのサブモジュールとして、時間軸では中期経営計画があり、機能軸としては以下のものなどが位置づけられる。

・ガバナンス改革、社長指名改革
・リーダー層の採用・選抜・育成・評価・処遇体系の改革
・既存事業の収益力改革（固定費改革、営業費改革）
・M&Aやオープンイノベーションに関わる組織能力改革
・事業×機能（組織能力）ポートフォリオ経営改革（制度と運用）
・財務経営改革（事業会社版ALM経営）
・HRM改革（ジョブ型、プロフェッショナル型移行）
・組織文化改革

さらに日々の経営行動としては、こうした変容の枠組みに、ときどきの具体的な戦略行動や投資・撤退の判断、あるいはプロフェッショナル型のヘッドハンティングとリテンションなどの人材経営改革とを、チェーン・リアクション的に整合、連動させていくことになる。

こうした時間軸、機能軸の両面で多重的、複合的な取り組みを、腰を据えて継続しなければならないのである。

ＣＸゴールの設定方法――10年後、５年後、そして多元性とムービングターゲット

　ＣＸゴールはまず10年後くらいの会社のカタチを設定する。前述の新憲法のイメージにどこまで近づけるか。抽象論ではなく、各項目について具体的なＫＰＩを置いてゴールを設定する。例えば経営幹部の国籍、男女、年齢構成。あるいは事業ポートフォリオの新陳代謝スピード（事業の平均的なターンオーバー率）や組織能力の新陳代謝スピード（人材のターンオーバー率）を置く。制度ではなく実態としての賃金や役職の非年功化度合いなどもいいだろう。私は、オペレーショナルな現場を除いて、賃金及び地位と年功との相関性は35歳くらいからは無相関になっているべきだと思っている。

　これを考えるときには次ページのマトリックス（ＣＸポートフォリオマトリックス）を参考にしてほしい。この中に、各事業や機能について、今のポジションと各事業や機能（組織能力）と規模感（売上、付加価値額、人員数などの比率を面積で表すイメージ）を置いてみる。そしてそれをまとめた会社全体のポジションを置く。

[機能編]

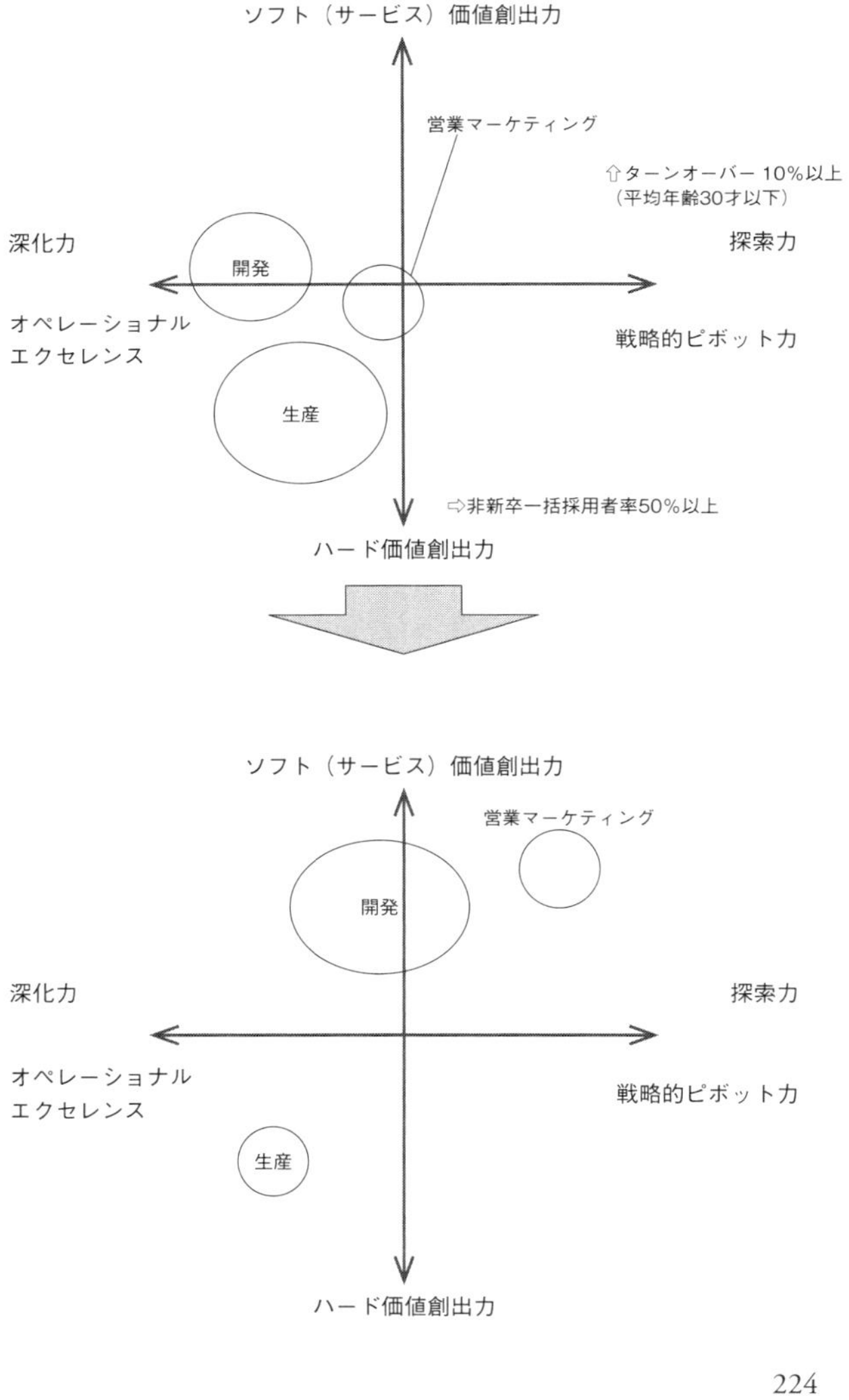
ソフト（サービス）価値創出力
営業マーケティング
⇧ターンオーバー 10%以上
（平均年齢30才以下）
深化力
探索力
開発
オペレーショナル
エクセレンス
戦略的ピボット力
生産
⇨非新卒一括採用者率50%以上
ハード価値創出力
ソフト（サービス）価値創出力
営業マーケティング
開発
深化力
探索力
オペレーショナル
エクセレンス
戦略的ピボット力
生産
ハード価値創出力

ＣＸポートフォリオマトリックス（メーカーの例）

［事業編］

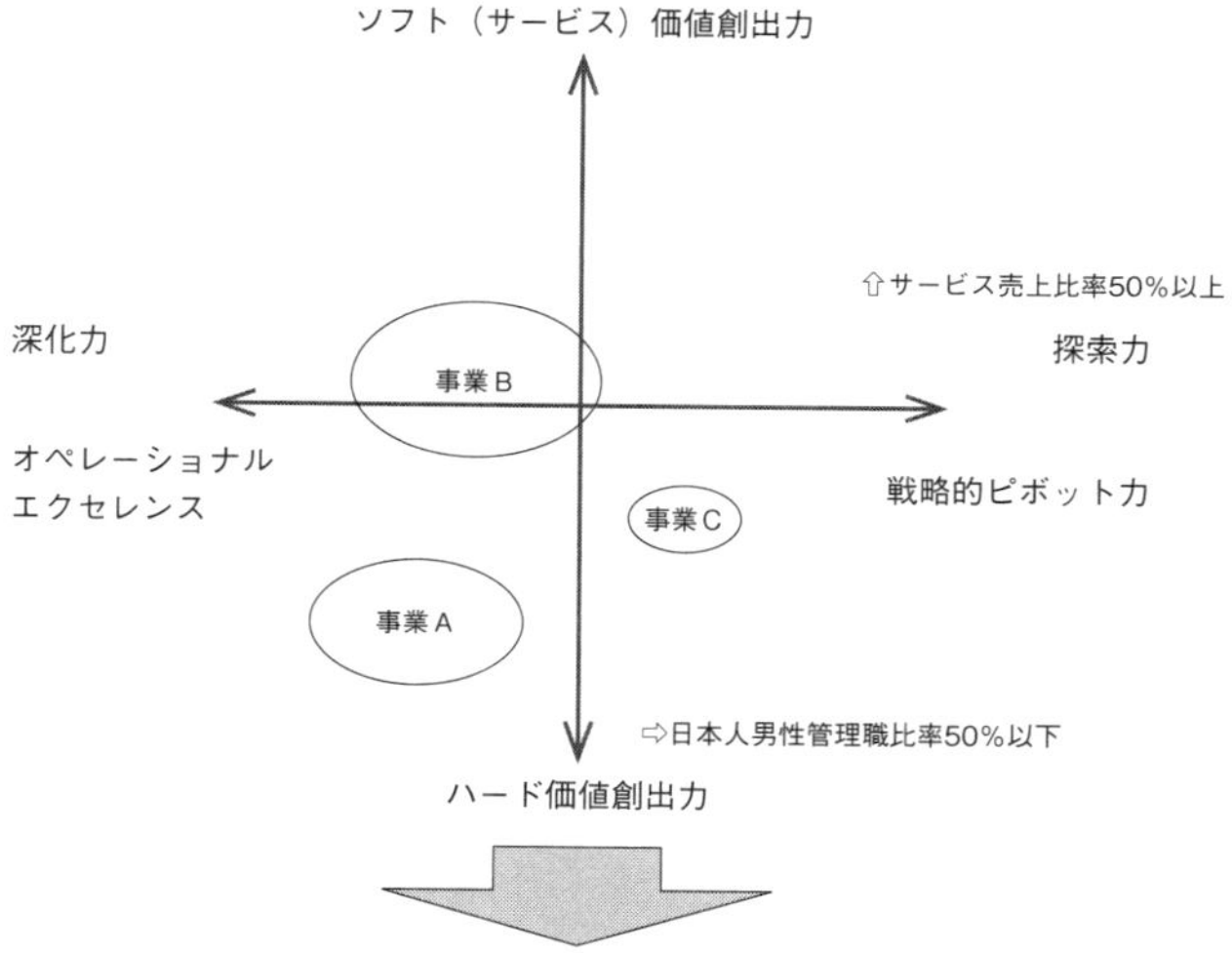

ＣＸポートフォリオマトリックス（10年後）

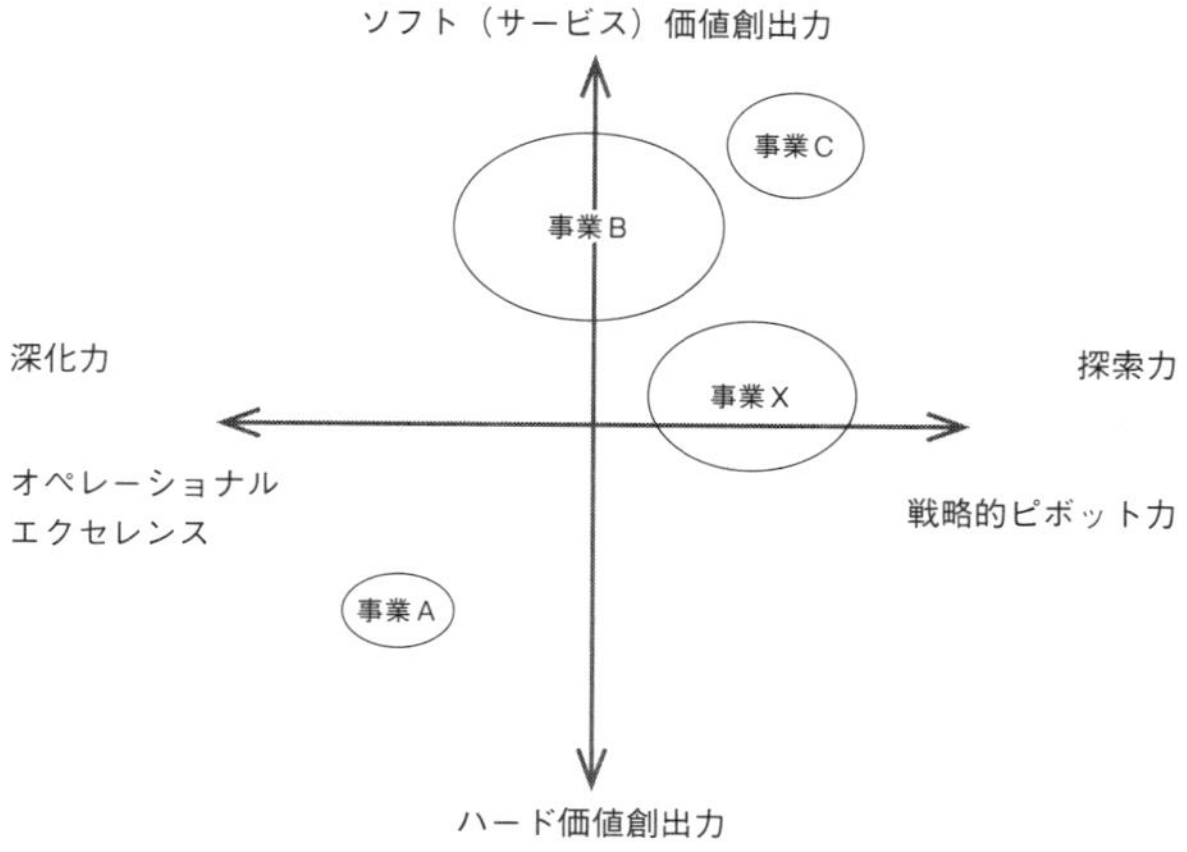

次に今後の環境変化のスピードとインパクトを想定しながら、10年後になっているべき姿を描いてみる。10年後の話だから細かい分析をする必要はない。『コロナショック・サバイバル』で書いたように歴史観に基づく未来想像力の勝負である。ここで重要なのは、私のような還暦過ぎの年寄りの経営陣だけで議論するのではなく、40歳代、30歳代の次世代のトップマネジメント候補者たち、グローバル企業なら世界の候補者たちをむしろ主役にすることだ。10年後に経営から退いている可能性の高い高齢者たちだけで議論するのは片手落ちも甚だしい。

想像力は参加している人たちの経験や歴史観、価値観が多様なほど膨らんでいく。だからこのプロセスに社外取締役やコンサルタントなど外部の人材を使うのも大いに結構である。オムロンのCXにおける私の役回りも近かったが、CXは長丁場であり、核となる外部人材は長期伴走型で活用することがおススメである。企業の長期的未来への責任を共有してもらうには、長期的にコミットしてもらい、会社側、取締役会側からみてその責任に適《かな》う仕事をしてくれている限りは、長期的に伴走してもらったほうが必ずパフォーマンスは高くなる。

もうお分かりのとおり、10年後のポジショニングこそが、CXが目指すべきゴールである。新憲法はその姿に向かって書き換えなくてはならない。そして現状と10年後のギャップを時間軸の中でどう埋めるかが、CXそのものであり、言わば憲法改正およびそれと連動する多くの関連法規、関連制度の改正改革作業である。

そこで、10年後のゴールとその時の会社のカタチを「新憲法」の項目に関わるKPIも含めて設定したら、そこから5年ほどバックキャストして中間ゴールの会社のカタチを描いてみる。5年となると、もう通常の中期経営計画の射程圏内だ。5年後の姿に向かって直ちにトランスフォーメーションを開始すべきテーマは具体的に描けるはずだ。当たり前だが、これはリアルな革命なので、直ちに手を付けるべき課題は生々しく、組織内に動揺や不安を生み、部門間、事業間に光と影を作る。それを恐れて破壊をためらうと革命は前に進まない。賢い革命家は、むしろ国が本格的に傾く前に早く革命（＝破壊）に手を付けることで、犠牲となる人々が飯だけでも食える余裕を、あるいは新しい働き口を用意することに腐心するものだ。

両利き経営の必然として、CXゴールにおける最適ポジションは事業や機能によって分散するはずで、旧憲法的なオペレーショナルエクセレンスが重要なものと、新憲法的なクリエイティブ指向なものが混在することになるはずだ。この分散構造を経営するには会社のカタチは多元性を内包していることが必須になる。その多元化の数と幅についてもゴール設定を行う必要がある。

それともう一点、今回のコロナショックのような色々な形で破壊的変化が次々と起きる時代においては、10年後のCXゴール自身が可変的なムービングターゲットだという点も重要だ。少なくとも2〜3年に一回は、あるいは今回のように大きなイベントに遭遇した時には、当初のゴール設定でいいのか、もっとドラスティックなゴール設定が必要なのではないか、レビューし必要に応じて改訂する必要がある。もちろんそこから手前の中間ゴール設定も変わるし、今すぐにやるべきことも変化する。

10年後のビジョン策定みたいなものは多くの企業が行っているが、その中心はどの国でどの事業でどれくらい売り上げを稼ぐか、といった営業目標的なものである。しかし、本当に大事なのは、それを達成するための組織能力の変容度合いの設定であり、そのトランスフォーメーションを実現するためのロードマップ、すなわちCXゴールとCX基本計画なのである。

「実践のＣＸ」と「ＣＸの実践」――アプリオリな段階からアドホックステージへ

私が尊敬する法律家の一人、東大教授から最高裁判事までつとめられた刑法学の大家、団藤重光先生は『実践の法理と法理の実践』という名著を残されている。人間の主体性を基盤においた法理論とそれを司法過程でどう現実化するかについて、法学者としての研究成果と最高裁判事としての実践成果を集大成した二部構成で記述されている。ここでＣＸに取り組む私たち経営者が直面する問題構造も同じで、企業体という主体性を持った有機的な統合体が現実に持続的な成長を実現するためにどう変容していくべきかという「実践のＣＸ」が問われ、次にＣＸによって日々の現実的な営為である戦略行動を変容していく「ＣＸの実践」に対峙する。この両者が整合的に存在し機能してはじめて経営的な成果は持続的に最大化できるのである。

ＣＸゴールの設定とそこに到達するロードマップ、すなわちＣＸ基本計画（実践のＣＸ）までは、アプリオリに作ることができる。しかし、何度も繰り返してきた通り、現実の憲法改正作業、現実の革命（ＣＸの実践）は、日常の慣性、過去の慣性という強烈な抵抗に遭うのは当然で、実際、日常を動かしながら、今ある事業でしっかり稼ぎながら革命を遂行しなくてはならない。革命による混乱が深まり、そのダメージによって組織が弱ると、国で言えば他国の介入や侵略を招き、会社の場合は競争相手に市場や顧客を奪われる。これを避けるために、リアルな改革に着手する段階では、無用な混乱や誤解を回避し、利害関係者の抵抗感が少なく、具体性とまとまり感があって理解しやすいフォーマットで仕掛ける必要がある。もちろんＣＸの勘所を外さずに、しかもそのテーマが次のＣＸ課題に連鎖する蓋然性の高いところを狙って。

いつどこで何を仕掛けるかについて、綺麗なロジックや方程式はない。組織心理は時々の雰囲気やイベント発生などで揺れ動くもの。アドホックに切り込みやすいタイミングとテーマを狙って仕掛けるべし。風林火山の兵法である。

以下に私の経験上、比較的機能しやすい仕掛けどころを紹介しよう。

仕掛けどころ（１）ガバナンスと社長指名のセット改革

実は社内の抵抗が最も少なく、かつ本気でやると大きなＣＸ波及効果があるのが、コーポレートガバナンス改革を社長指名の仕組みに狙いを定めて推進するアプローチである。

これだけ世の中で騒がれるとガバナンス改革のことは知っている人が多いし、取締役会の運営や社長の選抜・指名（及び解任）プロセスがより透明化されることにネガティブな思いを持つ一般社員は少ないはずだ。改革課題も形式的にはコーポレートガバナンスコードに適合していくことになるので「見える化」されていて分かりやすい。

そして何よりも取締役会のレイヤーは組織構成員の中では雲の上の超上部構造の話なので、ほとんどの人々は既得権を持っていない。社員の中で自分が本気で近未来に取締役会のメンバーになることを期待している人はあまりいないために、改革に対して分厚い抵抗勢力は形成されない。あえて言えば、まだ影響力を行使したい経営者ＯＢ、後継指名権を梃子に求心力を維持したい現社長、取締役ポストを一つでも多く自分たちに残して欲しいビミョーな勝ち残りサラリーマンあたりが抵抗勢力だが、人数的にも、また会社の未来を担う人材という意味でも、どうでもいい人たちだ。この手の人たちをぶち切ることで、経営陣と取締役会への求心力はむしろ高まる。

ガバナンス改革で取締役会の主な役割が執行の監督と会社の存続にかかわる重要な意思決定に明確化されると、意思決定のあり方は大きく変わる。業務執行マターはCEO以下の執行部がどんどん決定、実行することになり、その代わり執行部の結果責任を取締役会が問うことになる。取締役会は決定、実行に関わっていないのだから結果責任追及（当然、不再任や解任も射程）を容赦なくできる。会社の命運にかかわる重要な決断のほとんどは「あれか、これか」の鮮明な決断にならざるを得ない。取締役会がそこで空気に流されてうかつな意思決定をしたら後で株主代表訴訟を喰らう。当然、社内でコンセンサス（＝空気）を醸成しながら積み上げた案が取締役会、特に社外取締役の反対でひっくり返されることも起きる。そうなると重要な「あれか、これか」マターは自然にトップダウンで意思決定するように変化していく。

　さらに、社長指名を中心的射程に据えると、先述の社長選任の成功確率を高めるための様々な改革的施策に手を付けざるをえなくなる。最終的には採用の段階まで遡っての将来のリーダー候補層の厚みを増す、グローバル企業ならあらゆる国籍、老若男女を問わずに人材プールを拡充するためのリアルな手を打たざるを得なくなる。少なくとも取締役会のメンバー構成の思い切った多様性確保、それと並行して執行役クラスの幹部社員の多様化は待ったなしとなる。将来のトップを窺うような人材を世界中から幅広く得ようとしたときに、執行幹部も取締役会も生え抜きの中高年日本人男性ばかりの日本的カイシャがロクな人材を獲得できないことは自明だからだ。

隗《かい》より始めよ。会社の上部構造を大きく変容させることは、関わる人間の数が少ない分、手を付けやすく、それが真剣勝負で突っ込むほど、さらなる改革の連鎖を生み、会社全体へのＣＸインパクトは大きくなっていくのだ。

私自身が社外取締役として関わったオムロンのＣＸにおいても、ガバナンス改革の中核に社長指名委員会を据え、それに真剣勝負で取り組んだことが、その後の色々な連鎖反応を生んでいる。「ガバナンス改革を形式から実質へ」という声が強まっているが、これを言い換えれば、「ガバナンス改革をＣＸの起点にせよ！」ということである。

仕掛けどころ（２）将来リーダー層の採用・選抜・育成・配置・評価・処遇体系の改革

ガバナンス改革、社長指名改革とも連動する話だが、将来のリーダー層の採用・選抜・

育成・配置・評価・処遇体系の改革も比較的手を付けやすく、そのCX効果がじわじわと連鎖的に広がりやすい攻めどころである。

近年、「どうもリーダー育成は従来の管理職育成とはかなり別物だ」ということに気付いて「次世代リーダー研修」的なプログラムを動かしている会社は増えている。その意味で一応の下地はあるのと、これまた将来のCEO、CXOを狙うリーダー候補に限定した話なので、直ちに影響を受ける人の数は限定されるので、分厚い岩盤的抵抗は受けにくい。

このアプローチに関するよくある懸念は、早い段階からトップリーダー候補を選抜すると他の社員の動機づけやモラルを下げるのではないか？という、これまた昭和な心配事である。しかし、今どき多くの会社が困っているのは管理職になりたくない、マネジメントだのリーダーだのという他人の人生に深く関わり責任の重い役割を担いたくない若者の増加である。これを昭和なおじさんは「今どきの若者は覇気がない」と嘆くが、これは明らかな認識違いで、若者たちは知っているのだ、今どきのマネジメントの仕事はどんどん難しく厳しくなっていて、単に年功で年を取り経験を積んだだけで勝負できるような仕事ではないことを。これがグローバル企業ならなおさらである。新興国を含め、タフな場所で高度にプロフェッショナルでタフなタスクを担わされるのだ。トップリーダー候補になることを皆が羨ましがる時代はとっくの昔に終わっている。

それに30歳代前半くらいからの人材プールマネジメントを行うとすれば、当然、入れ替え戦もありである。外れる人もいれば、入る人もいる。一度外れるがまた後でカムバックする人もいる。日本的カイシャのサラリーマン人生一回限りのトーナメント戦ではなく、リーグ戦方式を採用し、実際にその通りの運用をすれば、トップマネジメントを志している限り、動機づけは失われない。

将来リーダー候補、すなわち次世代、さらには次々世代リーダー候補プールを選抜するには、その企業の5年後、10年後、20年後のリーダーやマネジメントの条件、ジョブディスクリプション、プロフェッショナルディスクリプションを反映した基準が必要となる。ここでのディスクリプション（役割の定義）は、すなわちＣＸゴールの反映である。そして選ばれた人材に対しては基礎的なハードスキル（簿記会計、財務、経営戦略、法務などのビジネススクール的な基礎スキル）をお勉強で身に付けてもらうだけでなく、タフアサインメントにぶち込んで鍛え、試すプロセスが不可欠となる。年功人事でアサインメントを決めていたらそんなことはできない。そんなものにとらわれない配置、評価をしないと次世代リーダー育成は「おままごと」になってしまうのだが、多くの場合、選抜と研修と配置と評価は連動していない。人事サイドで選抜と研修プログラムまでは進められるが、配置と評価は事業サイド、現業サイドの都合で行われ、結局、「おままごと」の域を出ないケースが大多数なのだ。このジレンマを断ち切るにはトップマネジメントがトップダウンで統括し、選抜・研修・配置・評価を整合的かつ長期持続的に回し続けるしかない。

ＩＧＰＩではこのプロセスの伴走型支援をある transformed な会社で10年にわたり行っているが、その会社は当然ながら経営人材、リーダー人材の宝庫として快進撃を続けているだけでなく、ベンチャー経営者や世の中に様々なリーダー人材を輩出している。

世界で戦っていく会社の次世代リーダー層づくりには、新卒、中途を問わず、世界でトップクラスの潜在力を持った若者、あるいはそのクラスの実力者を採用しなければならず、それを実現するにはさらに広範なＣＸをさっさと進めざるを得ないことは既に述べた。加えて、最近、私はこの手の企業では20歳代から本人の希望と適性を条件に、マネジメントとしてのオーバーエクステンション（背伸び）プログラムをも用意すべきだと考えている。

もうお分かりのとおり、次世代リーダー育成もこうやって真剣勝負で突っ込んでいくと広範なＣＸインパクトへと連鎖することになる。そこに直接かかわる人の数は限られるが、30代、40代の世代で起きていることは、会社のどこにいても身近に起きるロールモデル的な現象になる。これは組織文化的な変容を促進することになる。昨日まで「おい冨山、ちょっと飲み会に付き合え！」と上から目線で接していた10歳以上も年下の後輩が、ある日突然、自分の二段階くらい上のボスになることが日常茶飯事になるのだから。

仕掛けどころ（３）リバウンドなき固定費改革

この30年間ほど、中高年リストラが10年おきくらいにダイエット後のリバウンドのように繰り返されてきたことは既に述べた。そこにメスを入れるという意味での固定費改革、リバウンド防止をビルトインした形での固定費改革もＣＸ的な連鎖効果が大きい。これに本気で取り組むとなると、会社のカタチに関わる様々な問題に手を付けざるを得なくなるからだ。

企業の利益構造は、基本的に粗利の厚みであるGP（Gross Profit）マージン率（対売上粗利率）と、固定費の重さ（対売上固定費率）で決まる。大雑把に言えばGPマージン率－固定費率＝営業利益率である。GP率が50％くらいある高付加価値ビジネスでも固定費率が50％の重さであれば利益はゼロだ。粗利率の高い化粧品ビジネスなどで失敗するのはこのパターン（高すぎる営業マーケティング関連固定費）である。逆にGPが25％くらいと低めでも固定費率が15％に抑えられていれば、製造業なら営業利益率10％の高収益事業である。


しかし、固定費というのは曲者で、「固定」費なのに放っておくと自己増殖的に増えていきやすいのと、さらには重い固定費を与件とした歪んだ戦略行動を誘発して、中長期的に合理的な戦略行動を阻害する。

固定費が増えていく典型的要因の一つは、やはり終身年功型の組織構造にある。繰り返し強調してきた通り、このモデルでは年を重ねることで給料は上がるのだが、並行して地位もマネジメントレイヤーに上がることで多くの従業員はかえって付加価値を生むことが難しくなる。この人たちの多くが間接部門、管理部門に滞留し、重い間接固定費としてのしかかる現象が、世代ごとに繰り返される。本社管理部門、事業部の間接部門、販売や生産など機能部門の管理部門など、様々なところに中高年世代が固定人件費として滞留し、10年に一度の経営不振時に毎回リストラのターゲットにされる。

もう一つの典型パターンは好景気の時に売上増加に比例して設備投資を中心に償却費も増えてしまい、不況期になるとそれが重い固定費としてのしかかるケースである。売上が伸びているときは、設備投資もイケイケどんどんになりがちで、コスト管理も甘くなる。本来、売上が変動しても比例して変動しないのが固定費のはずだが、実際は増加方向へは「変動的」になる固定費は少なくない。

加えて固定費の怖さは、高固定費が慢性化すると、その固定費を短期的に薄めるために粗利さえ出ていれば薄利の商売でもいいからと、とにかく売上を作る誘因に晒される。営業現場では変動原価すれすれの値下げや販促費のバラマキが横行し、開発部門は売上を前年比で落とさないために毎年毎年、小出しの改良商品を出し続け、結果的に前の年の商品は型落ちでまたたく間に値崩れして商品寿命を短くする。結局、開発費用、新商品キャンペーン費用は回収できないまま、次の小出しの新商品開発と販売キャンペーンに移っていく繰り返し……。高固定費体質は、いわば糖尿病や高血圧のように慢性疾患的に収益構造を悪化させ、稼ぐ力を奪っていく。こんな薄利構造では、真に未来を見据えた腰を据えた開発投資やM&Aを行えなくなり、成長力も失っていく。もちろん雇用の質も低下する。重い固定費は、企業の持続可能性を危うくする、まさに重篤な基礎疾患、前出の小城武彦氏の言葉を借りれば経済的な「サイレントキラー」なのである。

固定費改革の名のもとに単なる中高年リストラや設備除却や減損で見かけのコストを落としてもCX上の意味はない。固定費が増え続ける構造、すなわち年功的な給与体系や昇進体系に大きくメスを入れなければならないし、粗利がプラスなら良しとする事業部や営業部門、生産部門の行動変容を促すよう事業×機能ポートフォリオ経営上の売却や撤退基準とも連動した利益評価指標も導入しなければならない。

また、固定費は間接部門でなくても工場や営業部門といった製品や事業単位を超えた共通コスト的なところから発生している場合が多い。するとここでも共通固定費を薄めるために最終損益は赤字だがこの製品や事業を維持しないと全社的には利益がさらに減ってしまうというジレンマに陥り、結果的に事業の新陳代謝力を妨げ、もちろん会社全体の稼ぐ力と未来投資力を大きく毀損する悪循環に入っていく。これを防ごうと思ったら、こうした不可分な共通部門を最小化すべく組織構造改革、ビジネスプロセス改革を行い、共通部門をモジュール的に分解することで、限りなく個々の事業や製品と紐づけられるように変容する必要がある。すると自然に過剰な共通固定費が浮かび上がるので、そこに張り付いている人間の頭数と総コストはITなどのデジタル技術や海外へのアウトソーシングなども活用して恒久的に削減し、二度とリバウンドしないようピン止めする必要がある。

このように、リバウンドなき固定費改革に取り組むとこれまた幅広いCX的なチェーンリアクションが起きるのである。固定費改革は、概ね不況期あるいは経営不振時に俎上に上るテーマなので、コロナショックのこの時期は、本気で取り組みを始動する大チャンスである。

仕掛けどころ（4）事業×機能（組織能力）ポートフォリオ経営改革

言うまでもなく、事業と機能（組織能力）ポートフォリオの新陳代謝力をリアルに高めることは、日本企業にとって「CXのへそ」と言っても良い勘所中の勘所である。

イノベーション領域で生まれる新しい成長ビジネスを探索・事業化し、既存事業が破壊的な競争ルールの変化に直面するなかで、企業の「稼ぐ力」と成長を持続するには、手持ちの事業ポートフォリオの入れ替えを常態的かつスムーズかつ迅速に行うことは必須である。ビジネスモデルの変容への対応という意味では先述したファブレスシフトのように事業を構成する一部の機能、組織能力の入れ替え、すなわち機能ポートフォリオ経営も必要となる。

事業ポートフォリオ経営を実効化するためには、一つは事業ごとの管理会計的な収支把握を行い、ROICやEBITDAなどの管理指標上に基づいて当該事業の戦略的ポジショニングを定期的にモニタリングし、随時、事業の撤退や売却について決断できる仕組み、体制を整備する必要がある。この仕組みの中で不可欠なのは、一つは左ページ上の図表の例にあるようにROICのような管理指標がツリー分解されて、事業部の現場サイドにおいて手触り感のある実用的なKPIとして根付かせること。もう一つは客観性のある根拠に基づき事業の入れ替えが現実に行われ、各事業部サイドがポートフォリオのリシャッフルを現実の問題として真剣に認識するようになることである（下の図表(1)）。

オムロンにおけるＲＯＩＣ逆ツリー

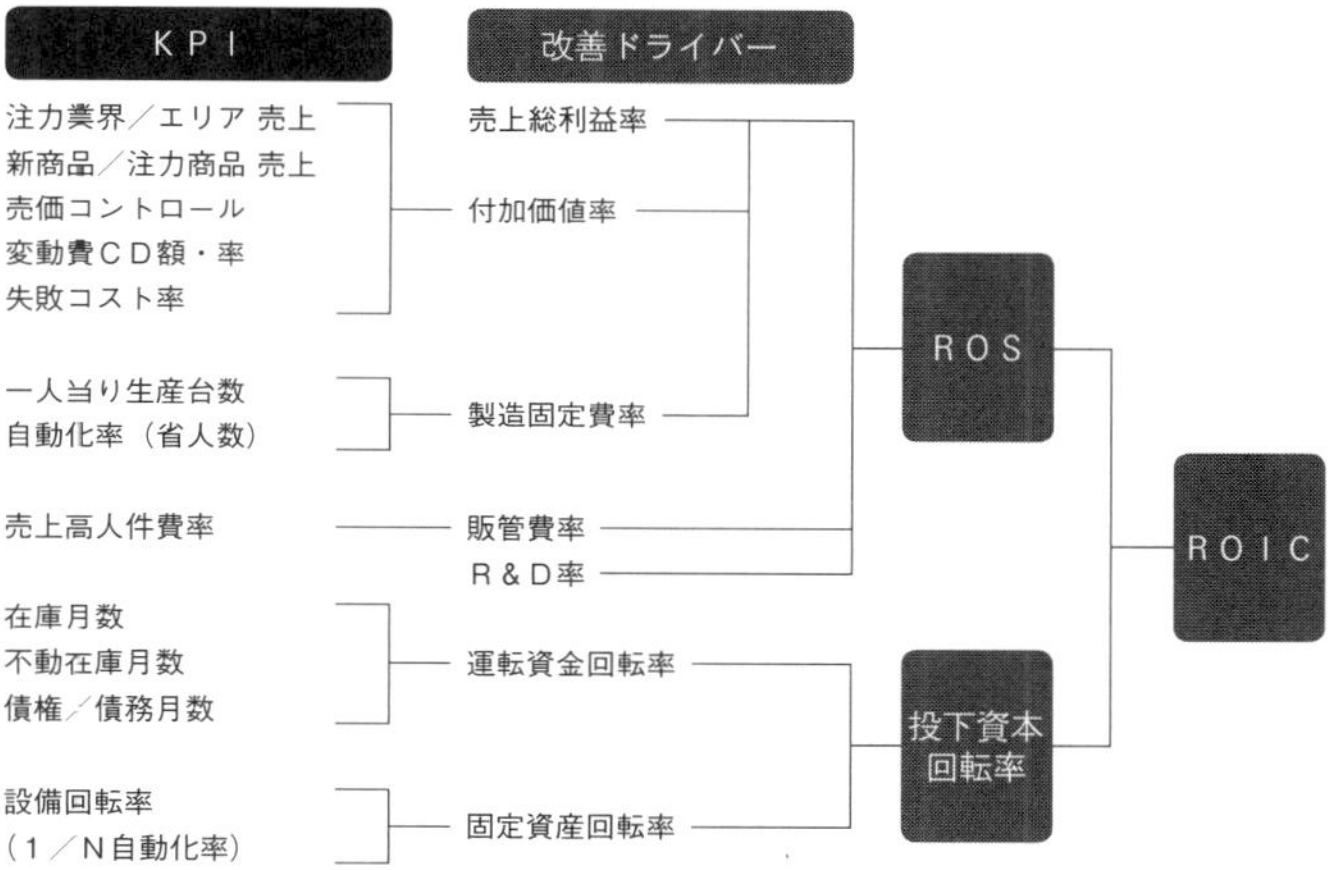

出典：https://www.omron.co.jp/ir/irlib/pdfs/ar15j/ar15_17.pdf

両利きポートフォリオマトリックス（１）
事業ポジショニング評価

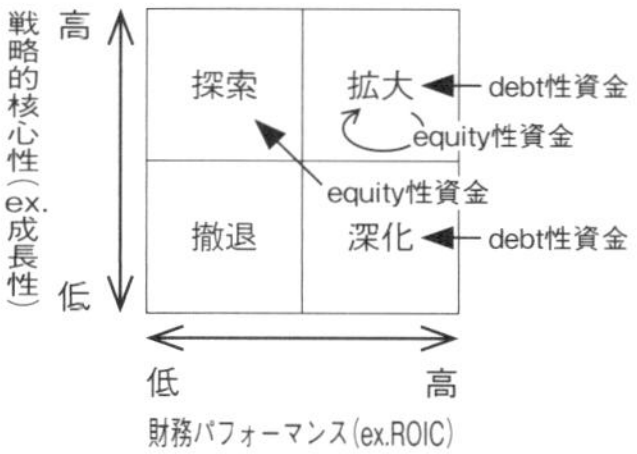

両利きポートフォリオマトリックス（２）
低収益事業の戦略的核心性評価

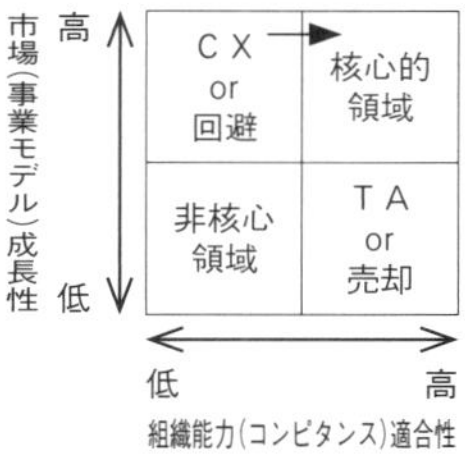

debt性資金　：負債調達
equity性資金：営業ＣＦ調達

基本的なアプローチとしては、図表⑴のように財務的なハードル指標（資本コストやEBITDAマージン率など）と戦略的な核心性（成長性、コアコンピタンス整合性など）の二軸を基本とした事業ポートフォリオ管理となるが、成熟した既存事業の場合は、当該事業の戦略上の競争力はほぼ財務的なパフォーマンスに反映されるので、戦略性に関する定性的な評価で救済することは極力避けて運用をしないと、誰も本気にしなくなる。その意味で、低収益事業の戦略的核心性については図表⑵のような組織能力適合性に関する厳しい検証が必要である。

最近、多くの企業がROICをベースにした事業ポートフォリオ管理を導入し始めたが、まだまだ数字を計算して経営企画部門や財務部門側から牽制を効かせるレベルで終わっているケースが多い。こと事業の売却・撤退については、事業部サイドからのボトムアップではなく、CEO、CFO、CSO（Chief Strategic Officer）などのCXO主導で、トップダウン型の意思決定する運用が定着しないと実効化しない。そしてCFO的機能とCSO的機能の一体化も連鎖的に進めざるを得ない。両利き経営においては、探索領域での戦略的イノベーション投資行動とその原資たるべき既存事業の営業キャッシュフロー（EBITDA）創出力は整合的に経営されなくてはならないからだ。結局、いずれもかなりへビーなＣＸマターである。

次に機能（組織能力）ポートフォリオ経営であるが、これは産業アーキテクチャ、事業モデルのトランスフォーメーションと連動する、組織能力の入れ替えなので、より複雑で手間のかかる作業となる。したがって図表(2)の左上象限のように個々の新規事業探索や事業モデルの転換、戦略的ピボットに際して、既存組織能力の過不足（何が過剰または不要で何が不足しているか）を検討する脈絡でこの議論に入るケースと、先に述べたＣＸゴールの設定作業のように、定期的に全社的な組織能力ポートフォリオの現状と必要とされるあるべきポートフォリオの比較を行い、過不足の調整を中長期的な視点で仕掛けていくアプローチがありうる。

前者のアプローチはアドホックに出現するので能動的なマネジメントマターになりにくいが、日本的経営の枠の中では既存の組織能力構成は与件として戦略対応しがちなので、その呪縛から自由な検討を戦略行動の実践ができることが鍵となる。私は多くの日本企業は、この時期、後者の組織能力ポートフォリオ評価を真剣にやるべき時が来ていると思う。例えば日本企業のソフトウェア構築能力の弱さ、組込みソフトなどに多い低いレイヤーの作り込みやカスタマイゼーション対応力ではなく、標準アーキテクチャの設計のような高い次元のソフトウェアやソフトウェアサービスの構築力の低さは昔から指摘されている。しかし、その問題に手段を問わず本気で取り組んだ例を私はあまり知らない。グーグルやアップルと同じ土俵で、同等以上の条件（職場環境、勤務場所、裁量権、テーマの質、報酬などなど）のオファーで世界のトップ人材を獲得しにいっているとは思えない。最近、日本の大企業が、やっとこさ東大などのトップレベルのＡＩ専攻の学生を特別に年俸１５００万円で採用する動きを見せたりしているが、あまりに遅く、あまりにショボい。

事業にせよ、機能にせよ、それを会社の壁を越えてリシャッフルすることを常態化するには、外の世界の評価軸と社内での評価軸をある程度標準化、すなわち市場化しておく必要もある。それがないと一番困るのは会社の枠を、時には国境さえも越えて出ていく人材、入ってくる人材の側である。せっかく積み上げた実績やケーパビリティがゼロリセットされてしまうからだ。結局、これを進めるには人材の評価軸をよりジョブ型、能力ベースに寄せて客観化し、雇用のあり方もメンバーシップ型からジョブ型、プロフェッショナル型に転換というＣＸ課題を克服せざるをえなくなる。

加えて、前述の固定費改革における、共通コスト部門が大きいままで漫然と共有されている問題は、中長期的に合理的かつ持続可能な事業ポートフォリオ経営を妨げるし、共通コスト部門のモジュール化とリシャッフルはほぼほぼ機能（組織能力）ポートフォリオ経営そのものでもある。事業ポートフォリオ経営力と機能ポートフォリオ経営力は相互依存的な関係にもあるのだ。

実はポートフォリオ経営力の強化は、会社の枠を越えた人材の出入りを常態化、当然化するので、日本的経営の文化的、哲学的な背骨になっていたカイシャの従業員に対するライフタイムにわたる生活保障責任の問題にかかわる点で、ＣＸ上極めて本質的なインパクトをも持っている。

企業再生局面などで数々の事業売却や（ファブレス化のような）機能撤退に関わった者として私の結論は明快だ。もはや個別の企業が一度採用した全ての人材の生活を生涯保障することは不可能だし、それに拘る経営は、結果的に多くの人々をかえって不幸にするからやめたほうがいい。日本的経営の文化的、哲学的な美点の中で引き継げるものがあるとすれば、人を大事にすることはその通りとして、人材が企業を越えて移動する可能性を前提でそれをどう実現するか、に根本思想を切り替える必要がある。その観点からすれば、例えば事業が慢性赤字になる前、ＰＬはまだ黒字だがＲＯＩＣターゲットをクリアできなくなった時点で事業売却に踏み切ったほうが、その事業の雇用は守られるし、従業員は大事にされる。売却先がその事業領域の勝ち組企業だったりすると、人々のモチベーションも上がり待遇も良くなる。

売却される直前に大変な抵抗をし、色々な紛争を起こし、怪文書をばらまき、ブラックジャーナリズムにフェイクニュースまで書かせて私を中傷していた張本人が、売却先で業績が好転し、何年かぶりでちゃんとボーナスが出たとたん、謝罪の手紙をよこし、「おかげさまで社員も家族も喜んでます」と謝意まで添えられていたことがある。

観念的、情緒的な愛社精神などというものは一時の熱情が通り過ぎてしまえば消え去る。人間という生き物はもっとリアルに未来へ向かって生きていく現金なものなのだ。

仕掛けどころ（5）オープンイノベーション（アーキテクチャ「脳」取り合戦）改革

最近流行のオープンイノベーション系のプロジェクトもＣＸの入り口として大きく機能

する可能性を持っている。もちろん「ごっこ」ではなく、「両利き経営」の探索軸のコア戦略として本気で取り組めばという話だが。

本業が成熟したのでその周辺にちょろちょろっと多角化するという程度の話ではなく、破壊的イノベーションで自社の既存事業が根こそぎ壊されかねない経営環境を生き抜くというシリアスな課題克服の手段、両利き経営の実践としてオープンイノベーションに挑む場合、それがCVC的な話であれ、シリコンバレーやテルアビブに出島的なサテライトオフィスを作る話であれ、ゴールはそこで醸成された新しい組織能力が本体に逆上陸して、古い組織能力と融合する、場合によっては取って替わることに設定されなくてはならない。そのためには本体のトップマネジメント層がそのプロジェクトに自ら関わり、自ら意思決定してものごとを進めていく必要がある。そして、仕事の進め方の流儀も、シリコンバレーならシリコンバレーの流儀で進め、そのプロセスを通じて自社の仕事の仕方をトランスフォームしなければならない。

コムトラックスなど早くからオープンイノベーションを活用してグローバル化とデジタル革命に乗じて競争力、収益力を高めてきたコマツは、歴代社長の坂根正弘さんや野路國夫さんが自ら現地に乗り込み、自ら即断即決で意思決定してきたことが成功要因だし、そういう経営スタイルだから向こう側も一流の連中がシリアスに対応してくれる。部下任せでお膳立てが済んだところでトップがちょろっと表敬で挨拶に行くというボトムアップなカイシャ方式では相手にされないのだ。

ＣＸが必須となる強度は、オープンイノベーションの戦略的意図が先述のアーキテクチャ転換に関わる事業モデルの転換や創造に関わってくるとさらに強くなる。

私は、「そもそも論」からスタートし、原理主義的に新しいアーキテクチャ、新しい世界標準を根こそぎ発想する能力に関しては、文化的、歴史的に日本人（特に日本人が集まった共和制的な組織）があまり得意としない種目であると考えている。

もちろん古くは空海を始めとして西田幾多郎など日本にも多くの偉大な宗教家、哲学者はいる。しかし、どちらかと言うと私たちの世界観は、矛盾するものについて、矛盾を残したまま受容し包摂することを指向し、「あれか、これか」よりも「あれも、これも」、分かれて分かれざる（鈴木大拙）思考姿勢、行動姿勢と馴染んでいるように思う。八百万《やおよろず》の神が宿り、神仏習合に馴染み、どこかのお寺の檀家でも子どもがキリスト教式の結婚式を挙げることになんら葛藤を感じない日本人が大多数である宗教観。聖徳太子の時代から大化の改新に至る時代に大陸から仏教や律令制度を輸入しながら、元々あった土着的なものとの矛盾を詳細部分のすり合わせ、作りこみで何となく解消して日本化していく受容性と柔軟性。これは明治維新でも戦後復興でもそうだったし、本書で紹介した１９５０年代後半からの「日本的経営」の成立においても同様である。憲法９条に対する姿勢にもその気配があるかもしれない。

国の統治に関して言えば、長く使われていた太政官制度の起源は中国の律令制度だし、明治憲法はプロシア憲法が下敷きで、日本国憲法はＧＨＱが草案を作っている。時代時代の世界のパラダイムの覇者、「先進国」から国家デザインの基本アーキテクチャを受容して、その下に巧みに日本風の詳細設計を作りこんできた歴史なのである。本書の前半で述べたように、日本企業が高度成長期に得意だった戦い方も基本的にこのパターンだった。

新たなアーキテクチャを発想する、すなわち既存のアーキテクチャをほぼほぼ全否定するような「恐れ多い」ことは、そもそも論として古い世界観を全否定できないと難しい。日本的カイシャの内部環境に適応し、出世してきた人材、特に日本人中高年男性にかかる能力を持っている人がたくさんいる確率は低い。私はテクノロジー系でそういう人を何人か知っているが、日本的マネジメントの価値観では、「面倒な人」「無駄に敵をつくる人」「(社内)人望のない人」ということで途中からメインストリームを外される人がほとんどである。

しかし、意見がまとまりかかっている時に、フーテンの寅さんじゃないが「それを言っちゃあおしめえよ」的なちゃぶ台がえしのそもそも論を言い出し、自らの新しいアーキテクチャ観で世界を変えようと考える連中が、アーキテクチャの戦いの「頭脳」(138ページの図表)を制して新しい産業構造の支配者になってきたのである。極論すればそれ以外の単なる筋肉や骨格だけを作っているプレーヤーは頭脳を支配する会社の奴隷にされていくDXの流れの中で、オープンイノベーションの最重要な狙いは、国籍、老若男女を問わず、アーキテクチャ構築力、アーキテクチャ転換への対応力を組織能力として持続的に持ち続けることとなる。

じゃあどうするか。自由で開かれた市場経済の時代、世界のほとんどの国で職業選択の時代である。世界中からM&Aやヘッドハントで、そういう能力を持っている人材を雇ってくればいい。これこそがガチンコのオープンイノベーションの本義である。

トヨタが、米国におけるロボティクス研究界の至宝と言われたＤＡＲＰＡ（米国防高等研究計画局）のスーパースター、ギル・プラットを副社長級で迎え、彼の仲間を中心にトヨタ・リサーチ・インスティチュート（ＴＲＩ）を設立したのも、自動車産業の大きな構造変化が起きつつある中で、「そもそも論」からアーキテクチャを発想、構築する組織能力を獲得したかったことにあると思う。ＴＲＩは最近、東京にも拠点を設置し、まさに逆上陸を開始しつつある。

私が現在、社外取締役をつとめているパナソニックが出戻り組である元日本マイクロソフト会長の樋口泰行さんを迎え、まさにＤＸが進行しアーキテクチャ勝負となっているＢ２Ｂソリューションビジネスを担うコネクテッドソリューションズカンパニーを率いてもらっているのも同様のコンテクストである。昔なら会社の派遣でハーバード大のＭＢＡに行かせてもらったのにさっさと外資系に転職し、日本ＨＰのトップ、ダイエーの社長、そして日本マイクロソフトのトップと、華麗なる遍歴を重ねたやつなんて二度と敷居を跨がせないのが、古い日本的経営の流儀だったと思う。しかし、もうそんなことを言っている時代ではないのだ。

また、パナソニックは最近、これまたロボティクスの世界の「ロックスター」、カリフォルニア大学、MITそしてカーネギーメロン大を経てネストの創業メンバーとなり、グーグルがネストを買収したことでグーグルXのリーダーの一人となっていたYokyこと松岡陽子氏と彼女のチームを迎えた。彼女と彼女の仲間も典型的なアーキテクチャ発想、「そもそも私たちは家電製品や住設製品で何をするべきなの？　顧客は何のためにお金を払ってるの？」から発想するタイプの人たちである。実はこの人事はシリコンバレーでは驚きの大ニュースになっていたが、Yokyがパナソニックに参画する決め手は、松下幸之助さんが家電製品を手掛けた動機が、当時の家事は本当に重労働で、主婦をそこから解放することにあった点に共感したからだそうだ。やはり日本人でも大創業者は「そもそも論」から発想するタイプの人間だったのだ。

ちなみに幸之助さんが制定し、今も生き続けるパナソニックの理念中の理念、「私たちの遵奉すべき精神」を見て欲しい。まさにそもそも論が並んでいる。逆に家電のかの字も、

私たちの遵奉すべき精神

一、産業報国の精神
産業報国は当社綱領に示す処にして我等産業人たるものは本精神を第一義とせざるべからず

一、公明正大の精神
公明正大は人間処世の大本（たいほん）にして如何に学識才能を有するも此の精神なきものは以て範とするに足らず

一、和親一致の精神
和親一致は既に当社信条に掲ぐる処個々に如何なる優秀の人材を聚（あつ）むるも此の精神に欠くるあらば所謂（いわゆる）烏合（うごう）の衆にして何等（なんら）の力なし

一、力闘向上の精神
我等使命の達成には徹底的力闘こそ唯一の要諦にして真の平和も向上も此の精神なくては贏（か）ち得られざるべし

一、礼節謙譲の精神
人にして礼節を紊（みだ）り謙譲の心なくんば社会の秩序は整わざるべし正しき礼儀と謙譲の徳の存する処社会を情操的に美化せしめ以て潤いある人生を現出し得るものなり

一、順応同化の精神
進歩発達は自然の摂理に順応同化するにあらざれば得難し社会の大勢に即せず人為に偏（へん）する如きにては決して成功は望み得ざるべし

一、感謝報恩の精神
感謝報恩の念は吾人（ごじん）に無限の悦びと活力を与うるものにして此の念深き処如何なる艱難（かんなん）をも克服するを得真の幸福を招来する根源となるものなり

パナソニックHPより作成

製造業のせの字も書いていない。家電を大量生産・大量販売するビジネスを選択したのも、日本的経営スタイルを先行的に確立したのも、ここに書かれているそもそも論をその時代において自らの才覚、組織能力で実現する最適な手段として選んだのである。若き幸之助さんが現代に蘇ったら、パナソニックに関してもおそらく大規模なＣ

Xに取り組むことは間違いない。

オープンイノベーションも、こうした次元まで突っ込んでいけば、本質的なCXを経営者自身と会社組織全体に迫ることになるのだ。コロナショックで「オープンイノベーションごっこ」「DXごっこ」の多くが不要不急ということで淘汰されると思うので、むしろこれからが楽しみである。

仕掛けどころ（6）　M&A組織能力改革

M&Aの成功確率を上げるには、異質な人材集団を評価し、経営する組織能力が鍵となるということは既に述べた。この組織能力を本格的に強化しようとすれば、必然的にCX的な辺縁は大きく広がっていく。

現代の経営において市場拡大と事業イノベーションを進めていく上でM&A（買収も売却も）、それも国境を越えたM&Aは必須の経営手段である。だとすると個別のM&Aに際してそれを何としても成功させるためにCX的な連鎖的改革につなげる機会はたくさん出てくる。私はJTがローカルな国有企業からグローバルな民間企業へと、M&Aを必須の手段として進化する過程においては、自らの生き残りをかけた個々のＭ＆Ａを絶対に成功させるためにＣＸ的な改革を真剣勝負で進めざるを得なかった強い動機づけがあったように感じている。ＪＴのＭ＆Ａ戦略については、長年の友人であり、その立役者の一人である新貝康司さんによる『ＪＴのＭ＆Ａ』（日経ＢＰ刊）に詳しく書かれているので是非とも参考にしてもらいたいが、すべてのＭ＆Ａ機会に、そこから次のＭ＆Ａの成功確率を高めるための組織能力の改革と強化のチャンスは存在している。問題は、成功も失敗も個別現象として流さず、ＣＸマターとして深掘りして、再現性の高い仕組みとしてＭ＆Ａ（とＰＭＩ）を経営する組織能力を強化しようとするか否かである。

例えば、Ｍ＆Ａを常態的な経営手段として使いこなすためには、先述の事業×機能ポートフォリオ経営に関わるＣＸ改革は必須となるし、コアとなるマネジメント層はプロフェッショナルに世界中の買収先の経営において有効に機能する人材でなくてはならず、それを日本人の新卒生え抜き人材だけで充足することは絶対に不可能。だとすればグローバルな人材市場から人材を獲得し、今度は彼ら彼女らをマネージできなければ持続的な組織能力化はできない。すると日立が長い時間をかけてやったようにグローバルなコアポジションをしっかりと客観的な指標でジョブグレード化し、報酬もシンクロさせて、国籍を問わず人材のスイッチをグローバルにできる仕組みにシフトしていくことは必須になっていく。他方でローカルなオペレーションを営々と担う人材については、地域の実情に合わせた長期安定雇用の方がマッチするとすれば、従来の日本的システムを改良した仕組みも多元的に持つ必要も出てくる。

要は失敗例が多い分、M&AをCXの仕掛けどころにする機会数は多く、経営陣の気づきさえあればその動機づけも強いはずなのだ。

仕掛けどころ（7）経営危機からのターンアラウンド局面

以上、（1）から（6）までの仕掛けどころがまとめて登場するのが、経営危機からのターンアラウンド局面、企業再生の局面である。再生局面では、りそな銀行や東京電力もそうだったが、経営者交代に合わせてガバナンス改革と経営者選抜方法にも大きなメスが入るケースは多い。経営危機時に固定費削減に切り込むのは当然だし、事業売却のようなポートフォリオ整理にも踏み込まざるを得ない。外科手術後のリカバリーモード、再成長モードを展望すると、その企業を窮境に陥らせた元々の慢性的な基礎疾患の克服に目を向けざるを得ず、病原は、変化し日々新たになっていく経営環境とそこで求められる組織機能や組織文化と現状との間のギャップに起因している場合が多い。そうなると外部人材の活用を含めたオープンイノベーション力、会社ごと組織能力を手に入れるM&A経営力の強化に目を向けることになる。

経営危機的な局面はとにかく苦しいし、経営者も従業員も大変なストレスにさらされ疲弊する。しかし、長期的にはCXを推進する稀有なチャンスでもあり、そこで単なるコストダウン、リストラ、資産売却、減損計上などでその場をしのぐだけで終わってしまうと、種々の構造問題を抱えたまま再び走り出すことになり、そのツケが次の環境激変局面で再びの経営危機という形で再燃する。

それを避けるためには、ここで一気に浮上する問題を一気に抜本解決する強い意志を経営トップ（取締役会とCXO）が持ち、全面的なCXを始動させることしかない。

りそな銀行を再建した細谷英二さんも、日立を再建した川村さんや中西さんも、JALを再建した稲盛和夫さんも、経営危機からのターンアラウンド局面という好機を逃さず、その後の中長期にわたる私の言葉で言うＣＸに乗り出している。実はオムロンがＣＸ的な問題意識で諸々の重要な改革を本格的に始動したのもＩＴバブルがはじけて業績不振に陥った２００１年からである。心ある経営者、真に未来をみつめる経営者はこの好機を絶対に逃してはならない。

よくある戦略立案物は意外と役に立たない

以上、リアルＣＸとは、色々な仕掛けどころから臨機応変にたたみかけ、一つの改革が次の改革へと連鎖するよう働きかけ続ける持続的な経営改革運動となる。

その中ではいわゆる戦略立案というのも一つのきっかけにはなりうる。私たちＩＧＰＩにおいてもオーソドックスな事業戦略立案のお手伝いをするプロジェクトがないわけでないので、当然そこから本格的ＣＸを仕掛けようとすることもある。戦略と組織の関係は密接不可分なので、一見、戦略立案プロジェクトがＣＸ推進につながりそうに思うかもしれないが、これが意外とそうでもない。今どきの事業戦略案は３年間くらいのタイムフレームの話が多い。これは環境変化スピードが速く、未来の不可予測性が高くなっている中で、長い時間軸で戦略案を作りこむことの意味が乏しくなっているので、ある意味、自然なことだが、そうなると組織能力的には現在の手持ちの現有勢力で何とかしようということになり、わざわざＣＸに踏み込んで遠回りするような思考傾向にはならないのである。

もちろんその程度の変異幅の新戦略は、破壊的イノベーションが進行している産業においてはほとんど役に立たない。本書で私が「戦略は死んだ」と言い切った所以である。

この際、死屍累々となっている多くの戦略計画の墓標をもう一度見つめなおし、ここは多少時間がかかっても、オープンイノベーションやＭ＆Ａといった日本的経営にとっては非正統的な手段を使ってでも、会社のカタチ、組織能力のトランスフォーメーションを本格始動させる覚悟を多くの経営者に望みたい。これこそが真の意味での長期的視野に立った経営となる。

「ＣＸは一日にしてならず」、短期決戦の罠――よくある改革セオリーの誤り

私がＣＸは10年戦争だ、腰を据えた長期的取り組みが必要だ、と言うと「そんな悠長なことを言っていて大丈夫ですか」「企業再生は短期決戦じゃないんですか」「改革スタート

からの100日プランが勝負なのでは」といったレスポンスが返ってくる。いわゆる企業再生の専門家というイメージ、企業の緊急手術専門の外科医みたいなイメージがあるので意外な印象を与えるのであろう。

もちろん『コロナショック・サバイバル』でも述べた通り、危機時には緊急対応が必要で、外科手術は手際よく済ませたほうが患者のダメージも少なく感染症リスクも小さい。ただ、問題はその後のリカバリーと戦線復帰、さらにはトップレベルの競争で再び高いパフォーマンスを出すことを外科手術の最終ゴールと設定した場合、目のまえの外科手術、100日プランは、その後に続く長いCXプロセスの起動イベントと位置付けなくてはならない。

外科手術は痛みでのたうち回っているところで一気に進めるので、痛みから逃れたい患者としてもそれを拒否する人はいない。会社更生法手続きなどは、ある意味、麻酔している間に大手術をしてしまうような側面さえある。問題はその先である。CX的な改革は、会社の行動様式、構成メンバー個人の行動様式に大きな変容を迫る。それもかなりストレスフルな形で。当然、改革疲れは起きるし、改革への反発も生まれるし、いくつかの不幸、不運な事象も起きる。すると「短期決戦ならあと1年頑張れば、元の習慣通りの平穏な暮らし方にもどれる」という心理が生まれる。そして次のリーダーはもっと穏健なタイプになって欲しいという空気が組織のあらゆるレイヤー、特に古い会社のカタチで逃げ切れそうな中高年世代に生まれる。

一般的に言われる「大改革は短期決戦」というセオリーは実は机上の空論で、改革は規模が大きく深度が深いほど、すなわちＣＸ的な射程になるほど持久戦になる。そこで「２年でこの会社を変えてみせる」とか宣言すると、社員の多くは２年間だけ改革派のふりをしながら嵐の過ぎるのを待つ行動を取ってしまう。結局、どんなことがあろうが、どんなに時間がかかろうが、新憲法型の会社に変容するＣＸの歩みは止まらない、と皆が思い始めた瞬間から、人々はある種の諦観によって本気でＣＸモードに転ずるのである。日本型の改革は、長期戦の覚悟をリーダー層（取締役会とＣＸＯ）が決めることで加速し、結果的に短期で改革が成るパラドックス性を持っているのだ。

ちなみに経験則的に言うと、抵抗勢力の心を砕くのに一番効くのはやはり社長人事である。多くの人々が改革疲れとなり、色々な改革の歪が目に付きはじめ「次はさすがに穏健派の社長だろう」と皆が思い始めたころに前任者以上に破壊王なトップが就任すると、さすがに人々の中の抵抗する心は折れ、この際、ＣＸの流れに乗って自分も変容しようと考え始める。明治の初めごろの士族も、昭和20年代も日本人はそんな心境で新しい時代に適応していったのではないか。ローマにおいて共和制を破壊した革命家カエサルが暗殺されたあと、後継者になったのはさらに老獪な革命家アウグストゥスであり、彼の代で共和制から帝政へのトランスフォーメーションは完了する。CXは一日にしてならず、である。

真のゴールは持続的なCX力の獲得——本質的な競争優位性

それでは実際のところCXはどれだけ時間をかければ達成できるのか？　私は前出の旧憲法に近いところにいる日本企業が新憲法草案の近くにたどり着くには、やはり10年は本気で変容を続ける覚悟を決める必要があると考えている。だからCXゴールの設定時間軸を10年後の自分たちの姿と置いたのである。

しかし、その間もテクノロジーの発達はその速度を緩めず、ネット化によって社会的なボラティリティはグローバルスケールでむしろ高まっており、経営を巡る環境はますます可変的、流動的になる。同じくCXゴールの設定において、そのゴール自体がムービングターゲットにならざるを得ないとも述べたが、詰まるところCXの最終ゴールはないのである。「新憲法草案」とて、これから10年も経つと、まったくもって古臭い、まだまだ株式会社という仕組みが溶けてしまう前の時代遅れの憲法と評価されてしまう可能性がある。コロナショックによって、物理的に法人的空間から切り離されて仕事をしている私たちは、ひょっとするとそんな未来社会のシミュレーションを行っているのかもしれない。

こう考えてみると、ＣＸの真のゴールは恒久的にＣＸを続ける力、持続的な企業組織の変容力を獲得することになってしまう。ややトートロジー的な表現になってしまうが、目指すべきものが変わっていくことが間違いない時代には、目指すべきものが変わることに対応する組織能力を持っている企業が両利き経営の時代の勝者になっていくのだと思う。ダーウィンが進化論において適者生存を唱え、適者とは、強者すなわちある時代環境に過剰適応した者ではなく、環境変化に対して自らも変化適応する力を持った者だと結論付けているが、持続的なＣＸ力こそ変化適応する能力、環境激変の時代を生き抜くもっとも重要な組織能力、真の競争優位性の源なのである。

そこで同質性、固定性、一元性を組織特性とする企業体と、多様性、流動性、多元性を組織特性とする企業体とで、どちらが変化適応力、持続的ＣＸ力を持っているかは自明であろう。

第5章

日本経済復興の本丸——中堅・中小企業こそ、この機にCXを進めよ

ローカル経済圏、中堅・中小企業経済圏こそが日本経済の主流！

さて、ここからCXの議論をより広く、日本経済全体に広げていく。そこで「中堅・中小企業」と書かれると「？？」と思う読者も少なくないかもしれない。大手新聞社やテレビはもちろん、経済メディア全般に取り上げる対象は圧倒的に全国区銘柄の大企業や有名グローバル企業である。だから日本経済の大半、そして雇用の大半がこうした企業群に依存しているかのような錯覚に陥る。図表化すると次のページのようなイメージではないだろうか。

ところがところがである。日本経済の現状を産業セクター別にみると、じつにGDP（国内総生産）の約7割が小売、卸売り、飲食、宿泊、エンターテイメント、地域金融、物流、運輸、建設、医療、介護など地域密着型のサービス業と農林水産業、私がL型産業

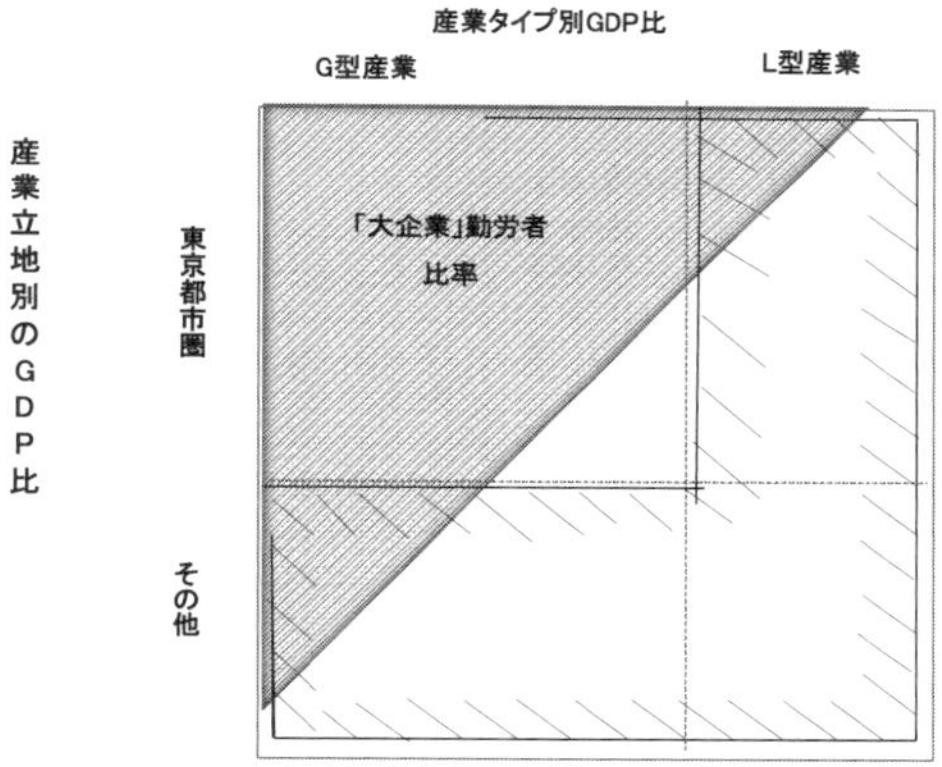

と呼んでいる産業群によるものなのだ。逆に製造業を中心に海外の市場を主戦場に稼ぐグローバルな産業（Ｇ型産業）は主な付加価値生産活動の海外シフトが進む結果、３割程度のＧＤＰしか生み出せなくなっている。

そしてこうしたＬ型産業群を担っているのは圧倒的に中堅・中小企業である。雇用でみると資本金10億円超のいわゆる大企業の正規雇用者比率は全勤労者の20％程度まで下落しており、雇用という意味でも中堅・中小企業で働く人々とやはりサービス業に多い非正規雇用が、この国の勤労者の圧倒的多数派になっているのだ。これは大企業が集まっている東京も同様である。都民の大多数が大企業で働いているなら、感染症拡大で長期休業を余

大企業と東京の占める比率の実像

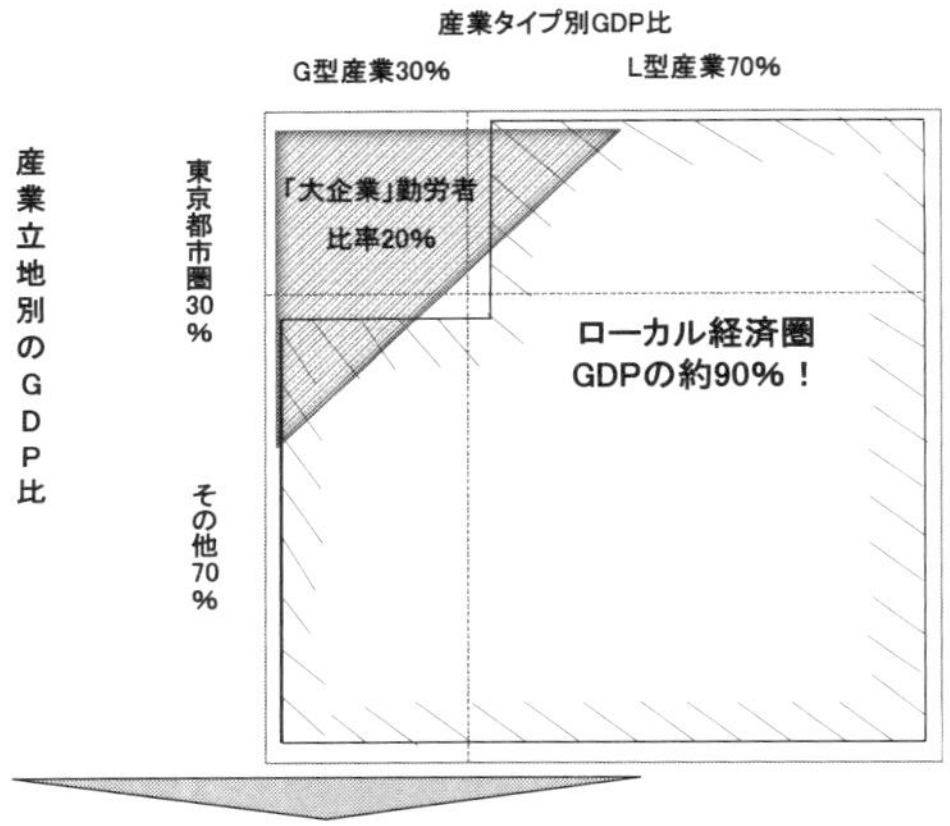

儀なくされている中小サービス業の悲鳴がこれだけ大きな声にはならない。

ちなみにいわゆる東京都市圏のＧＤＰ比率は３割くらいなので、日本経済の全体構造を正しく表すと上の図のようになる。

コロナショックによって直ちに大きな打撃を受けたのが東京、地方を問わずこのＬ型産業であり、そこにより大きく依存する地方経済が受けるダメージはことさら大きい。今や日本経済の主流であり基幹産業化しているＬ型経済圏が全国的にリカバリーし、さらには成長モードにシフトできなければ、日本経済の復興はない。

経済マスコミは自分たち自身が千代田区、

中央区、港区あたりに生息しており、大手はまだ昭和な日本的カイシャモデルで運営されているので、こうした事実を実感として理解できていない。だから「やはり日本経済の中心は大企業なんですよ」なんてことをテレビで言ってしまったりする。しかし、将来のＧＤＰの成長シロとしては、もう多くは自動車産業や電機産業に期待できないのである。真の日本経済復興の本丸はローカル経済圏とそれを担っている中堅・中小企業セクターにこそあるのだ。

日本の経済社会の基礎疾患
――Ｌ型産業経済圏（中堅・中小企業）の低生産性、低賃金

裏返して言えば、Ｌ型産業経済圏、中堅・中小企業の低労働生産性、低賃金構造は、そのまま我が国の経済成長力を押し下げることを意味する。次のページのとおり、産業セクターとしての生産性は製造業と比べて低く、他の先進国と比較しても低水準な状態を脱却できていない。グローバル化の進行、取り分け新興国の勃興と開発途上国の生産拠点としての興隆によって、Ｇ型産業はどうしても国内雇用を失い、そこから吐き出された雇用の

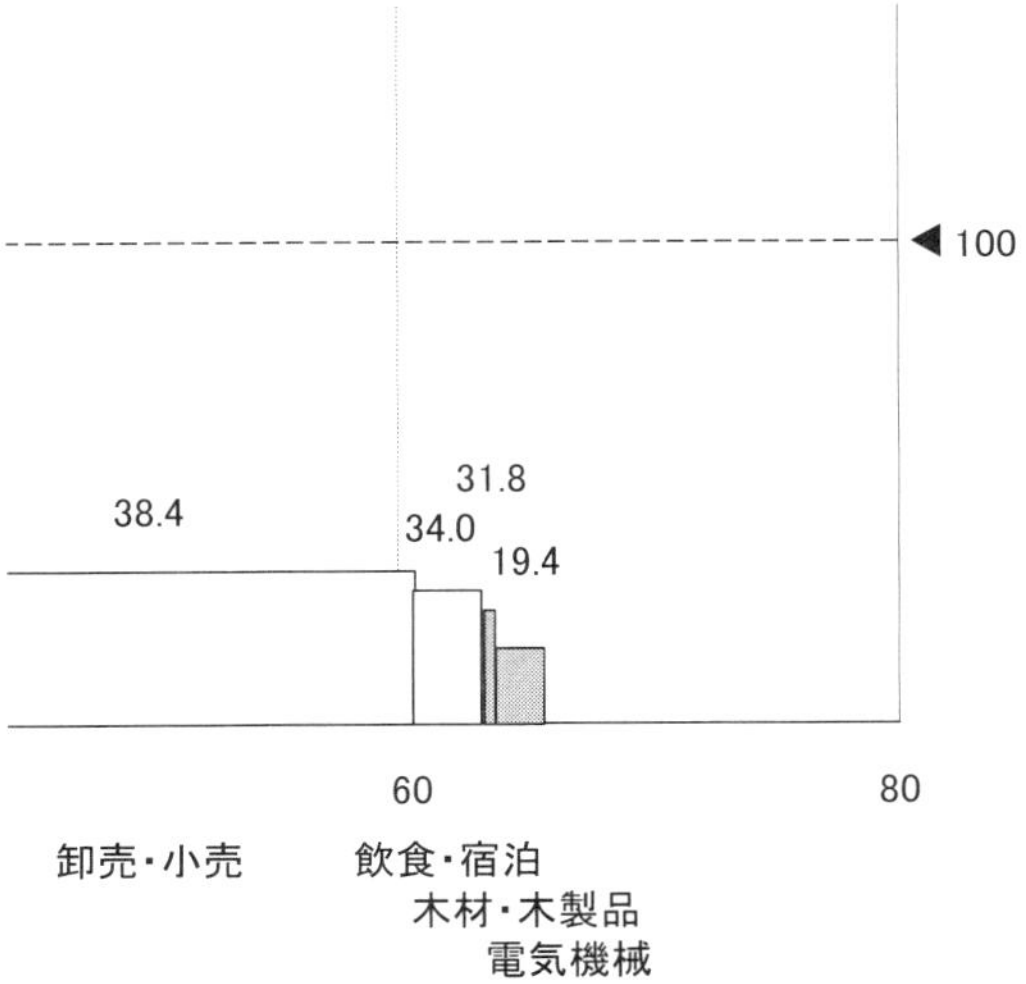

備考：縦軸は労働生産性（米国＝100）、横軸は付加価値シェア（2012年）、製造業はグレー、非製造業は白抜き
出所：平成24年経済センサス活動調査、公益財団法人日本生産性本部「日米産業別労働生産性水準比較」よりIGPI分析

受け皿になってきたのが、低生産性、低賃金のL型経済圏となれば、GDPを押し下げる力が働いてしまうのだ。そして若者は少しでも高生産性、高賃金を求めて大都市に流入するが、そこでも高い住宅費、生活費をまかなって余りあるナイスな仕事はあまりない。結局、大都会の中にあるL型産業に従事することになり、経済的に厳しい生活を強いられ、結婚も子育ても難しくなる。これだけ若者が日本中から集まってくる東京の出生率

労働生産性水準（対米比）と付加価値シェア

◆比率を高める非製造業の労働生産性の低さが大きな問題…低労働生産性と低賃金が連鎖

◆日本の製造業における労働生産性は、アメリカと比較しても低くない…強い現場力が収益力に結びついていない

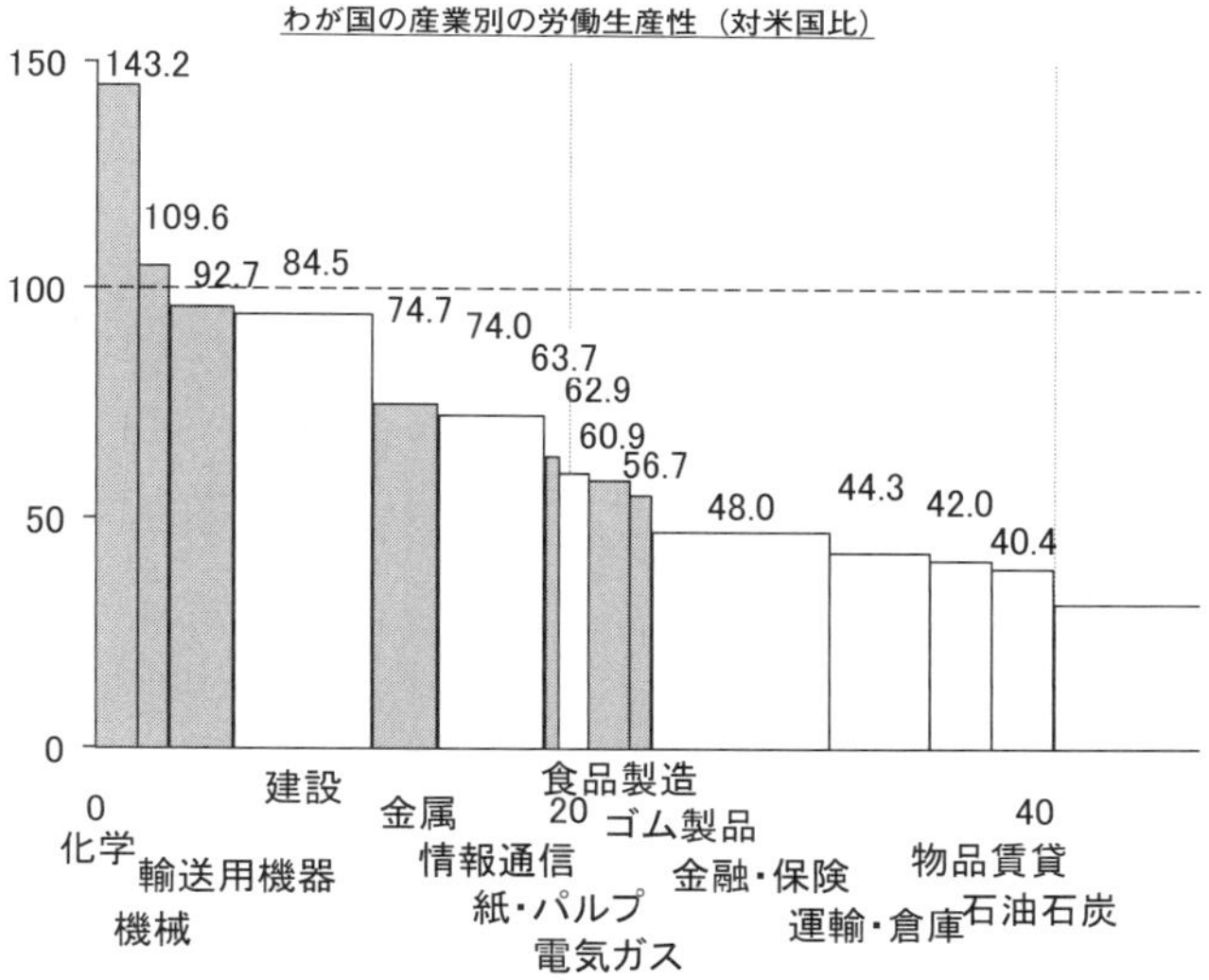

が低くなるのはこのメカニズムである。結局、一極集中都市、東京は人口のブラックホールのようになっている。

２０１４年、増田寛也さん（当時、野村総研）を中心とするメンバーが『地方消滅』（中公新書）を、私が『なぜローカル経済から日本は甦るのか』（ＰＨＰ新書）を出版し、この問題が人口問題を含め全体としての日本の社会経済システムの持続可能性を危うくすること、裏返せばそこにこそ潜在的な成長シロがあ

ることを世に問うた。この頃から地方創生に関わる政策群が始動していくわけだが、本質的に民間企業の経済活動の生産性がネックになっている問題において、政府が政策的に関与できることは限られる。同時期に元ゴールドマン・サックスのデービッド・アトキンソン氏が観光産業を中心にやはり生産性の向上可能性の高さという視点から鋭い問題提起を行い、それがインバウンド政策に反映され、大きな成果を上げてきた。最低賃金を大きく上げることなど、アトキンソン氏と私の考えは一致点が多いが、これまでの政策手段はなかなか大きな効果を上げられていないのが現状である。

今、そのL型産業群がコロナショックの大きなダメージを受けている。この危機に際して、まずはシステムとしての地域経済とそこに働く資産も収入も失う人々の人生を壊さないようにサバイバルすることが問われるが、同時にこのショックが個々の地域の中堅・中小企業にとって長期持続的な再生に取り組む機会となることを期待している。『コロナショック・サバイバル』でも強調したとおり、この先もデジタル革命は進展し、破壊的イノベーションの波は良くも悪くも地方にも押し寄せるのだから。

今のゆでガエル状態の延長線上に明るい未来、持続可能な未来はないはずだ。その証拠に以前から多くの中堅・中小企業が事業承継問題に苦しんでいる。今回の苦境を政府の資金繰り支援融資で乗り越えても、その後には従来以上の重い借金が残される。今回生き残ることができても、この30年間、ほぼ10年おきに色々な要因で訪れる危機イベントがまたいつかやって来た時に企業体力は残っているのか、後継者はいるのか。

ここで地域経済の担い手の皆さん、すなわち企業経営者や地域金融機関がこれらの問題に真剣に対峙することは、L型経済圏の再生、再成長、そして日本の経済社会が真に持続可能な復興軌道に乗る大きなチャンスであり、絶対条件でもある。

GからLへ流れは変わる、ローカルDXを起動せよ

今回、地方経済がなかなか決定的なターンアラウンドができずに来たところにコロナショックが襲来したわけだが、これは経済社会トレンドとして従来のGからLへの一方通行的な流れが変わる大きなきっかけにもなりうると私は考えている。ここは大事なポイントなので、（後編にあたる本書から読まれている方のために）前編『コロナショック・サバイバル』の記載をあえて以下に再掲する。

〈もともと自然災害についても懸念されていたが、大都市への過剰集中は、危機に対する社会全体のレジリエンスを下げる危険性がある。今回の感染拡大においても世界中でその問題は顕在化している。また、こと働くことに関しては、デジタルネットワーク技術の発達で今どき大半の業務はリモートで済むことが実証されつつある。

生産活動の中心が知的生産に移っているなかで、いわゆるオフィスワークの領域で、多くの人がいつも一つの場所に朝から晩まで集まって仕事をする必然性はない。大都市で行われている仕事の大半はそういうタイプの仕事であるにもかかわらず、必要以上に人口が集中した結果、NY、サンフランシスコやロンドンでは、平均的な労働者が絶対払えないほどに家賃が高騰し、東京ではほとんどの勤労者が1時間以上満員電車に揺られなければ職場にたどり着けない状況を生んでいる。住宅費の高さと通勤地獄が、若者がどんどん集まってくる東京圏における低出生率（経済的に結婚できない×環境的に子育てが難しい）の背景にあるという指摘はよく聞く。

知識集約産業においては知識集積度を高めるほうが有利で、そのために都市への人口集中が進むという傾向があるのも確かだが、その一方で過剰集積によってトータルな社会システムが持続可能性を失ってしまうと元も子もない。知識集積を高めるために毎日、職種や業種に関係なく社員全員が朝から晩まで同じオフィスで顔を合わせている必要はないはずだし、最先端のデジタルネットワークを活用すれば、直接に顔を合わせていなくても、かなりの部分はストレスなく仕事ができることを私たちは知ってしまった。

また、サプライチェーンがグローバルに長くなりすぎていることのリスクについても、天災や地域紛争などで度々痛い目に合ってきた中で、今回はおそらくもっとも厳しい形でそのリスクが顕在化していくだろう。そうなると、すべての産業でグローバルサプライチェーンモデルと地産地消のモデルとのリ・バランスの動きが出てくるはずだ。言うまでもなく地産地消型経済圏を過剰集積の大都市に作ることは難しい。

ちょうど全国に５Ｇネットワークが拡充される時期でもある。私は今回のパンデミック経験を境に大都市、特に東京一極集中の人の流れが変わる可能性があると考えている。

もちろん東京というグローバル都市の重要性や魅力度が変わることはないし、真にグローバルな競争のステージに立っている知識集約的な企業、大学、ベンチャー、プロフェッショナルサービス機能が東京に集積すべきことは今後も変わらないだろう。しかし、そのことは全人口の約3割が東京圏に密集して居住し、かつ昼間はその多くが都心部に集まって仕事をしていることの社会的必要性、経済的必要性を意味してはいない。過剰集積の大都市における満員電車×オフィスワークは、現在問題となっている「密閉」「密集」「密接」な「三密《さんみつ》」そのものの生活スタイルである。むしろそこから不要な社会的ストレスや密度の不経済が生じている可能性が高いうえに、天災であれ感染症であれテロであれ、危機時のレジリエンスは著しく下がっているのだ。

ストレートな地方への機能分散や移住だけでなく、リモートワークによる自宅勤務や東京と地方の二拠点生活、ワーケーションなど、地方、地域を活用した働き方、生き方の選択肢は増えている。地方には人口減少で安い土地がふんだんにある一方で、新幹線の延伸、全国に97か所もある空港網、高速道路網の整備による安価な高速バス網によって、以前とは格段に便利になった地方をもっと活用した経済活動のあり方、生活のあり方を追求することで、おそらくは多くの人々にとって今までよりも幸せな生き方を実現できる時代がやってくると思う。地方から東京へ、すなわちL（ローカル）からG（グローバル）へと一方通行だった人の流れが変わる好機が到来しているのである。

私たちＩＧＰＩグループでは、すでに北は青森から南は神奈川までの東日本地域において、バス、鉄道、モノレール、タクシーなどの地方公共交通サービスを中心に事業展開をするみちのりグループが、ローカルビジネスの再生・再編と様々な最新技術も駆使した生産性向上による高い収益力を軸にＬへの流れに乗った成長を続けている。また、昨年から南紀白浜において、ローカル空港の民営化受託を軸にした地域経済活性化の取り組みも開始した。顔認証技術による地域のキャッシュレス化やワーケーション推進も実践中である。実際、ＡＩ／ＩｏＴ／ＢＤを軸にした最新のデジタル技術群は、Ｌ型産業のリアルな世界の自動化や生産性向上と相性がよく、みちのりグループや南紀白浜空港は今風に言えば、Ｌ（ローカル）型産業のデジタル・トランスフォーメーションを推進中なのだ。

地方の現状は、生産性と賃金水準が低い一方で、住居費、生活費は安く通勤時間も短い。そこで驚くべき技術進歩と価格低減が進む新しいデジタル技術で生産性革命を実現し、賃金水準を押し上げられれば、大都市よりも豊かな生活圏を作り出せる可能性が高い。現在、私たちはみちのりグループの成功をロールモデルに、ＬＤＸ（ローカル・デジタル・トランスフォーメーション）をより大きな規模で推し進める事業を、同じ志を持った金融機関や事業会社とともに立ち上げることを検討している。これが大きな社会運動に広がって日本全体としてのＬＤＸが起動すれば、政府主導ではなかなか本格軌道に乗っていない地方創生が、今度は民間主導で持続性と自律的拡大力を持つのではないかと期待している。ＧＤＰの7割を占めるこの経済圏が活性化すれば、我が国全体が成長力を取り戻す強力なエンジンにもなるはずだ。〉

そして本書で何度も繰り返してきた通り、そのＬＤＸを成功させるには、その主体である地域の中堅・中小企業自身のＣＸが不可欠なのである。

Ｌの世界の両利き経営、ＣＸ経営とは

前章までの両利き経営及びＣＸ経営の議論のほとんどは地域密着型の中堅・中小企業にも当てはまる。経営環境の激変、すなわち破壊的イノベーションやコロナショックのような破壊的危機に対応していかなければならないことに企業の大小は関係ないからだ。歴史のある日本企業が罹患しやすい日本的カイシャ病には歴史のある中堅・中小企業も罹患しやすい。特に地域の中堅・中小製造業に多い、大企業の系列やサプライチェーンに組み込まれている企業は、広い意味でのカイシャシステムに組み込まれているので、そのメリッ

トもデメリットも同じように現出する。したがってこれからの時代を生き抜いていくためには、中堅・中小企業の経営に関わっている皆さんも、是非ともここまで議論してきたＣＸ的課題を我が事として受け取って欲しい。

加えて、本章では、中堅・中小企業に特徴的な経済特性とそれを前提にした付加価値生産性向上に向けたローカル版の両利き経営とＣＸ課題について考えていく。

前出の『なぜローカル経済から日本は甦るのか』で詳しく述べているが、簡単に説明すると、ローカル型産業の多くを占める対面型、労働集約型でオペレーショナルなサービス産業は、企業規模よりも顧客密度が大事なビジネスである。そこで漫然と規模を追ってしまうと顧客分布や店舗分布が薄く広く散らばってしまい、かえって業務効率が悪くなる。運輸や物流が典型だが、乗客や荷物があまりないところを長い距離を走ってもコスト効率は悪化するばかりである。これは小売業や飲食のような店舗ビジネスでも同様で、顧客がたくさんいるところに出来るだけ集中出店したほうが、店舗稼働率は上がるし、店舗数が増えても管理は楽だし、店舗間の物流効率も良くなる。医療や介護も拠点型なので経済的には同じ性格を持っている。密度を無視した拡大は「規模の不経済」になってしまうのだ。

こうしたビジネスの経済特性を分散型、密度のビジネスと表現するが（詳しくは『IGPI流　経営分析のリアル・ノウハウ』〈PHPビジネス新書〉参照）、要は一定規模の商圏内でトップの生産性、競争優位を構築してしまうと、全国区クラスの大手でもそれを駆逐するのは難しい。自動車産業やエレクトロニクス産業のようにグローバル競争をやっているわけではないので世界一になる必要はない。県大会で一番、場合によっては市大会や町内大会でのトップで競争に勝てる、守りに強いビジネスなのである。私たちは東北地方で路線バス事業を営んでいるが、仮にベトナムのバス会社がハノイで20分の1の人件費でバスを走らせていてもまったく競合関係に立たない。これがG型産業の電機製品メーカーの東北の工場なら、20分の1の人件費で運営されているベトナム工場とガチで戦うことになる。こと事業の存続という観点からはこの違いは決定的に大きい。

以上の産業特性を両利き経営に当てはめると、まずは既存事業の深化、漸進的な改善努力で足元をしっかり固めることが何より重要だということが分かる。要は集団的なオペレーショナルエクセレンスを活用する旧来の日本的経営の構成要素を使える部分が大きいことを意味する。そしてＤＸについても、既存事業の深化、生産性向上の脈絡で利用できる場合の方が多い。もちろんブロックバスターがネットフリックスにとって代わられる、ＧＭＳ（総合スーパー）業態がコンビニやネット通販に小売業の主役の座を取って代わられるような「破壊的イノベーション」はここでも起きる。そうした危険性に対する感度は上げておかなければならないが、提供している本質的価値がよりリアルでハードでシリアスなほど、今、提供しているサービスが根こそぎ消えてしまうような破壊的イノベーションは起きにくい。むしろ世の中に次々と現れる新技術、新業態にアンテナを張りながら、今、足元で対峙している顧客により良いサービスをより効率的に提供することを考え続けていれば、自らが自然に新しい業態にトランスフォームできるチャンスさえある。

『両利きの経営』でも紹介されているが、破壊的イノベーターであるネットフリックスとて、当初は店舗に来るのが面倒な人、不便な人向けの郵送レンタルビデオサービスからスタートした。先行事業者であるビデオレンタルの巨人、ブロックバスターに対するいわばニッチな顧客価値の追求から入ったわけだが、要はＬ型なビジネスモデルである。しかし、そもそも顧客はハードとしてのビデオやＤＶＤが借りたいのではなく、ソフトコンテンツをみたいから金を払っているわけで、それをまっすぐ見つめたネットフリックスは、次のステップとしてネット配信サービスに突き進んでいったのである。

L型産業の両利き経営の極意は、既存事業の深化と進化を究極まで突き詰めること。それが新たな事業や業態の探索にもつながる産業領域なのである。

中堅・中小企業に特徴的な基礎疾患（1）――会社の数が多すぎること→再生・再編というCX

分散的な経済特性は、中堅・中小企業でも域内チャンピオンになることで生き残る可能性を与えてくれる一方で、競争市場の規律による退出圧力が弱く、ここに政府の色々な補助制度や規制による保護も加わると、産業の新陳代謝が進まず、生産性の低い事業者でも生き残れる余地を作ってしまう。長らく超低金利が続いていることもあって、中堅・中小企業保護行政が延命的に働くと、このセクターにはいわゆるゾンビ企業が滞留することになる。すると、商圏内での過当競争状態が生まれ、労働生産性は上がらず、賃金も上がらない状況に陥る。次ページの図のように日本は企業の廃業率は欧米と比べて低い水準で推移しているが、頭数では企業の99％は中堅・中小企業なので、この差の大半はこのセクタ

主要国の廃業率国際比較

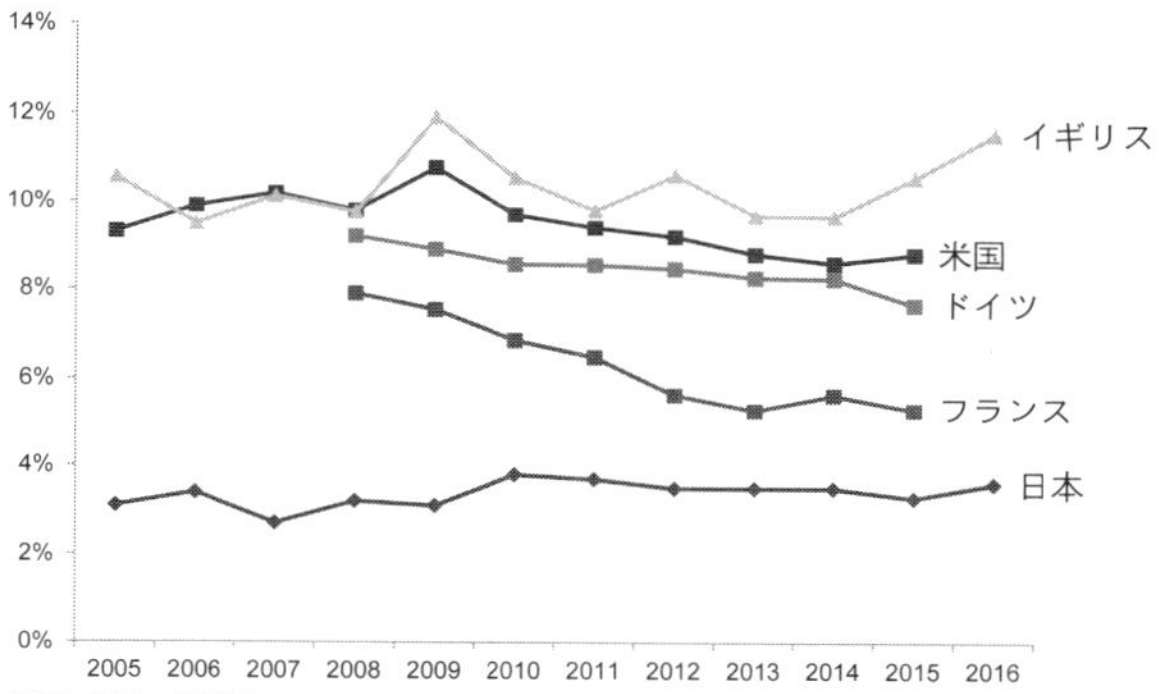

出所：日本：国税庁
米国：U.S. Business Dynamics Statistics
イギリス：Office for National Statistics「Business Demography」
ドイツ：Eurostat
フランス：Eurostat

ーでの廃業率の差である。

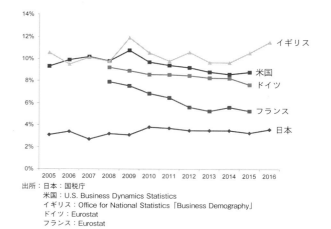

我が国には４００万社以上の中堅・中小企業があると言われているが、これだけの数の企業が縮む市場にひしめき合っていればどうしても過当競争になり、価格と付加価値率は下がり、従業員の賃金も下がっていく。Ｌの世界においては、過当競争状況を脱するべく会社の数を減らしていくことは不可避なのだ。

今、コロナショックの瞬間は、雇用不安が生じているが、前編でも述べたようにローカル型サービス産業の多くは感染流行が収まったあとの回復は早く、このセクターは再び構造的な人手不足モードに戻る。そこで、過当競争と市場収縮に苦しみ、ゾンビ企業化したまま低賃金企業として生き残る意味は、経営者と従業員の両方にとって乏しい。単独でゾンビ化するくらいなら、再生から再編へとモードを切り替えて、事業と従業員を優良企業に引き取ってもらうことを真剣に考えるべきである。

再生・再編へかじを切る意味はもう一つある。経営環境が厳しくなっていくなかで、当然、質の高い経営者が経営しなければ業績は好転しないのだが、世の中にそれほどたくさんの経営人材がいるわけではない。400万人というオーダーで優秀な人材がいるなら、日本の経済は桁違いの高成長を続けていたはずだ。また、これも指摘してきた通り、大企業の経営よりも中堅・中小企業の経営の方が簡単ということは決してない。要は優秀な経営人材こそが希少資源であり、その希少資源に一つでも多くの企業体を経営させたほうが良いという意味でも、会社の数は減らしたほうがいいのだ。

自社の長期持続性を真剣に展望し、これからますます借金漬け、補助金漬けになりながら、単独で頑張り続けるのか、それで今回のコロナショックのような危機をこの先度々乗り越えていけるのか、それとも手遅れにならないうちに再生・再編モードに切り替えて、経営力があり信頼できる経営者がいる会社と統合するのか……。個々の企業の置かれている状況によって、究極のＣＸテーマに対峙する必要性が出てくる。

中堅・中小企業に特徴的な基礎疾患（２）——封建的経営病→経営の近代化、現代化

『コロナショック・サバイバル』でも代表的な基礎疾患の一つとして紹介したが、現場で数多くの中堅・中小企業の栄枯盛衰を見てきた実感として「封建的経営」病がある。

日本の大企業の根本病理は、圧倒的に日本人男性の終身年功サラリーマンで占められ、その同質性、固定性が現代の経営環境とあまりにもマッチしなくなったことにあるわけだが、この終身年功サラリーマンを終身世襲制のオーナー一族と終身身分制の家臣団的サラリーマン集団に置き換えれば、実は概ね似たような構造である。ある種、封建的な身分制を前提にした、高い均質性、固定性、排他性、組織的連続性を持った企業体という意味では、同じような基礎疾患を抱えるリスクを持っているのだ。

加えて厄介なことに、組織的連続性の中には「竈《かまど》の灰までわれのモノ」という意識がオーナー一族に刷り込まれ、色々な仕組みで巧みに会社業務からお金を吸い上げる習慣、き

つい言い方をすれば封建的な搾取構造がある場合も多い。コスト改革や営業改革に手を付けると非効率な金の流れにはメスが入るし、親戚と言えども無駄に接待交際費を使っている営業責任者は交代してもらうことになる。

このような悪習は社内にタブーや聖域を作り、当然、組織の風通しが悪くなり社員のモチベーションも下がる。CX的な諸改革をやろうにもそのストレスが一般従業員ばかりにいくようでは、改革は絶対に前へ進まない。もちろん優秀な人材も入ってこない。おまけに生産性向上の果実をオーナー一族が搾取してしまっては、社員の賃金は上がらず、格差を広げるだけの結果となる。これではL型産業のCXが目指す最終ゴールである日本経済全体の復興からは遠ざかるばかりである。

オーナー経営にはオーナー経営の良さがあり、特にある種の業態、例えば老舗の「食」関連ビジネスや小規模な宿泊業（旅館、ペンション、プチホテル）などでは優位性を持つケースは少なくない。経営理念の継続性や長期指向の経営施策、企業文化の継承などのメリットがあるし、何よりも所有と経営が一致していて、オーナー経営者自身が会社の借金に個人連帯保証を入れている場合も多いので、会社に対するコミットメントは深くなり、いわゆる大企業病的な無責任経営になるリスクは小さい。

ただ、この深いコミットメントが「竈の灰までわれのモノ」的なメンタリティや公私一体的な搾取構造を生む側面もあり、オーナー一族から何代も優秀な人材が輩出される保証はない。子供たちでさえなかなか後を継いでくれない時代にいわゆる婿取りモデルは今どきなかなか実現しないし、優秀な番頭モデルも地域の優秀な若者が何世代にもわたり大都市に流出していくなかで成功確率は下がっている。実際、私たちが今まで関わってきた同族経営の中堅・中小企業の再生案件は、ほとんどが創業から3代目以降の会社であった。まさに「唐様で書く三代目」である。

オーナー経営の良さを活かしながら、現代の環境で持続的に機能する会社のカタチを作りたいなら、言わば封建君主的なモデルから近代的な立憲君主制モデルへ、人治的統治から法治的な統治モデルへ転換することが一つの選択肢である。上場企業の場合には統計的にいわゆる同族系企業の方が長期的に業績が良いという調査もあるそうなので、より良く機能する立憲君主制のガバナンス体制は現代的なモデルとも言えるかもしれない。有能な人物がいればオーナー家の人材が自ら経営することはまったく否定しないが、オーナー一族の必須の役割としては、自己規律のある大株主としてガバナンスする側にまわる方が持続可能性は高くなる（欧州において規模の大中小を問わず名門同族企業に多いガバナンス形態である）。ＩＧＰＩでは、オーナー経営の良さを活かしながら持続性のあるガバナンス体制の構築の支援をしているケースが何件かあるが、これはまさに時間をかけたＣＸそのものである。

中堅・中小企業の基礎疾患（3）――どんぶり経営病→分ける化、見える化

中堅・中小企業は、経営的な組織能力の弱さと、ビジネスモデルの特性上、どんぶり勘定経営になっている場合が多い。もちろん最低限の帳簿は、主に納税時の申告書類と銀行からの借り入れ時に審査書類として出す財務諸表を作るために取っている。しかし、経営上に生かすためにデータとして、原価管理や生産性指標を取るレベルの経営数値把握が出来ているケースはまれである。

また、サービス産業は固定費型のビジネスが多く、個々のサービスにかかるコストの多くは配賦をしないと把握できず、その配賦基準に合わせた業務実態データを取らないとコストの振り分けができない。最近はＩＴ技術を使えばかなり自動的にデータを取って実作

業ベースのコスト（ABC：Activity Based Costing）を捉えられるようになっているが、中堅・中小企業の多くはＩＴリテラシーも低く、結局、どんぶり勘定経営になってしまうケースが多い。

一方、製造業はモノにコストを張り付けられるので、なんとなく原価を把握しているような気持ちになりやすい。しかし、多品種生産になってくると、標準原価の基準が雑になりがちな上に、第４章で指摘したように、製造業でも共通固定費のマネジメントが実は最終損益を大きく決定づけていて、中小企業に多い下請け的なビジネスモデルではそれが顧客対応で発生している場合が多い。そうなると営業経費や開発経費を配賦して顧客別損益で見ないと、真の姿は見えず経営上の施策には反映できない。一見、製造業に見えてもＢ２Ｂの「ものづくり」サービス業という側面が強いということである。

とにかく何が起きているのかを把握できなければ生産性の向上のやりようがない。そこでまず手を付けるべきは、「分ける化」「見える化」である。生産性を上げようと思えば、分けて見えるようにしないと施策が出てこないからである。

バス事業であれば、路線別の収支であったり、バスごとの収支であったり、運転手それぞれの生産性だったり……。そのためには指標を設定し、きちんとKPIを測れるようにする必要があるわけだが、そうなるとどう測るか、という問題が出てくる。

例えば、路線別収支をしっかり出そうと思ったら、ICカードを入れたほうがいい、ということになる。ここで初めてIT投資という一種のDX（デジタル・トランスフォーメーション）となるわけだ。

あるいは車内事故が多い運転手とそうでない運転手で原因を突きとめようとすれば、現場をしっかり捕捉しなければいけないということになる。ならば、車内も映るドライブレコーダーをつけようという施策が生まれる。

また、乗客の満足度を高めようと思ったら、何に不満があるのかを知らないといけない。例えば、あと3分でバスが来る、とわかっていれば待ってもらえるけれど、いつ来るかわからないのであれば、じゃあタクシーに乗ろうか、ということになる人は多いのだ。

そこで、あと何分でバスが来るのか、表示を出せるようなバスロケサービスを導入しようか、ということになる。

最近では、中山間部で待っている人がいるかどうかに合わせて、バスのルートを変えられるようなダイナミックルーティングも導入を検討している。定期路線だけでやっているよりも、顧客の利便性は上がるし、乗車率も高くなる可能性があるからだ。これは最先端のＡＩを使ったシステムだが、今や幸か不幸か世界のどこかでこういうものを考えてくれている、とんでもなく頭のいい人がいるのである。しかも、最近は開発競争がすごくて、いろんなベンチャーが世界中でやっている。こちらはよりどりみどりで選べる。私たちが難しいＡＩ開発を大きな資金を投じてやる必要はさらさらないのである。

だんだんとハイテクな話に発展しているが、原点はコツコツとした「分ける化」「見える化」だ。そこからまたコツコツとした改善改良を延々と行い続ける。実態として中堅・中小企業にはこれが出来ない「どんぶり経営病」患者が多い。だからこれをしっかりやるだけで、域内チャンピオンなら十分になれるのだ。

中堅・中小企業の基礎疾患（4）
——自信過少、閉じこもり病→コア人材のオープン化、流動化

中堅・中小企業のＩＴリテラシーの低さを指摘したが、昔のように難しいプログラミングができないとＩＴに手を出せない時代ではない。20代のデジタルネイティブの世代ならマニュアルを読まなくても使えるサービスがクラウド上でたくさん提供されている。私たちがこうした企業の経営支援を行う時も、特殊なＩＴ知識のある人間を動員することはない。要は外に目を向け、普通の好奇心で世のヒト、チエ、情報にアクセスすれば、営業機会でも、ビジネスアイデアでも、「分ける化、見える化」ツールでも、業務効率化ツールでも、色々なものに遭遇できる時代である。

結局、封建的経営病とも連なるのだが、会社が閉じる、一族で閉じる、地域で閉じる、そして謙虚さと自信過少がないまぜになって、外に向かって出て行かない。そのために大きな潜在力を持っている日本の中堅、中小企業が宝の持ち腐れになる。

日本でも中国でも米国でも、国際見本市のようなところに行ってみたらいい。ヨーロッ

パの小さな国の小さな伝統企業が出店して、中国人や米国人に猛烈な売込みをかけている。その中心はほとんどが社長自身である。会社の名前と社長の苗字が同じ、すなわちオーナー経営者というケースも少なくない。日本企業でも社長が代替わりしたところでトップの行動パターンが大変容し、人材も外部から幅広い世代の一流人材を相応の待遇で獲得して組織能力を強化し、ビジネスモデルを強力にデジタル武装して一気にグローバルニッチトップに駆け上がったケースはいくつかある。ＩＧＰＩのクライアントにもそういう元ローカル中小企業のグローバルニッチトップ企業がいるが、より開かれた会社となり、新しい人材の獲得活用を積極化するＣＸによる、中堅・中小企業の伸びしろは甚だしく大きい。

ＩＧＰＩでは地方バス事業だけではなく、外食、小売、宿泊、卸売、住宅、建設、病院、製造業、食品加工業など、様々なL型産業の中堅・中小企業の再生と再成長に関わってきた。その詳細は『ＩＧＰＩ流　ローカル企業復活のリアル・ノウハウ』に譲るが、以上四つの基礎疾患群を治していくことで、ほぼ間違いなくローカル企業は甦る。

リアルフェーズのＤＸが起こすＬ型産業への追い風——スマイルカーブの勝者への道

これからＤＸの主戦場はリアルな産業領域、典型的には自動車産業を含むモビリティ産業や医療介護などの福祉産業、教育産業にシフトしてくる。コロナショックによりやむなく進んだ生活様式、仕事様式のリモート化はこの流れを加速していくだろう。その中でＬ型産業群はどうなるのか？　ＩＧＰＩグループは連結で見ると９割近くが地方公共交通ビジネスで構成されているので、私たちも真剣にこの問題を考え、既述のように色々な取り組みも行っている。

その一つの結論は、いわゆるスマイルカーブ現象的に言えば、旅客交通事業者はＭａａＳ（モビリティ・アズ・ア・サービス）の中においては、もともと顧客と直接にリアルな接点を持っているプラットフォーマー的なポジション、すなわちスマイルカーブの右上に位置取りしているということである。いわゆるＯＥＭ（自動車メーカー）も系列ディーラーを通じての準直販で車検などのメンテナンスを通じて顧客と接点を持っている点でスマイルカーブの一番底にいるわけではない、という話は既に書いたが、バスのような乗り合い運送業、タクシー、レンタカーといったサービスはもともとＭａａＳモデルでは最も右上のポジションにいる。Uber のようなモデルの方が実はそれより内側にいて、顧客と事業者（あのモデルでは一種の白タクの運転手）に選ばれる立場のサービスアプリの一つに過ぎない。顧客が求める真の価値の生産と消費は、あくまでもリアルな運送事業者と顧客の間で同時同場に行われているのだ。

この構図は医療や飲食、建設、物流、ライブエンターテイメント、ジム、宿泊などでも同様だ。実際、エクスペディアなど宿泊予約サイトの登場でユーザーが世界中どこでも直接にホテルの選択できるようになり、小さなホテルや旅館でも世界中から予約を受けられるようになった。昔ならシェラトンやマリオットといったグローバルホテルチェーンに入るか、大手旅行代理店の送客を受ける以外にそんなことは不可能だったが、小さいホテルが小さいままで、自分たちの品質のサービスで世界中のマーケティングができるようになったのである。リアルモデルのサービス産業においては、地域の中堅・中小企業は才覚さえあれば、スマイルカーブ現象の勝者になれる可能性が高いのである。

これからＤＸの風が様々な産業領域を包み込んでいくということは、ローカルなリアル系のサービス産業を担う中堅・中小企業にとっては大変なチャンスなのである、前述の基礎疾患をやっつけてローカルＣＸを遂行するやる気と才覚があれば。

意外と強い家族経営モデル

今回のコロナショックにおいて中小の飲食店などで困っているのは、売上急減時に固定費、特に家賃や設備リース代が払えなくなる問題である。逆に自社店舗、自宅店舗で営んでいる事業者はこういう時に意外としぶとい。

もともと地域密着型のサービス産業には経営規模が大きくなることで競争力が高まる経済法則は働かないことは既に述べた。それなりに繁盛している商売を持っている場合、無駄に店数を増やしたり高い家賃を払って広いスペースを拡大したり従業員を増やしたりするよりも、家族経営で確実に稼いで、その金で店は自前の不動産にしてさらに余裕があればもしもの時に備えてしっかり貯金をしていくという堅実家族経営モデルの方が強い。個人的にもそうやってしっかりやっている中小企業というか自営業者に近い人たちをいくつか知っている。昭和の頃の「三丁目の夕日」モデルでいくと、そんな自営業者もいつかは商売を大きくして目指せ大企業、目指せ上場企業という価値観で良かったのかもしれないが、破壊的危機と破壊的イノベーションに翻弄される時代、地道な家族経営モデルの方がレジリエント（強靭）でむしろ現代的なビジネスモデルとも言えるのだ。特に前述の飲食や宿泊のように、今どき小さな店舗でも独自性を出すことにより、インターネットで日本中、世界中から顧客を呼び込める業態においては。なにせ本来の分散型ビジネスの経済性に忠実で、固定費率の低い経営スタイルなのだから。

今回の危機に際して、会社の規模を大きくした方がこれからの厳しい時代を生き残れる可能性、競争に勝てる可能性が高くなるとぼんやり考えないことだ。特に中途半端な規模拡大は危険。おそらく多くの場合、結果は逆になる。

Ｌの世界の中堅・中小製造業の未来は？

Ｌの世界には中堅・中小の製造業も数多く存在する。部品、金型、鋳物、金属加工、紙加工、プラ成型、食品加工、酒造、飲料など、色々な業種にまたがるが、中でもグローバルなコスト競争、人件費競争にさらされる業種はもともと極めて厳しい状況に追い込まれてきた。その一方で日本のものづくり技術は世界に冠たるもので、その企業でないとできない加工技術で世界中から注文が後を絶たないケースもある。

それではLの世界の中堅・中小企業、とりわけグローバルなコスト競争に晒されやすい耐久財、生産財の関連品を作っている企業はどう生き残っていくのか？

長期的には道は二つに一つである。一つは下請けモデルではなく、独立のグローバル・ニッチ・トップ企業となって、世界の様々な顧客から発注を受けるような中堅・中小企業にトランスフォーメーションすること。もう一つは勝ち組のグローバル大手メーカー（例えば優良OEM自動車メーカー）にとってかけがえのないマザー工場的協力会社になること。

スポーツにたとえるなら、前者はマイナー競技でいいからとにかくその種目の世界チャンピオンになるビジネスモデル。後者はテニスの錦織圭選手やゴルフの松山英樹選手の専属のプロフェッショナルトレーナーになるビジネスモデルである。いずれにせよ単純なコスト勝負で生き残れる可能性はほぼない。

今後、こうした製造業セクターにはほぼ例外なくDXの洗礼と産業構造のスマイルカーブ化が起きる。その時に従来の系列型下請けビジネスモデルはほぼ間違いなくカーブの下に沈む。そうなると元請けから突然切られる、あるいは厳しいコストダウン要求を突き付けられて慢性赤字に転落することになる。これに対して、グローバル・ニッチ・トップ戦略はスマイルカーブの左上に駆け上がるモデル、スーパーマザー協力工場を目指すモデルは「ものづくりソリューション」サービス業として右上に駆け上がるモデルである。どちらにいくにしても、技術力はもちろんより幅広い組織能力の強化は必須で、やはりＣＸに本気で取り組まないと実現は難しい。裏返して言えば、世界クラスの技術力を持っているメーカーであれば、経営者クラスを含めた外部人材の獲得・活用、あるいはそういった組織能力を有している他社との提携や統合によって、上記のいずれかのモデルに進化して新しい繁栄の時代を迎えることは十分に可能なのだ。

決断の時は迫っている。

人の流れの変化をどう起こすのか——日本人材機構の挑戦

前述の基礎疾患を取り除き、地方の中堅・中小企業のCXを進めるためのカギの一つは外部人材を経営幹部として招聘、活用することである。現在の我が国の経営人材の分布を考えると、首都圏から人材を獲得する必要が出てくる。こんなことを言うと、すぐまた「そんなことできるわけがない」「都落ちをやりたがる人材なんてろくなのがいない」としたり顔の悲観論が出てくる。しかし私たちはみちのりホールディングスなどで既に成功例を持っており、実はこの5年間、政策的な枠組みの中で、私は同志の仲間と新しい人の流れを創り出す試みを行ってきた。

これまでこの国の人材市場は首都圏と地方圏で分断されてきた。首都圏には十分に力を発揮しきれていない人材（後ほどデータを紹介する）が大企業を中心に数多く存在する一方で、地方の中堅・中小企業には徹底的に幹部人材が不足するという大きなミスマッチが存在するが、この背景には、人材紹介業のビジネスモデルの特性が影響している。すなわち一般の人材紹介業は、転職者を一人紹介するごとに年俸の30％程度の成功報酬を受け取る。このため、人材紹介会社にとって、首都圏の人材には首都圏の企業を紹介することが効率的となり、首都圏人材は首都圏内で循環する結果が生じた。

　これは、首都圏の人材に地方の中堅・中小企業の情報がほとんど入らないことを意味する。首都圏人材にとって地方中堅・中小企業がそもそも転職の選択肢にすら入らない状態が長く続いてきたのである。一方、地方のオーナーは、首都圏からの採用など、はなから無理とあきらめ、ハローワーク経由か縁故での採用しかしてこなかった。

　こうした状況を打破するために、２０１５年に政府主導で株式会社日本人材機構が時限組織として設立され、首都圏と地方をつなぐ人材市場の創出のチャレンジが始まった。対象はシニア人材ではなく、30代から50代前半の現役世代。首都圏内の転職先に困らない層を、敢えて地方に誘うための市場創出である。

　この組織のトップに長年の同志である前述の小城武彦氏が就任したこともあって、私も設立時から社外取締役として関与、応援してきた。小城氏は通産省（当時）の役人から早い時期に蔦屋を経営するＣＣＣに転職し、その最高幹部に上り詰めたところで２００４年、産業再生機構に参画してくれた「志」の人物で、その後の活躍は前述のとおりである。まさにローカル型産業あるいは日本の古い企業の再生とＣＸの第一人者である。

日本人材機構が変えつつあるローカルの経営人材市場

日本人材機構は今年で設立して5年になるが、結論を先に言うと、ようやくマーケットの立ち上がりが見え、人が動き始めている。すなわち民間へバトンタッチが出来る目途が立ったため、日本人材機構は当初の予定通りこの6月で事業を終了することとなった。ここでは機構の取り組みを紹介しながら、首都圏から地方への人の流れ、その最新の状況を紹介する。

〈地方中堅・中小企業に必要な人材紹介モデル〉

地方中堅・中小企業へ幹部人材を紹介しようと思うと、実は従来の人材紹介業のモデルは全く機能しないため、新しいモデルが必要となる。

従来の人材紹介は、企業側（多くは人事部）の求める人材像をしっかり聞き取り、それに可能な限り近い候補者を紹介することに専念してきた。当たり前のように見えるが、この仕事の仕方では地方企業に「本当に必要な」人材を紹介することが実は難しい。その理由は、地方企業のオーナーが当初「こんな人が欲しい」と話す人材像が、その会社にとって「本当に必要な人材」ではないケースが極めて多いからである。そのまま探しに行ってはいけないのだ。

日本人材機構で実際に扱った例を挙げてみよう。売上35億円、従業員数３００人の電子部品を製造している企業から「海外営業の責任者を採りたい」と相談があった事例である。「国内の売上が減少してきており、海外市場に活路を見出したい」とオーナーは考えていた。一般の人材紹介会社の場合、メーカーの海外営業部出身者などをすぐ探しに行ってしまうと思うが、ことはそう単純ではない。

この会社の主力製品はＰＣパーツだった。海外市場を調べてみると厳しいことがすぐわかる。オーナーの言う「活路」には到底なりえない。そこで、もう一度この会社が持っている製品・技術を棚卸し、内外の市場にチャンスがないかをオーナーと一緒に考えるプロセスを踏む。そして見えてきたのが、ＣＡＳＥといわれる構造転換が進む国内自動車産業。ここに参入余地がありそうとの結論になった。その結果、この会社に必要な人材は、「自動車業界において市場開拓をした経験がある人材」に変わるわけである。

地方の中堅・中小企業の多くはオーナー会社である。オーナーと現場の人員だけで構成される企業が多い。首都圏の大企業では当たり前の経営企画や経営戦略、人事部といった本社部門は存在しない。社内にオーナーの相談相手はほとんどいないことを意味する。環境変化の中で事業モデルの改革に必死に取り組んでいるオーナーの大半が孤軍奮闘なのだ。

そこでは多くの場合、先ほどの例のように今後の「稼ぎ方」自体に迷いやズレがある。「稼ぎ方」がクリアでなければ、必要な幹部人材の要件が決まるはずがないのだ。

従来の人材紹介業のモデルが機能しない理由がお分かりいただけたと思う。

〈伴走型支援サービス〉

こういった地方企業の現状を考慮し、日本人材機構は、地方企業向けの人材紹介のモデルを開発し、「伴走型支援サービス」と名付けている。

地方中堅・中小企業に「本当に必要な人材」を紹介するために、事業戦略・今後の「稼ぎ方」の見直しから行う。経営理念や創業の精神まで遡って、改めて内部外部環境を分析し直し、オーナーと一緒に事業戦略・今後の稼ぎ方を再定義する。そのうえで、社内の組織能力（古参の役員の力量や子息の存在など）を確認して初めて経営課題が特定され、必要な人材像が浮かび上がってくる。

いわば経営コンサルティング機能と人材紹介機能のハイブリッドな形。「伴走型支援」という名称は、オーナーに「伴走」しながら経営課題を見つめソリューションを立案・実行するとの趣旨である。

もちろん経営課題によっては人材紹介ではなく、短期のコンサルティングプロジェクトで十分な場合もある。例えば、管理会計（未導入の企業が多い）の導入などは、経理担当者にノウハウを移植すれば十分ということも少なくない。要は人材紹介は目的ではなく、地方企業の成長を支援する手段にしか過ぎないということである。

「伴走型支援サービス」で一番重要なプロセスは、人を探しに行く以前の部分。稼ぎ方のブラッシュアップや経営課題の特定のところである。その精度が悪いと、ソリューションがフィットしない。人材像がズレたり、必要のない人材紹介をしてしまったりする。また、外部からの採用は初めてのケースが多いことから、転職者の入社後のフォローアップも手を抜けない。半年間はオーナー、転職者それぞれとコミュニケーションをとり続け、必要があれば双方の間に入って調整を行う。「伴走型支援サービス」は通常の人材紹介よりもバリューチェーンが長いため、民間企業への参入インセンティブとなるよう、成功報酬の料率を従来の1.5倍の45％に設定。しっかりフィーを徴収するモデルを取っている。

〈伴走型支援サービスの実績〉

市場の創出が目的のため、敢えて個々の案件数はＫＰＩにしていない。ただ、これまで500件超の企業支援を行い、そのうち200件弱の人材紹介を行ってきて（残りの300件はコンサルティングなどで十分だった）見えたことがある。それは、①「日本は狭い」ということと、②幹部であれば年収は下がらないということだ。

転職者ではＵターンではなく、地縁のない場所に移動するＩターンが圧倒的に多い。つまり、仕事が面白ければ首都圏人材は場所を問わずに移動するということ。考えてみれば日本は米国のカリフォルニア州よりも小さい。どこでも日帰りが可能。日本は狭いのだ。多くの人が場所よりも仕事で転職を選んでいる。

一般論として地方の賃金水準が安いのは事実。ただし、幹部は例外。そのぐらい企業のオーナーは困っている。人材機構が直接紹介した人材の平均決定年収は８４５万円（上は２３００万円までいる）で、前職とほぼ同水準のレベルだ。この水準だと各社の賃金テーブルには当然はまらない。日本人材機構では、オーナーに対し「投資と考えるべき。投資は回収すればよい」と説得し、成功している。これまで「地方に転職すると年収の大幅ダウンは避けられない」と言われてきた。日本人材機構は少なくとも幹部人材についてはそうならないことを実証できたのである。

ちなみに、転職者の平均年齢は49・２歳であり、まさに現役層である！

〈金融機関へのインストール〉

市場を創出しようとすると「伴走型支援サービス」の担い手を特定し、サービス提供機能を実装しなければならない。その対象を日本人材機構では地域金融機関に定めたが理由は5点ある。

第一に、地方企業のオーナーに伴走して改革を後押しするのは、そもそも地域金融機関のミッションそのものであること。金融庁が担保や保証に依存せず事業性を見て融資する（「事業性評価」）よう指導していることとも親和性がある。

第二に、本サービスが地域金融機関の既存の業務とシナジーが効くこと。幹部人材の採用はオーナーの専権事項となるため、オーナーと経営の話をガチですることとなり、自ずと様々な経営課題に話が及ぶ。「生産性を上げたいので生産管理の幹部を紹介して欲しい」との話から工場の増改築資金の融資に結びついたり、「技術者の採用を考えたい」との相談が企業買収の話に発展したりとサービスの間口が広い金融機関ならではのシナジーが効く。

第三に、金融機関にとっても戦略的意義が大きいこと。地域金融機関の事業環境は構造的な変化の只中にある。既存の商業銀行モデルがコモディティ化（スマイルカーブの真中に位置）し差別化が困難な中で、フィンテック事業者の地域経済圏参入が始まっている。これまで顧客の「近くにいる」ことが最大の強みであった地域金融機関とその顧客の間にフィンテック事業者がＩＴを使って割り込んできており、「近くにいる」ことの強みがどんどん減殺されている。「近くにいる」からこそ、「フェイストゥーフェイス」だからこそできるサービスの重要性が増している中で、「伴走型支援サービス」は重要な（スマイルカーブの右側に寄るための）選択肢の一つになる。

第四に、首都圏人材にとっての安心材料としての意味も大きい。地方企業の情報がほとんどない首都圏人材にとって、転職に対する精神的ハードルは高い。ただ、地方金融機関がその融資先を推薦するとなると話は変わってくる。日本人材機構が首都圏に勤める管理職を対象に行っている調査によれば、７割を超える回答者が地域金融機関からの推薦をポジティブに評価している。地域金融機関のブランドは、首都圏人材にとっても意味あるものなのだ。

そして第五に、これがボトムラインだが、何より地域金融機関なら収益事業化できること。エコノミクスとして、こういう伴走型ビジネスはまさに地域密着、「密度のビジネス」であり、東京から出張ベースで遂行するのと、地域の金融機関が行うのでは、全く経済性が異なり、後者のモデルなら完全に採算ベースにのって収益事業化できる（このことも後述のインストール事案で証明済み）。

以上の理由で、地域金融機関が「伴走型支援サービス」の担い手としてふさわしいと考えた日本人材機構は、対象を絞ったうえでノウハウの実装（インストール）をハンズオンで実施（北洋銀行、りそな銀行、広島銀行、山口FG、北陸銀行）。十分に実効性が上がることを確認している。これを受けて、ノウハウを体系化したガイドブックを作り、金融機関に配布し始めている。この動きは昨年来業界全体への広がりを見せ、本年3月末の時点で地方銀行64行中47行、第二地方銀行39行中13行が人材紹介事業の免許を取得し、「伴走型支援サービス」の実施に取り組み始めている。

先般、閣議決定された第2期「まち・ひと・しごと創生総合戦略」では、こうした地域金融機関による幹部人材紹介を後押しするための助成金も創設しており、今後、全国的に地域金融機関による幹部人材紹介が拡大すると期待している。

〈人々の意識の変化〉

この5年間、政府の地方創生政策に加えて、色々なレベルで地方の重要性が強調され、マスメディアでも地方をテーマにした番組やドラマが増えてきた。日本人材機構では自らの活動の政策効果把握という意味合いからも、定点的に意識調査を行ってきた。以下にその一部を図表で紹介するが、首都圏の大企業で働いている人材が活躍の場を失っていること、彼らの意識が確実に変化しつつあることを実感してもらえると思う。

本書の第2章で日本の伝統企業において10年おきくらいに中高年リストラが繰り返されてきたこと、第3章ではそれを繰り返さないためには年功で半自動的に管理職ポストを用意する仕組は根本的に放棄せざるをえなくなることを述べた。加えて、Gの世界の大企業が直面する国際競争は、昭和の頃と違って、それぞれ10億人をはるかに超える中国系やインド系の超優秀で超タフな人材も交えた超高度の競争になっている。生々しく言ってしまうと、東大や早慶を出ている程度の知力で対抗できる保証などまったくない。日本の一流大学を卒業し、新卒一括採用で一流企業に入社できた人材の多くが管理職世代になると活

地方企業で働くことについての意識

地方企業で働くことについて
「興味あり」が22%に増加
「やや興味がある」を含めると初の過半数

Q：地方企業（東京・大阪・名古屋などの主要都市を除く）で働くことに興味はありますか？
※2016年度から毎年度調査

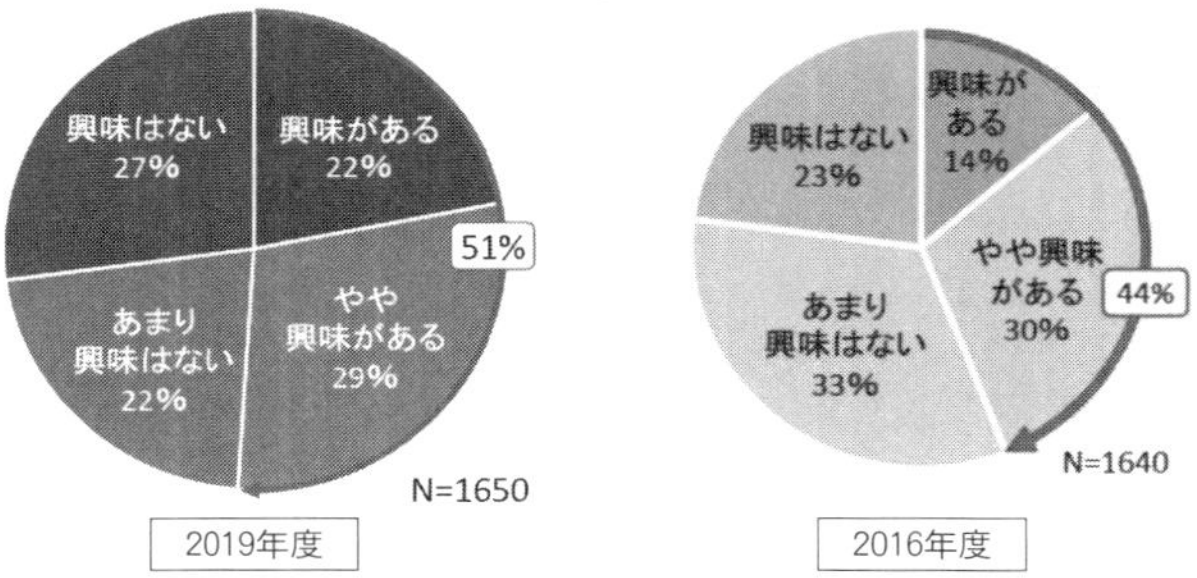

地方の中堅中小企業への転職の可能性

地方の中堅中小企業からの
十分に魅力的なオファーには
「１～２年後までに転職可能」な層が35%

Q：十分に魅力のあるオファーが来ると仮定して、あなた自身にとって、どのタイミングであれば、地方（東京・大阪・名古屋等の主要都市を除く）の中堅中小企業（売上高10億～100億円規模）への転職を考えることができますか？
※2018年度以降調査

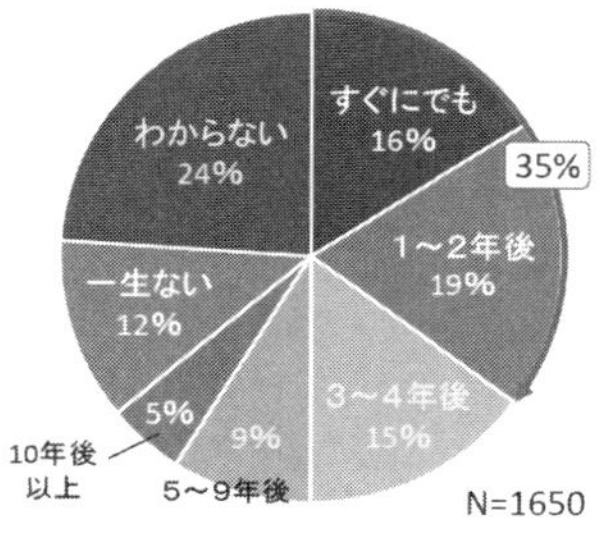

地方の中堅中小企業への転職

Q：あなたの周りの首都圏のビジネスパーソンで、最近２～３年のうちに地方（東京・大阪・名古屋等の主要都市を除く）の中堅中小企業（売上高10億～100億円程度）に転職された方はいますか？　※2018年度以降調査

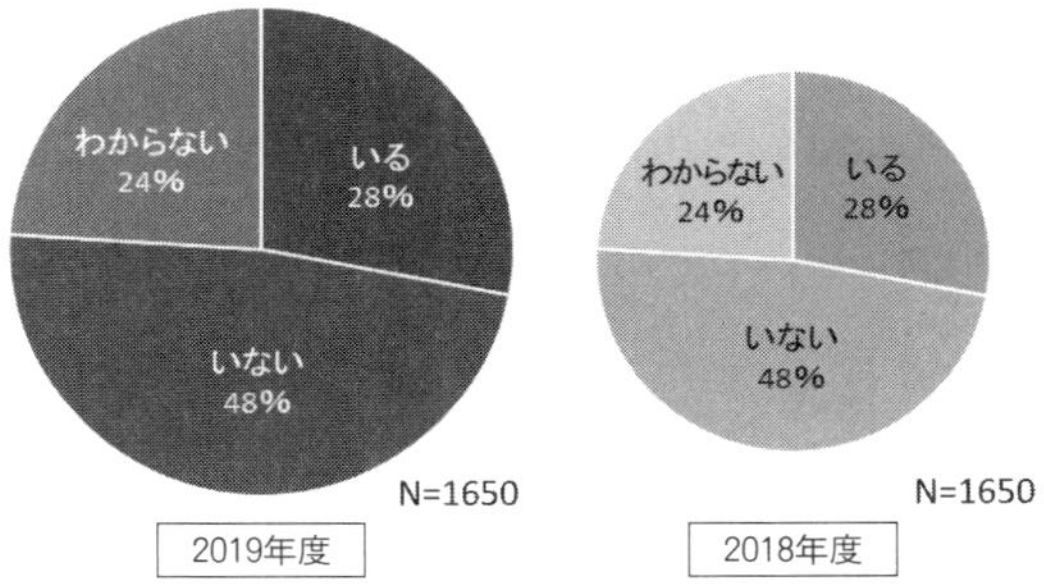

「いる」28%の内訳として、
「同僚」との回答が９%（2018年）から13%（2019年）に増加

躍の場を失う実感を持つのは、こうしたグローバルな人材間競争環境の変化もある。

このデータはそうした実態を反映しているとも言えるのだが、こうした人材が地方の中堅・中小企業で活躍できる可能性は十分にある。こちらは前にも指摘した通り、県大会、市町村大会で持続的に勝ち続ける戦いである。

これからリモートワークに関わるテクノロジーが進化すると、東京の人材が色々な形でローカル経済に貢献する選択肢は増えるだろう。もちろん大企業、日本的カイシャでサラリーマンをやってきた人材がそのまま通用する甘い世界ではないが、日本人材機構の挑戦は、本人が意識転換をして謙虚に真剣に取り組めば活躍の場はたくさんありうることを証明した。もっと言えば、将来、本気で経営者になりたいと思っている若手人材にとっては、大企業の微妙な中間管理職を10年、20年やるよりも中小企業のトップレベルで経営に関わる方がよほど「タフアサインメント」であり、その先で再び東京のグローバル大企業やグローバルベンチャーの経営に関わる上でも役に立つ。

これは若手からベテランまで、様々な年代の東京の人材が、地方バス会社をはじめ色々な業種のローカル企業のハンズオン（現地出向・転籍）型再生支援で活躍してきたＩＧＰＩグループでの実感とも重なる。

改めて見えてきたローカルＣＸにおける地域金融機関の重要性

以上のような日本人材機構の活動を通じて、私は改めて、地方企業の潜在力を顕在化させるカギは、地域金融機関が握っていると実感した。地方創生のカギを握るといっても過言ではない。ただ、そのためには地域金融機関自身のＣＸが必要なのも事実で、今回のコロナショックで改めて地域金融機関の重要性がクローズアップされているなかで、本格的な組織能力の変容に取り組むところが増えることを期待している。

「伴走型支援サービス」の開発過程で見えたことは、地方企業の稼ぎ方を磨き上げ、経営課題を特定するプロセスの重要性である。言葉を換えれば、企業の「目利き力」、まさに地域金融機関で課題となっている事業性評価能力そのものである。企業オーナーと経営のガチの議論を行い、人材を含めたソリューションをタイムリーに提案できるかどうか。地域金融機関の実力が問われてくる。

この能力は、従来の商業銀行モデルで必要とされた能力とは異質である。定型的でリスクを回避し、行内の根回し・調整を行って進める性格のものではない。海千山千のオーナー経営者と対峙し議論を戦わせながら、その場でソリューションをカスタマイズしながら提案していくプロフェッショナルとしての能力、個々人の力量が問われる。

「地域金融機関にそんな人材がいるか」と問われるかもしれないが、日本人材機構の経験に基づく答えは「いる。ただし少数」。エース級の人材であれば担える業務である。実際、地域金融機関の職員には「自分はこのような仕事をしたくて入行した」との声も多い。今後、エース級の人材と外部から採用したプロフェッショナルの混成チームを組成するような工夫を重ねていけば、将来、真に地域経済に必要とされ、地域経済の発展とともに成長していけるビジネスモデルの構築は十分に可能だと思う。これも地域金融機関版の「両利きの経営」の一つである。

地方国立大学の新たな可能性

教育研究機関としても、また地方創生の拠点としても地方大学、中でも地方国立大学への注目度は、色々な意味で高まっている。アカデミックな意味での国際的な研究競争のなかでは日本の大学全般に地盤沈下が言われ、また少子化と若者の東京一極集中も進んで優秀な学生の募集が地方大学において難しくなる流れの中で、地方国立大学はどこにポジショニングしていくのか？　また、産業の中心が設備集約型から知識集約型にシフトしていく中で、地方における知識集約産業の創造と成長の知的プラットフォームとして地方国立大学はどんな役割を果たしうるのか？

元々、地方大学は若者の高等教育の機会の地域間格差の縮小と、司馬遼太郎さんの言葉を借りれば東京帝国大学から始まった（欧米から移入される）「西洋文明の配電盤」としての機能を地方の隅々まで行きわたらせる役割を担って、戦後全国津々浦々に設立された。したがって大学の立て付けはもともとミニ東大的に出来上がっている。その東大でさえ大学間の国際競争においては厳しい時代になっているなかで、ミニ東大モデルでは研究面でも学生募集面でもいかにも中途半端なのではないか。また、もともと東大はフルにアカデミックスクールだったわけで、それを原型にしている地方国立大学が今から産学連携や技術系ベンチャーの創業路線を追いかけても成果を上げるのは難しいのではないか、という問題を突き付けられているのだ。

私自身も同様の問題意識を持っていて、５年ほど前に、「この際、地方国立大学だけでなく、多くの日本の大学はアカデミックスクールの建前を捨て、もっと実践的な教育を行うべきで、英文学でシェイクスピアを原文で読ませる暇があったら、もっと実用的な英語の読み書き会話を教えろ」とある文科省の会議でプレゼンした。するとこれがネット大炎上ものの大騒ぎとなり、一部の大学教員から「全大学人の敵」という栄誉あるレッテルを貼られたりした。「お前は教養の重要性を分かっていない」「大学は人間性を養うところで金儲けを教えるところではない」という具合だ。あの人たちはかの福沢諭吉先生がまさに『学問のすゝめ』で実学の重要性を説き、簿記会計を学べと教えていることも知らない「無教養」な人たちだったわけだが、果たして、多くの大学は明確に実践的な教育に舵を切りつつあり、ある意味、「実践的な知の技法」の習得を目指すという、リベラル・アーツの本義に戻りつつある。その意味で少しずつではあるが、地方大学を含めた大学自身のトランスフォーメーションへの意識は高まりつつあるのだが、当然、そのハードルは高い。

当方は本来の意味での教養、実践的な知の技法はそれなりに身に付けていると思っている。地方国立大学の顧問をやったり、地方創生に関わる大学への交付金の審査委員をやったりしているのは、ハードルの高さと同時にその可能性と重要性を認識しているからである。

コロナショックで大学の授業の多くが世界中でリモートによって行われるようになったが、そうなると地方国立大学がミニ東大的な講義をやっている意味はますます乏しくなる。もっとシャープに東大から差異化された尖ったポジションを取り、地域に密着してその場所にある価値を訴求しない限り存在意義はなくなる。これから、ややゆでガエル的になっていた地方国立大学のお湯の温度は急上昇するのだ。その一方で、ローカル経済圏の重要性はますます強まるわけで、このショックを機に大学の大トランスフォーメーションが実行され、その場所にあることの意味、価値を徹底的に追求することで、私は地方国立大学が新たな存在意義を再構築することを期待している。

実はこの脈絡でも、日本人材機構は、副業・兼業形態での地方転職を図る仕組みとして、地方国立大学を活用するユニークなモデルを開発している

いきなり地方企業に転職することに不安がある首都圏人材に対して、地方国立大学の客員研究員というポストを用意するのだ。客員研究員は、週3～4日を事前にマッチングした企業への経営支援に使い、残りの1～2日は大学で学習・研究活動を行うというプログラムである。そこで実際に企業を支援して新しい知見を得るだけではなく、大学で担当教員や他の客員研究員からもアドバイスを受けることができる。この間、プログラムの参加者には月額30万円の報酬が直接支払われ、半年間のプログラム後、人材と企業オーナーの双方が合意すれば、フルタイム又は副業・兼業での採用に至る。また、参加者が希望すれば実務家教員への途も開かれている。

これによって首都圏で名前が通っている地方国立大学（おそらくは県立、市立、私立大学も）を「ベースキャンプ」として活用することにより、首都圏人材の心理的ハードルを大きく下げることができるし、いきなり採用することへのオーナーの不安も取り除くことが可能になる。

既に信州大学、金沢大学で23人がプログラムに参加し、19人がそのまま地元に定着しており、モデルとしての実証が終わっている。今年度文部科学省で制度化され、すでに公募が始まっている。今後全国への展開が期待される。

知とそれを持っている人材のプラットフォームとしての地方国立大学の可能性は大きい。今、私も入っている文科省の会議で、国立大学に関わるガバナンス改革が議論されている。基本的な眼目は、社会的ステークホルダーも参画する形での大学組織の自律的ガバナンス能力や資金調達力の強化・多元化（その裏腹として文科省による統制の緩和）である。こうした改革を進めていく中で、大学と大学人が大きく意識改革できれば、ローカル経済に対しても、そこで生きていく有為なる若者に対しても、大いに貢献できる機関に進化できるはずだ。

Ｇの世界の穴は埋まらない、日本経済復興の本丸はますますローカルＣＸ

『コロナショック・サバイバル』でも強調したが、コロナショックによって受ける打撃の影響はグローバル型産業の方が長引く。ひょっとすると従前のような経済規模にはなかなか戻らないかもしれない。実は米国は日本以上に産業構造が内需型、サービス型になっているが、我が国もますますローカルなサービス産業中心の経済構造に変化していく可能性が高い。Ｇの世界の穴がそう簡単に埋まらないとすれば、日本経済復興の本丸は、なおさらＬ型産業頼みになる。そして経済成長のカギを握るのはＬの世界のＣＸを通じて付加価値生産性とそこに暮らす人々の所得水準（消費購買力）の上昇を図れるか否かということになるのだ。

中堅・中小企業の経営者のマインドセットには、何となく日本経済の主役はトヨタやパナソニックのようなグローバル有名大企業であり、自分たちはわき役、引き立て役だという感覚が少なくないかもしれない。しかし、今やわが国経済の主役はローカルな中堅・中小企業の皆さんなのである。経営人材の流れも変わろうとしている。Gの世界の人材はますます居場所を失っていき、Lの世界で活躍を目指す優秀な人材は増えるだろう。既に大半の雇用を支えている中堅・中小企業、そこで働く大多数の日本人の幸福度は、ローカル経済圏のリーダーたちの腕次第、CX経営力次第なのだ。

CX新旧憲法の中堅・中小企業バージョン――あなたの会社のCXゴールはどこに？

ローカルCXに向けて、第3章に出てきたCX新旧憲法を中堅・中小企業バージョンにしてみよう。あなたの会社は今、新旧憲法の間のどこにいて、これからどのくらいの時間軸で、どこまで会社のカタチ、経営のスタイルを変容させていくのか。是非とも真剣に考えてみて欲しい。

ローカル版旧憲法

①人事組織管理（コア人材について）――オーナー家とそれ以外の一般（家臣団）社

員の二元管理、それぞれに同質的、閉鎖的、固定的メンバー

- 一応終身雇用
- 一応年功制（賃金、昇進）
- 新卒定期採用もあるが、中途採用が多い
- トップマネジメント層を構成しうるハイレベルでプロフェッショナル経営人材は中途採用対象外（名目上、「とてもうちでは給料払えないので」が理由）
- 部長以上に出世するのはほぼほぼ日本人中高年男性（オーナー一族の場合は色々）
- メンバーシップ型雇用と（介護士、運転士などの）実質ジョブ型雇用
- 一応フルタイム・フルライフ型雇用だが、一部の番頭クラス以外の帰属意識は割と希薄
- 評価処遇は年功と（オーナー経営者の）好き嫌い、親密度
- オーナー経営者からの一般社員に対する評価の中核は真面目さと忠誠心、そして社内業務知識、社内事情知識、人望、協調性、調整力
- 忠誠心のあて先はカイシャ＝オーナー家＞事業＞ジョブ
- 転職は珍しいことではない。実質解雇もけっこう起きる

・一般社員の人材育成はいわゆる管理職育成プログラム型（≠リーダー育成）
・期待される能力要件は既存事業、既存業務の改良・改善的な延長線の範囲

②組織構造と運営――二重階層性、トップダウンとボトムアップが混在
・オーナー一族と一般社員の二重階層構造（オーナー一族はファーストトラック、一般社員は年功ベースの階層）
・当該オーナーの経営スタイル次第でトップダウンかボトムアップか分かれる
・日常業務は現場主義指向
・組織管理は年功的身分制と人事権に基づくヒエラルキー指向

③事業戦略経営――連続的改良・改善型競争、自前主義競争
・共同作業によるオペレーショナルエクセレンスが商圏防衛の鍵となる事業
・生産、開発、営業など主要な機能の全てにおいて、同質的な集団による持続的な改良・改善を延々と積み重ねていく組織能力、コアコンピタンスを軸にした戦い方、競争モデル

・既存事業の成熟による成長力低下に対しては、地の利が活かせるタイプのビジネスに手広く進出するローカルコングロマリットモデル（系列企業のトップも原則オーナー一族）で対応
・追求する基本ビジネスモデル、基本戦略モデルは、コスト訴求型、漸進的な改善・改良型イノベーション力勝負
・意思決定力・ストラテジックエクセレンス・スピード＜実行力／現場力・オペレーショナルエクセレンス・精緻性

④財務経営――財務経営は金庫番の番頭、事業経営はオーナー社長
・財務は全社としての資金の調達と使途の帳尻を合わせることが基本業務
・財経責任者は筆頭番頭的に力を持っている人物か、銀行出身者
・オーナー家との関係ではお金の出入りの公私一体化傾向

⑤コーポレートガバナンス――オーナー主権の封建制ガバナンス
・会社はオーナー一族の所有物

・取締役会は形式的で大株主でもあるオーナー経営者に圧倒的な実権
・前任のオーナー経営者または一族で一番力を持っている人物が社長人事権者
・社長人事は基本的に世襲で年齢分布は広い
・利益はひとまずオーナー一族に帰属し一般従業員の人件費はコストという位置づけ
・オーナー家は最後の最後まで経営権（と裏腹の経営責任）に固執
・いざという時のガバナンス機能の担い手は半ばインサイダーであるメインバンク（メインバンクガバナンス）
・ガバナンスの梃子がオーナー経営者の会社債務への個人連帯保証の場合も多い

次は中堅・中小企業版の新憲法草案である。

ローカル版新憲法草案

①人事組織管理（コア人材について）：多様性、開放性、流動性、オーナー一族の特

別扱いなし、プロフェッショナル人材の積極的獲得・積極活用
・オペレーショナルな業務は長期雇用（それ以外は流動性高い）
・能力制（賃金、昇進）
・通年採用（能力採用）
・トップマネジメント層を構成しうるプロフェッショナル経営人材も積極採用、積極活用
・若手人材についても必要があればグローバルクラスの人材を高い報酬を払ってでも取りにいく
・男女、年齢のポートフォリオ型人的資本経営（経営幹部の構成は、オーナー一族だけでなく、性別、バックグラウンド、年齢などで多様な人材で構成）
・定年制はなし（能力的についていけなければ若くてもクビ、能力あるなら１００歳でも働ける）
・ジョブ型雇用（特定のジョブと個人の能力適性と報酬を紐づける）
・競業避止に引っかからなければ兼業・副業は自由
－会社の仲間＜家族、友人、同じ専門性や関心を共にする仲間

－オフィスに集まるのも自宅でリモートも本人やチームの選択にゆだねる

・早ければ30歳、おそくとも40歳までにトップ経営層を目指すかどうかを本人も会社も選択（もちろんその後の入れ替え戦、再チャレンジチャンスもあり）

・共通スキルが中心の評価処遇

・共通スキルのコアは普遍的な業務知識や経営管理上のスキル、組織を超えて通用するリーダーシップ、コミュニケーション能力、判断力、ストレス耐性、人望、協調性、調整力

・忠誠心のあて先はジョブ＞事業＞会社（オーナー家）

・オペレーショナルマネジャーとしての適性はトップリーダーの絶対必要条件ではない

・転職は基本的に善（当たり前）→出入り自由、再入社歓迎

・人材はいつでも転身できるように教育投資し、力をつけてもらう

・人材育成は他企業に移る可能性も考慮したプロフェッショナルなスキル育成指向、リカレント指向

・期待される能力要件はどの会社でも通用するケーパビリティがコア

・制度は多元的

②組織構造と運営：能力ベースのネットワーク型、トップダウン&ボトムアップ
・階層構造：能力ベースのフラットな階層
・個々人の能力に基づくネットワーク型、プロジェクト型の組織運営が基本
・対等なプロフェッショナル同士が知見と事実とロジックで議論し即断即決するプロ型意思決定スタイル
・日常業務も大きな意思決定も、（内部調整、内部調和よりも）顧客と競争を軸にした外部指向
・組織管理は能力と成果ベース
・経営層においても、ＣＥＯ、ＣＸＯは必要な場合はトップダウンで苛烈な決断を行う
・意思決定は時間と手続きよりもスピードと実効性重視
・組織単位、機能単位、構成員単位間の責任権限はクリアに決め、そこに書いてないことは名実ともに自由、広範な裁量権

③事業戦略経営：両利きの経営、非自前主義

・共同作業によるオペレーショナルエクセレンスが商圏防衛の鍵となる事業を深化させ、さらにはＤＸを使って進化させる競争スタイル

・同質的な集団による持続的な改良・改善を延々と積み重ねていく組織能力、コアコンピタンスを軸にした戦い方、競争モデルも、それが有効な事業領域では、大いに活用するが、より多様な戦い方の一つに位置付ける

・同質モデルが通用しなくなり過剰になった組織能力については、それを構成する人材ポートフォリオの新陳代謝も躊躇なく行う

・既存事業の成熟による成長力低下に対しては手持ちの組織能力で戦える事業領域の探索に固執しない成長領域開拓を行う↓持っていない組織能力は、異質な人材の採用、アクハイヤリング型のＭ＆Ａ、いわゆるオープンイノベーションによるベンチャー企業の活用など、自社資源と外部資源活用をまったくイーブンに行って貪欲かつ迅速に強化する

・追求する基本ビジネスモデル、基本戦略モデルは、価値訴求型（差異化型）、サー

ビス指向、リカリング（サブスク）指向、産業アーキテクチャの頂点指向、迅速で大胆な戦略ピボット力勝負

・意思決定力・ストラテジックエクセレンス・スピード＞実行力／現場力・オペレーショナルエクセレンス・精緻性

④財務経営：事業戦略と財務戦略の高度な融合モデル

・ＥＢＩＴＤＡ（キャッシュフロー）重視

・ＲＯＩＣ等の指標に基づく事業ポートフォリオ管理

・ＣＦＯは戦略マネージャーでもあり、社長候補ポストの一つ

⑤コーポレートガバナンス：立憲君主制ガバナンス、オーナー家の経営権維持はベストオーナーポリシーで

・会社は社会の公器

・オーナー家は大株主代表として執行を監督するのが基本

・経営見識のある「賢人」を社外取締役に選任

・経営者向きの人材であればオーナー家出身の経営者もありうるが、基本は一般社員を含めて最適の人材を選任
・社長人事は「賢人」社外取締役とオーナー家代表の協議事項
・オーナー家は自らを縛るオーナー憲章を作り株式を保有する一族はその遵守をコミット
・経営権の帰趨はベストオーナーポリシー（オーナー家がその企業を統治することが持続的繁栄にとって最良である限り経営権を維持するが、より良いオーナーが現れた場合はそこに経営権を委ねる）で、オーナー家代表と「賢人」社外取締役が協議決定
・いざという時にガバナンスの担い手は同じくオーナー家代表と社外取締役（株主&取締役会ガバナンス）。そこにメガバンクが併走

力を合わせてローカルＣＸを進めよう！

さて、皆さんの会社の現在地と将来目指すべきＣＸゴールはどの辺なのか。こういう時

期だからこそ、真剣に考えてみて欲しい。

今までの議論で読者の皆さんお分かりのとおり、ローカルＣＸは個別企業だけの力で成し遂げられるものではない。地域の金融機関、中堅・中小企業、さらには行政や大学が有機的に連動して経済社会システムとしての地域経済を活性化していく必要がある。今回の感染症拡大による経済危機は、ややゆでガエル的な衰退モードになっていたローカル経済圏のお湯の温度が急上昇する「ヒートショック」を与える効果はある。もちろん当面はそのショックを生き残ることが最大の課題だが、その先に過去の延長線上ではないトランスフォーメーションを始動する機会もめぐって来るという意味でチャンスにもなりうるのである。しかもこれからさらに進展するＤＸはローカル経済にとって追い風になるポテンシャルもあるのだ。

ＩＧＰＩグループとしても、そして私自身も、従来のみちのりホールディングス的なＣＸモデルを、業種的にも、地域的にも大きく活動領域を広げ、Ｌ型経済圏に生きる多くの人々と力を合わせてローカルＣＸを進めていきたいと考えている。

第6章

世界、国、社会、個人のトランスフォーメーションは、どこに向かうのか?

相対化、流動化が進む世界

冷戦終結後、グローバル化とデジタル革命は、思想的には世界を経済的には自由な市場経済、政治的には民主主義と人権主義という共通のシステムと価値観で包み込んでいく仮説で進展してきた。フランシス・フクヤマ氏の『歴史の終わり』の世界観、歴史観である。しかし、この10年ほど、色々な次元でその仮説通りにいかない現実に人類は対峙している。

一つの自由な経済圏、ＥＵがまさにその理想形だったが、モノも資本も労働も自由に行き来できる理想的な市場経済システムは、今のところ成長にはそれなりに貢献したが、所得格差や民族的、文化的な摩擦を大きくしている。

デジタル革命は、世界中の人々がネットでつながり、様々な情報をいつでもどこでも入手でき、また自らも発信できる一見フラットな世界を実現したが、産業の知識集約化の進展は、高度な頭脳を有し高度な教育を受けた人材と、それらに投資、あるいはアクセスできる資本を持っている階層への富の集中を生んでいる。地域的にも、先進国のそのまた一部の大都市に人材と富が集中し、開発途上国を含むそれ以外の地域との相対的格差は広がっている。また、データ社会のフラット化はむしろ集中、独占、管理型社会への誘因を生んでいる。

加えて、グローバル成長も、ネット化社会も今のところエネルギー多消費型で進展しており、いわゆる気候変動問題との間でも緊張を高めている。

どうやら歴史の終わりは来そうになく、人々が正しいと信じることはむしろ相対化、流動化の方向へ動き出しているように思える。本書の前編となる『コロナショック・サバイバル』でも述べた、トマ・ピケティの『21世紀の資本』（みすず書房刊）やユヴァル・ノア・ハラリの『サピエンス全史』（河出書房新社刊）が世界的ベストセラーになり、それまでの資本主義、市場経済、産業化モデル、その中心にある株式会社のあり方について世界的スケールで様々な議論が巻き起こっている現象も同じコンテクストを持っている。

このような状況下で、哲学者系の人々は、資本主義システムが元々持っている人間の悪性を誘起する特性を、資本家の倫理やモラルで抑制すべしという議論を活発化し、経済学者のなかにも贈与の経済、利他の経済領域の拡大を提唱する人が出ている。それらが有効な処方箋かどうかは分からないが、19世紀の後半、やはり国民国家（及び帝国主義）という新しい政治システムと産業革命の時代にマルクスたちが問題提起したようなシステムの脆弱性、不安定性が、21世紀的な脈絡で顕在化していることは間違いない。

多様なものが溶け合わない現実に対峙したとき、それを調和的に共存させるには多元的なシステムを持つしかない。世界というスケールからみると、国民国家というのは実は多元的システムの一つの単位だったのかもしれない。ひょっとすると会社もそうかもしれない。ただ、GとLの分断について後述するように、国民国家という単位でさえも統合的な社会システムを形成することが難しくなっているのが現代であり、本書で議論してきたように会社というシステムもかなり怪しくなっている。

最近、私の知的ソウルメートである西山圭太氏（経産省商務情報政策局長）、小林慶一郎氏（一橋大学教授）、松尾豊氏（東京大学教授）の三人が『相対化する知性　人工知能が世界の見方をどう変えるのか』（日本評論社刊）を出版した。神の知性が絶対的であった前近代、人間の知性の絶対性を前提とする近代社会、そこに高度な人工知能が登場し、部分的であれ人間の知性を超える外部知性が登場した時代、すなわち人間の知性が相対化する近未来に向けて政治、社会、経済システムの大きな組み換えが必要となるのではないか、という問題意識から書かれた、極めて知的にエキサイティングな著作である。かなり専門的で高度な内容を含んでいるが、本質的な問題提起であり、頭のマッサージと思考力強化のためにも一読されることを強くお薦めする。

既にGAFAが形成しているような巨大なシステムを、おそらく一人で理解している人物は誰もいない。数多くのプログラムデザイナーと無数のデータ提供者（＝利用者）が全体観としては無意識の協働作業で巨大で複雑な知性を作り出し続けている。その意味で、個々人の絶対的かつ理性的な知性を原単位として構成される建前の近代的な概念、科学、民主主義と人権保障、市場経済といったものは相対化が進んでいるのだ。近代において「神を殺し」（ニーチェ）た人間は、今度は「人間知性を殺し」つつあるのかもしれない。

私たちはあらゆる意味で相対化、流動化の時代を生きており、新型コロナウイルスのパンデミックは、それをさらに加速させる可能性が高い。まさにトランスフォーメーションという概念は、国家や社会、そして国際社会の次元でもリアルでシリアスな大課題になりつつあるのだ。

Lの世界の反乱と政治・社会の不安定化――ポストコロナ時代、どちらへ向かうか？

2016年6月、どちらかと言うとEUの勝ち組とされていた英国の国民投票でEU離脱派が勝利し、同11月に米国でトランプが大統領選に勝利した。民主主義の先進国であり、知性主義を代表する国と思われていた両国においてかかる現象が起きたことは世界中の「インテリ」層に大きな衝撃を与えた。

同年6月の経済誌「財界」の対談という証拠がちゃんと残っているので言っておくが、私は、ドナルド・トランプ氏の大統領選勝利ありうべし、という立場だった。その背景は、6月の英国の国民投票の結果から、私が従前から提唱していたGの世界とLの世界の間の断絶、あるいは両者間の格差の固定化が、いわばグローバル化とデジタル革命時代の勝ち組である両国でこそ深まっているのではないか、そしてＬの世界の反乱がまず英国の国民投票で顕在化したのなら、同じことが米国でも起きうるのではないか、と考えたことだった。

かつて製造業を中心としたグローバル大企業は、先進国の国内にも多くの下請けや関連産業を持ち、地域にも多くの関連雇用を持っていた。しかし、今やそうした企業は衰退しているか、サプライチェーンをグローバル化し、国内に多くの中産階級雇用を生まなくなった。地域の中堅・中小企業との経済連鎖も弱まり、いわゆる富のトリクルダウンは起きない。新興のグローバル巨大企業はＩＴ系やバイオ系、金融系を中心とする知識集約産業モデルであり、これまた国内に潤沢な中産階級雇用を生まない。

かつての古き良き中産階級は産業構造的に崩壊し、Ｌ型産業群がそれを吸収することになるのだが、そこは資本装備率が低く、労働集約的な低賃金、不安定雇用の世界である。ロンドン、ＮＹ、サンフランシスコでインテリエリート（その多くは海外からトップ大学に留学してそのまま移民したグローバルインテリエリート）たちが大金持ちになっていくのをしり目に、自分たちの生活と人生はぱっとしない。そして有名大学のある地域の家賃と大学の授業料はどんどん高騰し、一流大学の入学競争はグローバルに激化して、自分の子供たちがインテリエリート層に階級上昇できるチャンスはどんどん小さくなる。おまけに何とか見つけたL型産業の仕事には移民が低賃金労働で流れ込んでくる。

こうなると英国ならロンドン周辺以外、米国では東海岸や西海岸以外の人々は、グローバル化とデジタル革命で皆が豊かになるという神話はいくら何でも勘弁してくれ、ということになる。数字の上ではこうした人々も全体の経済成長で豊かになっていても、貧困感、格差感というのはあくまでも相対的なもので、人々の投票行動はその感覚にドライブされる。

ここで哲学者などのインテリ系の人の好きな解決策は所得再分配の強化や金持ちのモラル強化論へ向かっていく。私もその論に反対ではないが、歴史の教訓としては、その実効性は限定的だと考えている。産業構造的な変化に根本原因がある以上、その外側からの治療方法ではおそらく根本解決にはならないからだ。

それが貨幣価値に換算できるかどうかはともかく、成長したい、イノベーションを起こしたい、成功したい、認められたい、という動機づけは、それを欲望と呼ぶか否かに関係なく、人間において根源的、普遍的なもので、それを利用する、あるいは共存できる社会システムでない限り、必ず人間自身がその抜け道をみつけ、不都合なシステムを破壊する行動を起こす。

要はそうした動機づけと整合的で、かつ今起きているGとLの間の格差拡大問題と世代をまたぐ格差固定化問題を解決する仕組みを社会システムの中にビルトインしていくしかないのである。

そういう意味では、新しいデジタルテクノロジーがLの世界の産業群に生産性上昇の可能性を見出し、そこにヒューマンキャピタル（人材）とリアルキャピタル（資金）の先行投資が行われ、かつ成果が現実化すること、加えてその利益が資本と労働の間でフェアに分配される仕組みを構築することは重要である。本書で強調してきた通り、日本のような成熟した先進国経済の成長シロは、L型産業群の生産性の向上と賃金上昇にこそあり、デジタル革命の主戦場はまさにこうした産業群のリアルでフィジカルな領域のアプリケーションにシフトしている点で、問題解決にとって強い追い風が吹きつつあるのだ。

次に分配のフェアネスを達成する鍵の一つは、リスクキャピタルの供給量を世界的にもっと増やして思い切り供給過剰にして期待資本収益率を下げることだと考えている。今の資本市場は緩和的金融政策が世界的に長期化しているためにデット性資金が異様に膨張し、それに比べてリスクキャピタルであるエクイティ性資金が過少になっている。そのために極端な低金利の一方で、それを梃子にしてエクイティプレーヤーは非常に高い資本収益を追求できるという歪んだ構造が常態化している。一般家庭の金融資産のほとんどは預金であり、エクイティ性資産を持てるのは富裕層なので、これがさらなる資産格差拡大に拍車をかけている。お金はじゃぶじゃぶなようでじゃぶじゃぶではないのだ。

労働分配vs資本分配のゲームは、相対的なリスクキャピタルの希少性ゆえに後者に有利に働くメカニズムになっている。このバイアスのかなりの部分は、そもそも金融政策的に作り出したのだから、金融政策的に修正ができるはずだ。私はこの際、中央銀行は、ほとんど利かなくなっている流動性供給の半分くらいを引き上げて、代わりにフレッシュなニューマネーをリスクキャピタルとしてPE（Private Equity）セクターやVC（Venture Capital）セクターも含めた市場経済に直接ガンガン流し込むことを考えたらいいと思う。

最後に世代を超えた格差の拡大に歯止めをかける鍵は、やはり家庭の経済力による教育格差の解消である。ここでは高等教育以上のところが重要で、結論から言うと、（原資が税金であれ、富裕層の寄付による奨学金であれ）実質的な無償化を進める方向性は正しいと考えている。知識集約産業の時代においては、高等教育もほぼほぼ公共財とみなした方がいいからだ。幸い、ここでもデジタル技術は幅広い学生に世界トップクラスの教育を、世界中、日本中のどこにいても格段に安いコストで提供することを可能にし、コロナパンデミックの中で、結果的に壮大な実証実験が世界中で進行中（ほぼ実証済み）である。この流れをどんどん推進すべきである。

昔、法律を真剣に学んでいる頃、憲法学の講義で、ある先生から「言論の自由と営業の自由とどちらが重要と考えますか？」と問われた。

憲法学の正統的な法理には「二重の基準論」というのがあって、憲法自体の正統性の起源であり、憲法制定権者たる国民の意思表明の場である民主的な政治過程が機能する前提条件として、表現の自由や言論の自由を制限する立法については、極めて厳しい合憲性の審査が行われる（具体的には違憲推定が働くので合憲性の立証責任は立法・行政の側にある）べきである、と考える。これは米国の違憲審査の判例理論を起源とするが、近代的な立憲民主主義国家ではほぼ共通の原理原則となっている。

そこで私が「それは言論の自由でしょう」と答えたら、その先生は「営業が出来ず、財産も失って食べられなくなったら人間は貧困に陥り、最悪、死んでしまうかもしれない。言論の自由なんて普通に市井の暮らしをしている人々にとってどれだけの価値を現実に持っていると思いますか」と切り返してきた。正直、頭をガーンと殴られたような衝撃を感じたのを覚えている。

要は、衣食足りて礼節を知る、貧すれば鈍するのが、毎日飯を食わないと生きていけない人間性の現実たる本質なのである。人権の間に優劣はなく、いや営業の自由や財産権の保障の方がリアルな人間にとっては大切なくらいなのだが、民主的政治過程がちゃんと機能していればそこでの間違いは後で同じ民主的政治過程を使って修正できるので、憲法訴訟における訴訟法的な位置づけとして立証責任上の優劣をつけているだけの話だということ。食えないシステム、少しでもましなものを食べたいという本源的な欲求を抑圧するシステムはやはり機能しないのである。

戦前・戦後の人口推移：人口は戦前より多いのになぜ「過疎」なのか？

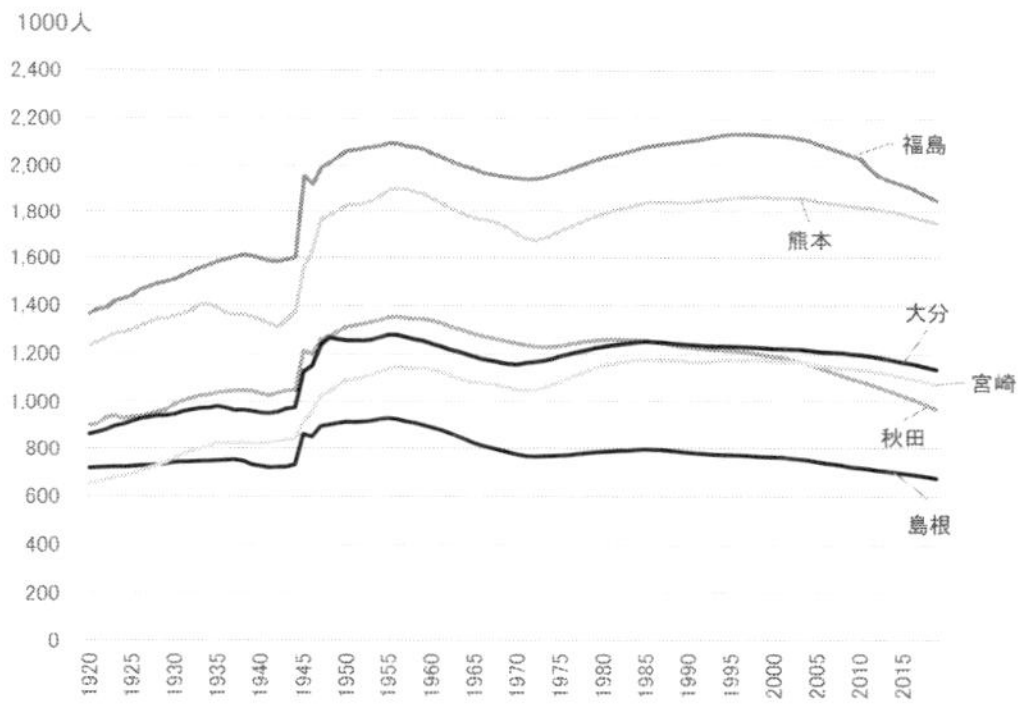

総務省データよりIGPI作成

今、起きている問題についても、私は、まずはＬ型経済圏の一人一人がもっと経済的にも精神的にも豊かに暮らしていける産業構造を21世紀的な脈絡で再構築することが王道だと考えている。ちなみに同じことを１９７０年代に当時の加工貿易立国モデルの枠組みの中でやってのけた政治家がいる。そう、あの田中角栄首相（当時）である。

上の図は私たちがローカル企業の再生や成長支援で関わってきた地方県における、戦前から戦後にかけての人口推移である。

実は昔の地方の人口は意外と少なく、人口減少がもっとも厳しいとされる島根県でさえ、最近やっと第一次大戦当時に戻った程度である。今の感覚で言えば、当時は日本中、過疎だったということになる。そして戦前は太平洋戦争までは漸増傾向だったのが戦争末期から終戦直後にかけて人口の爆発的増加が起きる。ベビーブームはもっと後なので、この時期に起きたのは都会からの疎開、焼け出された人々、大陸からの引揚者が食料を求めて地方を目指したのである。その中には新しい田畑を開墾した人々もかなりいて、現在の限界集落にはこの時期に生まれたものが少なくない。

ところが1950年代後半頃から今度は人口減少に転じる。京浜工業地帯など太平洋ベルト地帯を中心とする工業化の進展で、地方の若者たちは集団就職で大都市を目指したのである。この傾向は1970年ごろまで続くが、田中内閣が成立した1972年を境に再び増加に転じ、バブル経済が崩壊する1990年代初めまで続くのである。

田中角栄氏の「列島改造論」は、日本全国に道路網、新幹線網、さらには空港網や港湾網を整備し、その過程で地方に雇用を生むとともに、張り巡らされたネットワークを活用することで工場を日本中に配備し、日本的経営モデル、日本的経済システムの果実を日本のどこに住んでも享受できるような経済社会システムの構築を目指したものである。経済的なシステムとして国際競争力、「稼げる経済社会モデル」と、（主に東京などの太平洋側の）大都市と当時裏日本と呼ばれていた日本海側や東北地方などとの格差解消とを両立できる政策だったので、これだけ劇的な人口動態の転換と長期的な政策効果を上げたのだと思う。

この政策効果が、ちょうど１９９０年代初めに失われているが、それが日本的経済システムの耐用期限切れ時期と重なっているのは、ある意味、必然的なのかもしれない。

既述のとおり、ＧとＬの分断問題は日本特有ではなく、むしろＧの世界での成功が華々しい国ほど政治システムを不安定化させている。幸か不幸か、日本経済はＧの世界の負け組になってきたことと、少子高齢化と消極的移民政策のおかげで構造的な人手不足になり雇用情勢が安定していること、そして政権与党は沿革的にＬの世界（自民党は地方の中堅・中小企業や農林水産業、公明党は都市部でＬ型産業に従事している人々）に強いのに対して、野党の方が都市型政党であり、立場の左右を問わず都市型政策を押し出しているおかげで、我が国は政治的には安定性を保っている。しかし、この均衡状況もいつまで続くか確証はない。

世界も日本も、ＧとＬの分断化がさらに進み、民主的なプロセスで運営されている国際機関や国民国家が統合的な社会システム機能をますます失うのか、それとも強権的な政府でなくても両者が相互補完的、持続的に協調するシステムを再構築できるか。その解決条件として、私たちは21世紀的な脈絡でL型経済圏の成長戦略を作り出さなくてはならないのだ。

ストックのインフレとフローのデフレ
――ポストコロナのマクロ経済学、財政学はどこへ行くのか?

日本のバブル経済がその萌芽だったが、カネ余りでストック(株式や不動産)は値上がりするが、日常生活で購入するフロー的な消費財の物価は上がらない。ストックのインフレとフローのデフレが両立的に存在する状態が世界的に慢性化している。もちろんストックのインフレはバブルと紙一重で、フローが生み出す将来キャッシュフローの現在価値がストックの価格のベースにあるとすれば、両者の乖離が一定以上大きくなると不安定化が起き、時々バブルが弾ける。このショックを緩和するために緩和的な金融政策と財政出動を行うので、直ちに金余り状態に戻り、それがやがてストックに流れ込んで、またバブルを作り出す。概ねこの繰り返しがこの30年間のマクロ経済トレンドである。言うなれば慢性的な高血圧だが、血流スピードは上がらず、血管の弱いところに動脈瘤、静脈瘤ができて血液がそこに溜まり、それが膨らみ過ぎると時折破れるが、その修復と回復のためにさらに血液を流し込むため、結局、高血圧に戻るというパターンである。

日本の拡大し続ける巨額な政府債務とゼロ金利が共存していることも含め、伝統的なマクロ経済学や財政学では説明できない均衡が、揺らぎながらも長期的に持続している。この状態に持続性はないと言っている人々が次第に「オオカミ少年」扱いされ、ＭＭＴ（現代貨幣理論）的な議論が脚光を浴びる。私はもともと紙切れに過ぎない貨幣の価値などというものは心理的な産物だと思っていて、それを量子のごとく擬制、測定基準にして物理法則的なアプローチで分析、予測するマクロ経済学に対してはやや懐疑的で、世の大宗の心理によってはどんな均衡も成り立つと思っている。だからＭＭＴとて人々の心持ちが変われればたちどころに崩壊する疑似論理の一つくらいにしか評価していない。

ただ、今回のコロナショックで日本を含む世界中で未曽有の金融緩和と財政出動が行われるだろうから、その後、こうした高血圧的な均衡は、さらに高い血圧レベルでその持続性を試されることになる。

その結果が伝統的なマクロ経済学や財政学の予測する展開になるのか、ＭＭＴなどの新しい考え方に沿った結果になるのか、それともどちらも予測していないような展開になるのか。もちろん私には分からない。ただ、石油価格の動向なども含めて考えると、コロナショック後、当面の間は、ストックのインフレがより激しくなる一方で、フローのデフレは世界的に深まり、結果的にバブルの膨張と崩壊の振れ幅が大きくなる不安定性を抱えた状態、従前以上にボラティリティの高い不安定な均衡状態に戻る可能性が高いと考えている。ここで貨幣価値の減少がフロー経済にも及ぶと不況下のインフレ、すなわちスタグフレーションになり、低所得層の生活は悲惨なことになる。もちろんその可能性もあるが、ひとまず有り余った資金はストックのバブル再膨張（その対象は従来と少し違うものになるかもしれないが）と、コロナからのリカバリー後も社会保障費の拡大で増え続ける政府債務の引き受けに向かう確率の方が高い感じがしている。

繰り返すが、貨幣価値の盛衰は心理で決まるので、皆がその価値が下がると思うか、思わないか、政府債務をいつかどこかで返せると思うか、数年中にそれは無理だろうと考える人が大多数になるタイミングが来ると思うか、いやいや明日にでもデフォルトが起きそと思うか……「思い」次第でこれらのシナリオは変わってしまう。他人《ひと》の心ぞ誰か知る、Who knows? である。

結局、経済人としては、どんな展開になっても生き残れるよう、色々な展開に備えて企業のレジリエンスを高めておくしかない。

ちなみにグローバル化とともにマネーの概念化、デジタル化が進んでいる中で、国家と民間企業の経済活動の関係も相対化している。政府という国家法人が破産しても、その国家領域の経済が死ぬわけではない。それは23年前、ＩＭＦ管理下に入った韓国経済のケースを見れば明らかである。また、国債金利はリスクフリーレート、すなわち当該通貨における最も低い金利ということになっているが、政府がデフォルト状態になっても、その通貨で発行している超優良企業の社債金利がそれより低くなることはありうる。意外とハイパーインフレにはならず、その金利は思ったより低いままかもしれない。要するに何でも起きうるのだ。

はっきりしていることは、世界経済のボラティリティ、シナリオのばらつきは大きくなるということだけである。

貨幣制度、資本市場、株式会社、イノベーション――そもそも何のためにあるのか？

翻《ひるがえ》って考えると、貨幣制度も、資本市場も、株式会社も、人間が考え出し、自分たちにとって便利なものだから普及し発展してきた人工物である。イノベーションも同じ動機づけで次々と生み出されてきた。したがって、本来、価値規範的には正義とか不正義に対しては中立的で、もっと身近な利便性とか快適性とかと強く紐づいている。ただ、太古に始まった火の利用からしてそうだが、物理的な道具も概念的な道具も、使う側の人間次第で、人間自身の幸福に貢献することもあれば、それこそ火傷をして幸福を害することもある。

私は市井に生きる一経済人に過ぎないので、高尚な哲学論とかはよく分からないが、その社会で平均的な暮らし、統計的にはプラスマイナス1シグマ（約7割）を構成する人たちが世代、性別を問わず心安らかに豊かな気持ちで生きていける経済社会はほぼほぼ成功だと思っている。この人たちがいい気分で生きている社会は、その下15％の恵まれない人々にも優しくなれるものだ。

心の安らかさとか豊かさを得るには、絶対的な貧困でないことはマストだが、相対的にやり切れない格差や嫉妬を感じないことも大事だ。そして明日が少しでいいから概ねもっといい日（＝いい気分で暮らせそうな日）でありそうで、来年はもっといい年で、十年後はもっといい時代になっていそうな希望を持っていることも。その意味で、やはり最近の貨幣制度、資本市場、株式会社、イノベーションは今一つパフォーマンスが良くないのも事実である。

ただ、それに代わる鮮やかな代替案は見たことがないし、かつて鮮やかな答えではないかと多くのインテリが飛びついた社会主義や共産主義、全体主義はむしろ悲惨な結果を招いた。人間の根源的な欲求を思想や権力で抑制する仕組みはやはり人間性の本質と相いれず、人々を幸せにできない。欲望で暴走する資本主義もまずいが欲望を否定するイデオロギーはもっと非人間的なのである。

ただ、一世紀前の危機に対しては、20世紀前半の二度の大戦の悲劇を経て、人類は一応の安定を作り出したのも事実で、今度は21世紀的におけるテクノロジーや人々の生活感覚、欲求のプロファイルのなかで、新しい世代が、新しい均衡を作る努力に、世界も、国家も、社会も、企業も、個人も立ち向かうことになる。創造する欲求、構築する欲求を豊かに持っている人々にとっては逆説的ではあるが豊かな時代である。私は人間の可能性について正味ではポジティブなので、若く才能と意志ある人々への期待と希望は大きい。

公共財の再定義とその担い手の再考察——政府と市場の二元論を超えて

そこで若い世代への投げかけの一つとして、現在、起きつつある様々な相克を乗り越えるにあたり、私は公共財の拡大的再定義と、それを伝統的な政府化、市場化の二元論に載せて運用する考え方から脱却する、新たな多元的アプローチ構築の必要性を問題提起しておきたい。

シカゴ大学、東京大学の教授を歴任し、もう一人の日本人ノーベル経済学賞候補だった数理経済学の大家、宇沢弘文教授は、後半生、社会的共通資本の重要性を唱えていた。当時は公害などの関連で自動車産業の社会的共通資本性などにスポットライトを当てておられたが、今のネット化社会においては、より広く、従来は私的所有、すなわち直接的・排他的な使用収益の対象となるモノやコトの多くが、同時に大きな外部性を内包し、公共財性を持ってくる。データがそうだし、ＧＡＦＡのような企業のＡＩなどの知的資産も同様である。自家用車についても、ＭａａＳ化が進むと公共交通システムの一角として公害や交通事故といった伝統的な外部性を超えた公共性を持ってくる。そこに炭素税などの制度論的な解決を指向する点では、青木昌彦先生の考え方と共通する部分もあるが、デジタル時代の社会的共通資本の辺縁はますます広く、市場原理で取引される建前の私的所有領域との境目はますます複雑でグラデーション化している。

その一方で、民主的統制下にある政府部門が公共を担えるか、という問いは、単なる財政能力の問題を超えて、「民主的代表制システムの意思＝一般意思の表明」という仮説への信頼度（＝政府部門への信頼度）がデジタル社会における情報のフラット化によってかえって低下する深刻な課題に直面している。国であろうと、自治体であろうと、ＮＰＯであろうと、もちろん私企業であろうと、公共を担う正統性と信頼感は、その実績と評判でしか獲得しえない時代になりつつあるのだ。

こうした時代背景の中で、もともと公共財的な性格の強い教育や研究について、その最大の拠点である大学のより広範なパブリックコモンズとしての役割、社会的共通資本の担い手としての重要度はどんどん増していくと私は考えている。大学自身の伝統的な立ち振る舞い、それを構成する人々、東大の五神真総長の言葉を借りれば「知的プロフェッショナル」集団のインテグリティや自己規律、それを担保するガバナンスのあり方によっては、政府部門以上の信頼感を確立できる可能性は高い。

実際、米国や英国の一流大学は、それが発信する情報や見解について、政府部門を上回る公的な信頼度を世界レベルで獲得しているところが少なくない。その意味で、大学自身が社会的共通資本を蓄積し使いこなす代表的な主体の一つとなりつつある。そして、大学がその脈絡で市場経済メカニズムを活用して財源創出、資本調達、資本蓄積を行い、それを社会的な共通価値のために使うことは、その公共性とも矛盾しないのだ。

よくも悪くも、大学にはその上位に所有者はいない。他方、株式会社は最上位に私的所有を前提にした株主がいることで、会社自身が公共財的な使命を果たすことと、株主の私的利益との間で恒常的な緊張関係が存在する。この両者の止揚を企図しているのが、近年のESGやSDGsといった運動論であるが、この止揚、共存はかなりデリケートなバランスの上にあることは否めない。株式会社組織の経営者、取締役として、私はこのアウフヘーベンを目指してきたし、その難しさゆえにこれからも全力で追求していく決意である。同時に大学が、知的資産と物的資産の両面で社会的共通資本を蓄積する、あるいはハンドリングするプラットフォームへと進化し、社会問題の解決における多元的なアプローチの重要な担い手となる可能性は大きいと考えており、（もともとそういう思いで産学連携や大学発ベンチャー育成の支援に今までもコミットしてきたが）残りの人生のかなりの割合をそこにも投じたいと考えている。

リーダーという生産資源、社会的共通資本の持続性を再生するために

ものづくり経営研究の第一人者である東京大学の藤本隆宏教授は、トヨタ生産システムの真の強さはシステムそのものよりもそれを持続的に進化させる人づくりを出発点にしている点、まさに現場の組織能力そのものにあると分析されている。この数年間、私は、高校剣道部の大先輩でもある藤本教授、同じく東大海洋研の先輩である新宅純二郎教授、そしてお二人の同門で一般社団法人経営研究所の代表理事である内野崇先生と一緒に、同研

究所の「これからの企業経営を考える研究会」に参加させて頂いている。そこで最近、藤本先生から組織能力論を経営者自身にも当てはめた議論を展開している米国の経済学者E・ペンローズの1959年の名著、『企業成長の理論』(ダイヤモンド社)をご紹介いただいた。実に多くの示唆に富む本だが、その白眉が、経営者が担う「経営サービス」そのものが、それ自体、重要な生産資源の一つであると言う捉え方である。

前編(『コロナショック・サバイバル』)・後編(『コーポレート・トランスフォーメーション』)を通じて繰り返してきたとおり、破壊的危機の時代、破壊的イノベーションの時代においては、まさに経営サービスを担う経営者、リーダー自身の能力が企業の生死と成長を大きく規定する組織能力となる。ペンローズの議論は私が生まれたころにその真理を喝破していたのである。藤本先生も、今の日本企業の問題は本社・本部の組織能力の弱さにある、「本社力」が弱いために強い「現場力」が活かせない、という点を強調されているが、本質的な問題意識はペンローズの議論と見事に重なる。

それではなぜリーダーと言う生産資源が脆弱化、あるいは枯渇してきたのか？　それは戦後長きにわたって作り上げられてきた学校教育システム、さらにはその先にある企業における人材育成システムが、リーダーと言うプロフェッションに正面から向き合わなかった、悪い意味での特権階級教育のような偏見をもって忌避してきたことにあると私は思っている。学校では営々と試験でいい点を取り続ける選抜と教育を受ける。そしていい大学を出ることができ就職すると、会社ではまず現場のオペレーショナルな仕事、次は中間管理職的な仕事、その次は事業部長や工場長をちゃんとこなす試験を順次クリアすることでやがて経営者へ……このサラリーマン出世すごろくを勝ち残ることが、すなわち優れたリーダーを生み出す王道と言う擬制で走ってきた70年だった。悪いが今どきそんな甘い話は通用しない。長らくこの国は、経営者稼業、リーダー稼業という仕事を舐めてきたのである。

作家で都知事（当時）として東京オリンピック・パラリンピック誘致の立役者でもある猪瀬直樹さんは、その名著『昭和16年夏の敗戦』（間もなく新版が中公文庫から出版予定）で、日本の組織体には権力構造の中心を真空化していく特性があり、それゆえの不作為の暴走、空気の暴走が致命的な過誤を生むことを活写している。この景色は私が名門企業の破綻と再生で何度も目撃した事実とも重なる。その悲劇を回避するには、やはり然るべきリーダー層の質と量を潤沢に持っておくことが決定的に重要となる。

ペンローズの指摘の通り、どんな偉大な経営者であろうと、社会の次元から見れば使い倒すべき生産資源に過ぎない。その視点に立って、才能と意志ある者を若い時から選び、激しく鍛え、ダメな奴は落とし、絞り込んでいく仕組み、そして出来のいいリーダーは公共財として徹底的に使い倒す仕組みをこの国は再構築する必要がある。かかる人的な生産資源はまさに社会的共通資本の一つなのである。宇沢先生ご自身も社会的共通資本の担い手は倫理性のあるプロフェッショナルであるべきと述べられている。

その点でも、会社とともに大学、取り分けトップクラスの大学が果たすべき役割、責任は極めて大きい。

ハードローからソフトローへ

想定外の未来、想像もしなかった新しい変化に適応していくときに、物事の進め方や正しいことと間違ったことの間の線引きが一元的に固定化されているルール、その典型である一律に適用され強制力を伴う法令、すなわちハードローは硬直的で大変に都合が悪い。本書でも繰り返し述べてきたように、世の中のルールも、会社を動かすルールも、多元性、柔軟性、可変性を前提としたソフトロー型（典型的にはコーポレートガバナンスコードのような、当該コードに適合するか適合せずに説明するかを当事者に選択させ、適合せずに説明する場合はその説明の説得力を厳しく問い、説得力さえあれば多元的なやり方の選択も認められるし、環境と当事者の相対関係の変化によっては選択自体の変更が許される柔軟で動態的なルールデザイン）にしていった方が、変化適応力を持てるのである。

日本は今まで行政システムや公的な規制において極めて厳格なハードロー主義で対応してきた。規制改革もハードローの枠の中で規制を撤廃するあるいは別のハードローに移行するアプローチをとってきた。昨今の働き方改革もまったく同様のアプローチで行われた結果、色々なところで現実の変化とかみ合わない不都合が生じているし、コロナ感染症対策においても、人の生命と健康に関わる領域なのでしょうがない部分があるとは言え、保健医療関連の堅牢で複雑なハードロー体系が臨機応変な対応を難しくしている部分があることが指摘されている。

これから実態としての会社のありよう、会社と個人の関係性、さらには大学の役割とありようについて大きな変容を進めていく上で、関連するハードローはできるだけ緩めて、基本的にソフトロー体系で規律する方向に転換することは重要である。これは政府レベルでも、会社や大学自身の法人レベルでも。ある意味、判例法主義の英米法は、慣習や判例の蓄積が規範性を獲得する、すなわちソフトロー的なものからハードローが形成される法体系となっている点で、変容期には強いルールシステムである。

我が国でも、様々な人たちがそれぞれ主体的、能動的に新しい調和の再構築に挑戦する運動をますますエンカレッジしなくてはならない中で、関連する日本の規範体系をできるだけハードローからソフトローへ転換することが、色々な次元でのトランスフォーメーションの第一歩となると考えている。幸い、私自身も関わったコーポレートガバナンスコード、スチュワードシップコードの成功例を作れたのだから、ルール形成、規範形成に関わるソフトロー主義へのトランスフォーメーション運動もコロナショックを契機としてさらに広げていくべきである。

復元力の高い国、米国――ハイレバ経済の倒産ラッシュからの復元は早い

かかる流動化の時代において、今までの勝者であった米国が衰退し、それに中国など別の勢力が取って代わるという議論もあるが、私はその見方に対しては懐疑的である。

相対化、流動化が進むということは、当分の間、人々は答えのない時代を漂流することを意味するが、過去の歴史が示す通り、その答えは頭の良い誰かさんの形而上的な思考からは生まれない。むしろ形而下のリアルな世界で、多様な人々が多様な方向への変化・変容に挑戦し、経済社会的な解決仮説の新陳代謝スピードの速いところから答えが立ち現れてくるものだ。

今の世界でそうした多様性と新陳代謝のダイナミズムを最も持っている国は結局のところ米国なのである。これは産業界だけではない。例えば社会的共通資本の担い手として期待される大学についても、人材的にも資金的にも最も強固な基盤を持っているのは、ハーバード大学やスタンフォード大学など米国のトップ大学である。そこには世界中から多様で才能ある若者が集まり、その多くが米国に留まって新たな社会構成員となり、新しいシステムの創造者になっていく。

『コロナショック・サバイバル』で米国の不動産業やエネルギー産業などでレバレッジ（負債比率）が非常に高くなっており、それがコロナショックによって不良債権化するリスクを指摘した。しかし、前にも述べた通り、仮にそうした産業が過剰債務になっても、おそらく米国では再びチャプター11ラッシュが起き、多くのハイレバ企業は速やかに債務の減免を勝ち取って、軽くなったバランスシートにまた新しい資金を取り込んで再成長モードにシフトするだろう。日本では今でも倒産というとこの世の終わりというか反社会的な悪行のように思われがちである。しかし、米国や英国の再生型破産手続きは、現代の市場経済システムが予定している正当な債務調整手続きであり、借り手は弁済不能になったらだらだら引きずらずにさっさと破産手続きを申請し、過剰債務を解消して未来に向かって企業価値の再向上へと舵を切るべしというのが基本的な考え方である。

詐欺的な話は別として、破産手続き申請に何ら非倫理性、悲劇性はなく、通常の経営上の権利行使の一つに過ぎないのだ。債務不履行が倫理的非難の対象となる世界観は、ほとんどシェイクスピアのベニスの商人のシャイロック的な時代遅れの発想である。ビジネススクールでも、破産申請は、企業価値を守る手段として必要な場合、的確なタイミングで経営者が行使すべきオプションの一つであり、貸し手は借り手がそういうオプションを持っている前提で金利設定をすべきであると教えている。私は今日のような破壊的な現象がダイナミックに起きる時代においては、長期的に経済社会を発展させるにはこの考え方の方が正しいと思っている。こんなことを言うとすぐまた「モラルハザード論」を振り回すやつが出てくるが、私はモラルハザードを厳格に回避することで経済成長やイノベーションにつながったという話を聞いたことがない。

トランプ大統領はチャプター11を度々活用して市場クラッシュを乗り越え、巨万の富を築いてきた人物である。商務長官のウィルバー・ロス氏はそこで再生アドバイザーをつとめた企業再生の世界の大物で、私たちも何度も接点を持ったことのある人物だが、米国社会の価値観として、何度か倒産することは、大統領に選ばれることを妨げるほどの非倫理性は持っていないのである。

今回の経済危機が深刻化しても、おそらく多くの企業が躊躇なくチャプター11を申請し、バランスシートを一新して再生していくであろう。それで貸し手である金融機関が傷みだしたら、政府はリーマンショック時のＴＡＲＰ（不良資産救済プログラム）と同様のスキームでさっさと公的資金を注入して金融危機化を止めるだろう。

ＡＩベンチャーバブルとシェアリングエコノミーバブルもさっさと破裂させ、価格調整を行ったところに新しい資金が流れ込んでいくはずだ。その原資も米国企業は持っている。

『コロナショック・サバイバル』で明らかにしたように、今、もっともキャッシュを稼ぎ、多くの手元キャッシュを持っている世界の上位企業にはずらりと米国企業が並んでいるのだ。

加えて、リーマンショックの時と比べ、米国経済は製造業依存度をさらに下げており、長引きそうな耐久消費財需要の不振で影響を受ける米国企業はあまり多くない。そのことは米国における時価総額の上位企業をみれば一目瞭然である。

結果的に産業と金融の新陳代謝はコロナショックでむしろ活発化し、もっとも早く復元する確率が高いのは米国経済なのである。

経営の世界における大テーマ、株式会社というフォーマットの耐用期限はいつまで?

先に挙げたCXに関わる新憲法草案をさらに進めていくと、株式会社という枠組みが溶けていくのではないか、という疑問さえわいてくる。

私たちは様々な次元の社会システムに帰属して生きている。国家はその代表的な単位であり、会社もその一つである。それぞれの次元で規範やルールが統合されており、それが集団として社会活動を行うことを可能にしている。株式会社は、有限責任法人化と抽象化された株式という資金調達手段によって、リスクのある事業を、規模と時間の制約を受けずに営むための社会システムとして極めて有効に機能している。株式会社という法人単位で様々な利害関係者との大量の法律関係の束を集合的・標準的に処理、それも有限責任でできるわけで、その意味では会社の内側で起きたことと外部との関係で起きたことの峻別は重要な意味を持ってくる。多かれ少なかれ内外の間に壁を作り、内側が外側と行う法律行為を行う時は、有限責任法人である株式会社が一元的に行い責任を負う仕組みなのである。

しかし、知識集約化によって価値の源泉が人間の頭の中にシフトしていくと、価値創造活動の全てを法人の枠組みで縛ることは法技術的に難しくなる。また株主が会社の経済的価値を所有しているという擬制も、価値の実態が工場設備やロゴマークなどの有形的な資産ならともかく、職業選択の自由のある人間の頭の中に存在するようになるとかなり無理が出てくる。

ＤＸはこうした無理感をさらに増幅していく。価値の源泉はますます無形化、ネットワーク化し、会社の内と外を守秘義務などで壁を作って法的に遮ろうとしても、一人の人間の頭の中に壁は作れない。また、データとＡＩの関係で分かるように、価値創造プロセス自体がネットワーク上でオープン化し、そもそもその価値を誰が生み出して誰に帰属するのかも分からなくなってきている。

日本的カイシャは、組織構造的にも組織文化的にも内外の壁を極めて厚く高くした株式会社のアーキテクチャの一つである。だからシステムセキュリティを強化するような話になると、オンプレ（自社運用）でクローズな情報システムを作り、その周りに何重もの防衛線を張り巡らす選択をする。従業員にも絶対にＰＣを家に持って帰らせない、あるいはスマホで仕事をすることすら厳しく規制する。そのおかげでクラウドの活用やオープンアーキテクチャソフトウェアの利用が前提となるＩＴによる業務効率化は進まない上に、天才ハッカーたちはやすやすとその防壁を乗り越えて顧客情報をはじめ機密情報は年中だだ洩れになる。

また、社内は安全地帯と考えるので、訴訟になった時に表に出たら致命的になるような社員同士のメールのやり取りや議事録を平気で社内に残す。米国企業や独禁法当局と紛争になった場合、そうした社内データも開示請求で全部持っていかれることを全く想定していないからだ。

働き方や社員資格が多様化し、転職も当たり前になっていくなかで、誰が真のインサイダーで誰がアウトサイダーか、この関係性も相対化、流動化していく。そして、さすがの日本的カイシャの外壁もみるみる崩れ落ちていくのである。

日本社会の統治システムは、江戸時代までは士族は藩という社会単位、庶民は寺請制度や五人組のような社会単位で統制（個人の立場からは帰属）する仕組みであった。

その統制・帰属単位は、戦後の高度成長期以降は日本的カイシャが主役となった。だから社会保障制度にしても税制にしても、色々な仕組みが会社という社会単位とそこにフルタイム正社員として帰属している世帯主という形態を原則として設計されている。徴税もその単位を活用した源泉徴収が大きな役割を果たしてきた。

今回、コロナショックで色々な支援メニューが用意され、雇用調整助成金などがもっとも象徴的だが、やはり企業の申請を受けて企業に支給する仕組みとなっており、その要件も企業が従業員の就労管理をきっちりと行っていることが前提となっている。いかにも工場で集団共同作業を行っているイメージである。ところが、産業構造が変わり、働き方も変わり、今回、大きな打撃を受けているローカルなサービス業はそういう定型性からは程遠く、また定型性に馴染む正規雇用比率も低い。さっそく申請の難しさで会社側があきらめてしまうケースや、手続きに手間どって支給が遅れ、休業中の従業員の解雇や給料遅配につながる問題、さらには社会インフラ系の産業では、赤字でも使命感で業務を続けた企業よりもそれを投げ出して休業したゾンビ企業が救われてしまう歪みが指摘されている。

社会経済的な政策施策の多くを会社という社会システム単位を介在させて行う仕組みはもはや社会実態とかみ合わなくなっている。会社の溶解現象は既にかなり進行しており、今後、兼業・副業の増加と、今回のリモートワーク生活によって物理的な職場としても溶解が加速する可能性がある。

これから株式会社はどうなっていくのか？　人間が長年にわたり重宝し、この100年は最も強力な法的ツールとして社会的な実体さえ持つほどに進化させ活用しまくってきたこの仕組みが今後も機能し続けるのか、そろそろ耐用期限が来るのか、実に興味深い。少なくとも20世紀的ながっちりした株式会社のフォーマットは次第に緩んでいくだろう。グーグルのような知識集約型タイプの会社が、自らを本気で「キャンパス」と呼びだした背景には、単なる掛け声を超えた実態的な状況変化があるのだ。

現在、米国の一流大学の学生からもっとも人気のある就職先は、Venture For America（VFA）というプログラムである。VFAは、優秀な起業家志望の大学生を約1カ月のトレーニング後に、2年間限定で地方のスタートアップや中小企業の経営幹部として派遣し、事業改善や拡大を実現するプログラムで、2017年のデータでは2500人の応募があり、審査の結果約250人を180地域に派遣している。米国は、もともと優秀な学生ほど起業家指向が強いが、もはやかっちりした大企業的なフォーマット、すなわち（青木昌彦先生の株式会社の制度比較論にしたがえば）株式会社が本来想定している大会社 a corporation よりも中小企業、すなわち生々しい人間の顔が見え、手触り感のある会社、英語で言えば a company（仲間）で働くことを選ぶ時代になっている。

日本でもリクルート出身で東日本大震災後に宮城県女川町の復興支援事業をリードしてきた小松洋介氏（NPO法人アスヘノキボウ代表理事）が、起業家志望の若手人材を2年間限定で地方の中小企業の経営幹部として紹介する事業「VENTURE　FOR　JAPAN（ベンチャーフォージャパン、VFJ）」を2018年に立ち上げた。経営の修業を経て起業する「ステップアップ起業」を新しいキャリアの選択肢として学生らに提供している。IGPIは組織としてプロボノで小松氏の挑戦を応援しているが、こうした運動が本格化していくと、ますます日本的カイシャは溶けていくだろう。

私は溶けていくべきものは溶かしてしまえばいいと思っている。その先の新しい時代にフィットした統合力のある社会的単位は、新しい世代が創造してくれる。もはや耐用期限が過ぎたものは無理やり延命させず、成り行きに任せて消えてもらった方が、若者たちは自由に創造活動ができるはずだ。

個人の生き方のトランスフォーメーション——あなたの業（わざ）は何ですか？

日本的カイシャ、そのサラリーマンという生き方はもちろん、既存の色々な生き方もどんどん相対化、流動化していくだろう。その流れはコロナショックによって加速することこそあれ、スピードを緩めることはない。

その中で個人としてどんな生き方をしていくべきか？　いやそれをべき論で語ること自体、トランスフォーメーションの時代にそぐわないのかもしれない。詰まるところ、一般的な正解はないので、自分の頭で考え、ハートで感じ、フィット感のある生き方をそれぞれしてください、ということになってしまうのかもしれない。ただ、そこそこ食えないと人生しんどいし、誰かの役に立ってる実感は年を取るほど欲しくなるものだ。そこで、これからの時代、そこそこ食えることと、それなりに人の役に立つ上で、私が重要と考えていることを共有しておきたい。

実はこの二つは本質的なところでつながっている。「事業」という言葉があるが、営利であれ非営利であれ、事業が継続して成り立つには、それが誰かの役に立ち、何らかの方法で事業活動を続けるのに必要な対価を払ってもらえることが大前提となる。事業の担い手が食えないと活動を継続できないので、役に立っていることの対価がその人が食うのに必要な金額以上でなくてはならないのだ。会社に帰属するのであれ、個人事業主であれ、本質的には事業を営むことにおいて有用に機能することが、そこそこ食えることであり、それなりに人の役に立つ基本条件である。

事業という言葉の語源は『易経』らしいが、言葉を分解すると、業（わざ）によって事（こと）をなす、ということになる。『易経』の原義には状況の変化に適宜対応して物事を進めるという意味があるようだが、まさにその通りで、その業（わざ）はある程度の状況変化にも対応できるロバストなものでなくてはならない。

と言うわけで「あなたの業（わざ）は何ですか？」という話に戻ってくる。会社という帰属単位が不安定化、流動化していく中で、ある会社の業（わざ）＝個人の業（わざ）という擬制が当然には成り立たなくなっていく。会社が変わっても、場合によってはフリーターや個人事業主になっても、それなりの対価を払ってもらえる程度の人の役に立てる業（わざ）を持つことが必須になってくるのだ。

そこですぐに資格だMBAだとなるが、それは業（わざ）を持っている蓋然性のシグナルに過ぎない。結局、業（わざ）の習得も、業（わざ）の評判も、学習と仕事の積み重ねでしか実現できない。プロフェッショナリティというものはそんなものである。自分がここでなしうることは何か、それに対して誰か相応の対価を払ってくれる人はいるのか、いないとしたら自分には何が足りないのか。日本的カイシャ、特に大組織に帰属して仕事をしていると、この自問自答をしなくなる。自分の上司や社内の空気が顧客になってしまい、自分のこの1時間に、自分のこの資料に、アカの他人の誰かが対価を払ってくれるか否かを考えなくなる。しかし、それを考えながら過ごした10年間と、考えない10年間では、埋めがたい差がつく。

経営職、中間管理職、財務、会計、法務、営業、マーケティング、生産技術、生産管理、プログラマー、運転士、オペレーター……業（わざ）、すなわちプロフェッショナルでない仕事は本来存在しないし、今は存在してもCXが進むと確実に会社の中から消えていく。中間管理職の基本業（わざ）である社内調整力だってそれが他社に行っても通用するほどのものならその人物は立派なプロフェッショナルである。ただし、こういう漫然とした感じの業（わざ）でどこでも役に立とうとしたら、それこそスーパー名人級でないと難しいとは思うが……。

この中で経営職という業（わざ）はこれからますます重要だが、同時に極めて難しい仕事にもなっていく。特にGの世界で競争しようとすると、大企業であれベンチャーであれ、経営職に求められる業（わざ）の水準は極めて高いものになる。よくあるリーダー育成本は、みんな頑張って世界水準のリーダーを目指せ、なんてことが書いてあったり、大学の先生なんかも気軽に同じようなことを卒業式で言ったりする。しかし、私には他人さまはもちろん、自分の子供にさえそんなことを気軽には言えない。この道の厳しさゆえに本人の人生を不幸にする確率も高いからだ。才能と努力と若干の運がないと成功への道は開かれない、いわば修羅の道を進むのか、自分の能力を確実に世のため人のために役立たせ、相応の対価をもらえる業（わざ）を身に付けるか、よく考えて選択したほうがいい時代が今という時代なのだ。

先にGの世界でトップを目指すか、Lの世界でかけがえのない人材になることを目指すのか、の選択が重要だという議論をした。世の中の多くの人が日々の暮らしを営んでいく中で、そこでより切実に役に立てる仕事、それも手触り感を持って役に立てる仕事はL型産業の方が多い。現場のオペレーショナルな仕事はもちろん経営レベルにおいても。その意味で、こと人の役に立つという一点において、Gの世界とLの世界に上下の差はない。大事なことは、その人がどれだけ役に立っているかである。

そこで繰り返し検証すべきは、自分ができること（can）、自分のやりたいこと（will）、自分がやるべきこと（shall）が重なっている仕事をしているか、である。この三つが重なっている仕事をやっている限り、それなりに人の役に立てるし、そこそこ食わしてもらえるものだ、それも気分よく。すなわちそこにあなたの業（わざ）は成り立つのだ。もし現在、そうでないなら can をもっと大きくすべきか、will を方向修正すべきか、shall を変えるために会社や仕事を変えるか。若い人なら can をまず大きくすべきだろうし、ミドルなら will と shall の折り合いをつけることになるだろう。私なんかはそろそろ can が衰えだすので、can と残り二つの折り合いを考えないといけない。

ＣＸだけでなく、世界、国家、社会の色々な次元でトランスフォーメーションが起きると、対価をもらえるお役立ちの業（わざ）の発揮の仕方、すなわち働き方もどんどん変容していく。私は、働き方改革の本旨はここにあるべきだったと考えているが、今のところ古い仕組み、まさに日本的カイシャシステムを前提に労働時間を短縮することに終始している感は否めない。２０１６年に私も参加した厚労省の「働き方の未来２０３５：一人ひとりが輝くために」懇談会（金丸恭文座長）が同名の報告書を発表したが、そこに書かれていることこそCXの時代、会社が変容し、場合によっては溶けていく時代に目指すべき働き方である。ネットで読めるので関心のある方は是非ご一読を。

いずれにせよ、会社のために滅私奉公することが、必ずしも「業によって事をなす」ことに結実しない時代。個人の職業人としての生き方、働き方をより直截に世の中へのお役立ちとその対価に関連付けていくことが、会社としても、個人としても重要な時代が来ている。これこそがCX時代における個人としての生き方のトランスフォーメーションの第一歩になる。

そして、人の役に立てる業（わざ）を持てれば、それなりに食えるようになるし、その上でまだ業（わざ）の余力があるなら、あまり対価をもらわずに世のため人のためにそれを使う自由度も生まれる。こうなると人生はかなり愉快である。一回切りの人生、どうせなら愉快に過ごそうではないか。

おわりに　CXからより良い社会の再構築を始動しよう

経済社会システムのありようが色々な次元で、日本だけでなく世界的に大きな曲がり角を迎えている現代という時代。何かを変えなくてはならないという思いを多くの人が共有していると思う。でも、一人ひとりの実践論として取り付く島がどこにあるのか？

SNSの時代、誰にも意見発信の機会があり、政府の政策形成に対しても大きな影響力を持ちうることがある。その一方で、かつては政府部門の一員として、また政府の様々な会議、審議会や研究会のメンバーとして色々な政策形成に関わってきた経験でいえば、自由な社会において政府が世の中に対して具体的に働きかけられるのは、法律を中心とするルール形成と予算しかない。それも国民一般に対して、一定条件を満たした場合に一律に作用する方法で。そこに大きな隔靴《かっか》搔痒《そうよう》感は否めない。

他方、その中で私たちがリアルに実在感を持って関わっているのは、会社をはじめとする法人である。日々働き、給料をもらい、また買い物も、飲食も、ほとんどすべて会社や法人との関係性で生きている。国家や自治体も私法上の法主体としては一種の法人なので公務員とて同じである。リアルに生きていく糧を得、自己実現を行う、すなわち人生の豊かさを大きく規定するのは会社という社会単位の出来不出来なのである。

私自身、40年近くの職業人生の中で、会社の再生、改革に関わってその病理を治癒できた時、その成長に貢献できた時が、圧倒的に世のため人のために役に立っている実感を持てた。よく考えれば、現代社会のもっとも基礎的かつリアルな共同体単位である会社や法人を改善・改良、改革・変容させることには、そこに関わる市井の人々なら多かれ少なかれ当事者として参画することができる。

本書では、その原点に立ち戻り、会社のありようを大きく変容、トランスフォーメーションする現実的な運動論を通じて、その積分値としてより良い社会の再構築、微分値として個々人のより良い生き方の再構築の方法論を考察し、幅広い読者の皆さんに提案してきた。

かかる変動の時代、破壊的危機と破壊的イノベーションが次々と襲ってくる時代、確からしかったものが次々と相対化、流動化する時代に、浅学菲才の私が普遍的な正解など持ちえない。

ただ、コロナ後のニューノーマル（新しい日常）の時代においても変わらない日常感覚的なゴールは、社会であれ、会社であれ、大学などの非営利法人であれ、その社会単位に帰属あるいは関わりをもって生きている人々の大宗が愉快に気分よく人生を送れることなのは確かなはずだ。進歩とか発展というのも、それがあった方が人は愉快に豊かな気持ちで生きていけるということに大きな価値があるのだと思う。

そこで追い求めるべき価値としての自由というやつも多義的で難しくて、本文中でもふれた自由と自由の間の相克、自由の主体同士の相克を抱えており、権力や社会管理システムも単純に「統制か自由か」で二項対立化できない複雑さを内包している。しかし、もっと素朴に、食うのに困る心配がない方が、好きな本が読めて好きな映画やドラマが観られる方が、行きたいところにいつでも行ける方が、権力者の悪口を気軽にどこでも言える方が、私たちは概ね愉快で豊かな気持ちで人生を送れる。ここしばらくの行動抑制の「不自由」な日々によって、この素朴な実感を多くの人が共有したのではないか。私はそれが自由主義の原点のような気がしている。ワイマール共和国の崩壊も含め、過去、自由主義の本当の危機はこうした日常生活感のある自由のどれかが怪しくなった時に起きている。（最近、再びシステム的な欠陥がやや顕在化しつつある）資本主義や株式会社についても、そこに色々な形で関わる人々がそれぞれに幸福になる手段、自由で愉快な人生を実現する手段であり、経営学者の伊丹敬之先生の言葉を借りれば最上位概念は「人本主義」にあることは自明かつ不変である。今問われているのは資本主義か人本主義か、営利法人か非営利法人か、ではなく社会的ツールとしてどんな仕組みや制度に現状を変容すれば、これからの時代において人々を持続的に幸せにできるのか？である。その明確な答えは分からないが、今の姿をかなり変容しないとうまくいかないということは、コロナショックでより明確になったということだ。

この再構成、再構築へ向けた変容プロセスは、市井の経済社会活動を構成する私たち一人ひとりが、経営者、投資家、中間管理職、正規雇用労働者、非正規雇用労働者、自営業者、フリーターなどなど、それぞれの立場で自らが関わる社会単位の新しいカタチを求めて模索する行為の集合体そのものである。現代のような相対化、流動化の時代においては、政策とか制度とかは、こうした模索から生まれた新しい調和を後追いするかたちで形成される可能性の方が高い。

170年余り前、当時の資本主義の様々な歪みを前に、マルクスとエンゲルスは、その答えとして『共産党宣言』を著した。しかし、あれほどのインテリをもってしても形而上的に生み出された答えが、そのままでは人間の福利のために正味で大きな貢献はできなかった。むしろこういう時代において重要なのは、まずは一人でも多くの心ある人々が経済と生活の現場において様々な変容に挑むことである。「共産党宣言」のもじりで言えば、本書は「会社変容党宣言」と言うべきところか。

今、新たな調和、新たな仕組みを見出すためには、国任せ、会社任せ、あるいは思想家任せではなく、社会を構成する一人ひとりの主体性、能動性こそが問われているのだ。私と私の仲間たちも、その模索に参画する者の一人として全力でその試行錯誤に挑もうと思う。本書を通じて、一人でも多くの読者の皆さんが、それぞれの立場でCXを起点としたより良い社会の模索と再構築運動に実践参画されることを期待している。

最後に前編（『コロナショック・サバイバル』）、後編（『コーポレート・トランスフォーメーション』）を通じて、新型コロナウイルスの感染拡大という制約条件の中で、本書の緊急出版のために多大なる尽力を頂いた、衣川理花さんをはじめとする文藝春秋の皆さん、ライターの上阪徹さん、（株）日本人材機構の小城武彦社長、そしてＩＧＰＩ広報担当の英綾子さんとリサーチチームの皆さんに心より謝意を表したい。

冨山和彦　Kazuhiko Toyama

経営共創基盤（IGPI）代表取締役CEO。1960年生まれ。東京大学法学部卒。在学中に司法試験合格。スタンフォード大学経営学修士（MBA）。ボストンコンサルティンググループ、コーポレイトディレクション代表取締役を経て、産業再生機構COOに就任。カネボウなどを再建。解散後の2007年、IGPIを設立。数多くの企業の経営改革や成長支援に携わる。パナソニック社外取締役。『AI経営で会社は甦る』『コロナショック・サバイバル　日本経済復興計画』（共に文藝春秋）はじめ著書多数。

コーポレート・トランスフォーメーション
日本《にほん》の会社《かいしゃ》をつくり変《か》える

2020年6月25日　第1刷
2020年7月15日　第3刷

著　者　冨山和彦《とやまかずひこ》

発行者　花田朋子

発行所　株式会社　文藝春秋
東京都千代田区紀尾井町3-23（〒102-8008）
電話（03）3265-1211

印刷所　凸版印刷

製本所　加藤製本

・定価はカバーに表示してあります。
・万一、落丁・乱丁の場合は送料当方負担でお取替えいたします。
小社製作部宛てお送りください。

ISBN 978-4-16-391233-2